本书的出版得到"吉林大学哲学社会学院一流学科建设"项目资助

吉林大学哲学社会学院一流学科建设丛书

症候与解释
——尼采解释学及其解释学类型

SYMPTOMS AND EXPLANATIONS:
NIETZSCHE'S HERMENEUTICS AND ITS TYPE

刘李 著

中国社会科学出版社

图书在版编目（CIP）数据

症候与解释：尼采解释学及其解释学类型/刘李著. —北京：中国社会科学出版社，2022.3

（吉林大学哲学社会学院一流学科建设丛书）

ISBN 978-7-5203-9224-2

Ⅰ.①症… Ⅱ.①刘… Ⅲ.①尼采（Nietzsche, Friedrich Wilhelm 1844-1900）—阐释学—研究 Ⅳ.①B089.2

中国版本图书馆 CIP 数据核字（2021）第 193119 号

出 版 人	赵剑英
责任编辑	朱华彬
责任校对	张爱华
责任印制	张雪娇
出　　版	中国社会科学出版社
社　　址	北京鼓楼西大街甲 158 号
邮　　编	100720
网　　址	http://www.csspw.cn
发 行 部	010-84083685
门 市 部	010-84029450
经　　销	新华书店及其他书店
印刷装订	北京明恒达印务有限公司
版　　次	2022 年 3 月第 1 版
印　　次	2022 年 3 月第 1 次印刷
开　　本	710×1000　1/16
印　　张	18
插　　页	2
字　　数	264 千字
定　　价	109.00 元

凡购买中国社会科学出版社图书，如有质量问题请与本社营销中心联系调换
电话：010-84083683
版权所有　侵权必究

前　言

本书是对尼采解释学思想的研究。在解释学思想史中存在多种不同的解释学路向和类型，从而"解释学"是多义的。我们这里谈到的"尼采解释学"仍是文本阐释意义上的解释学（这里的"文本"是宽泛意义上的，绝不仅指文字文本），这种意义上的尼采解释学体现在尼采的解释实践中，我们将看到，即便是对"解释"本身的哲学反思也是以对解释进行解释的方式展开的。显而易见，这根本不同于哲学解释学，也不同于在狄尔泰（Wilhelm Dilthey）那里作为人文科学方法论的解释学。

本书分为两部分，第一部分是对尼采解释学的阐述，第二部分是对尼采解释学所属的解释学类型（我们称之为"深层解释学"）的阐述。在第一部分，我们对尼采解释学的阐述首先是从对"权力意志"概念的分析着手的。之所以如此，是因为尼采的解释是以权力意志概念为基本概念的解释尼采之解释的典型特征、解释的方向与基本步骤、解释对象的设定和被解释学项的转换等都同这一概念的规定有着深刻的内在联系。对这一概念的分析揭示了一个蕴含于这一概念中的"概念结构"或"概念装置"，尼采借助权力意志概念所做的解释实质上是在这一概念装置引导和约束下的解释，正是它最终决定了解释对象的意义结构、解释的基本特征、方向、步骤等。对这一概念的分析还揭示了尼采之解释的基本原则。这是第一部分第一章的基本内容。

在第二章，我们着力阐述在尼采那里解释对象的设定以及引导这种设定的"先见"；分析了在解释推进的过程中解释对象和被解释项的转换；尤为重要的是，我们阐明了解释对象的意义结构。简而言之，解释对象的意义结构是一种双重意义结构，在表面意义之下还隐藏着深层意义，而被隐藏的深层意义才构成解释对象的真正意义。正是这样的意义结构使得解释变得必要，并使尼采（Nietzsche）之解释具有了种种不同寻常的特征。为了标示具有这种意义结构的现象与一般意义上的"现象"之不同，我们称之为"症候"。在尼采那里，解释对象普遍作为症候而存在，而解释就是对症候之隐藏意义的揭示。在第三章，我们具体分析了解释的特征，其中两个特征尤为重要：解释作为深层解释；解释作为对伪装和掩蔽形式的揭露或破除。在第四章，我们讨论了尼采的视角主义解释观和他对认识现象的解释，这代表了尼采对解释本身所做的哲学反思，这种反思的性质是双重的，一方面它是二阶性的，另一方面，它是解释性的。在第五章，我们以《论道德的谱系》为例分析了尼采对道德之解释，我们借此提供一个解释样例来展现尼采之解释学，并验证前几章谈到的关于这一解释学的那些观点。

在前言部分，我们重点谈一下第二部分的内容和设定第二部分的理由。

尼采的解释学是独特的，但不是仅仅属于尼采的。实际上，它可以被视为一种新的解释学类型的一种样式。福柯（Foucault）、保罗·利科（Paul Ricoeur）等人都谈到，在解释学上，尼采与马克思（Marx）、弗洛伊德（Freud）之间存在深刻的"家族相似"，他们共同使一种新的解释学成为可能。虽然这些哲学家所说并非同一种解释学，但就他们各自的理解来说，仍然存在根本的共识。

这些哲学家看到了三位思想家解释学上的"家族相似"，但都并没有对此进行具体分析，对于三位思想家共建的那一解释学，无论是他们还是其他学者也都没有进行专门和详尽的阐发。在本书第二部分，我们主要想在这方面做一些尝试，即力图初步阐明他们共建和共属的那一新的解释学。

我们的方式是，首先着力阐明这一解释学的一些基本概念，尤其是症候和解释概念。在我们看来，这些基本概念和通过概念间的逻辑关系构成的概念结构深嵌在三位思想家思想的深层，并根本性地支配着他们的解释实践与理论构建。这一概念结构相对独立于三位思想家那里各自不同的具体思想内容，因而，可以对之进行相对独立的逻辑的、形式的分析，当然，我们通常还是联系这些内容来揭示这一概念结构的，只是着重点始终放在对他们共有和共属的这一概念结构的形式、逻辑和共时性的方面。

其次，我们将揭示他们各自利用这一套概念装置对思想、观念、意识的阐释。这三位思想家都有着自己着力阐明的现象领域，我们注意到，在此方面他们之间存在一种深刻的共识，即他们都将思想、观念、意识视为被解释的对象而不是解释的根据，尤其是都将道德、宗教、艺术、哲学这样的集体意识形式作为解释的重点。由于他们都是基于同一种概念装置去解释它们，从而在对这些对象之意义结构的看法上、在解释的技术、步骤、关键特征上都存在典型的类同性。将这一解释实践置于西方哲学史的背景中时，它所具有的革命性意义是不言而喻的。正是这样的解释实践使得三位思想家成为思想史上的界碑式人物，其中一个表现就是他们对后现代主义的深远影响。

在我们的立场上，这种新的解释学不仅仅是可以对之进行形式分析的概念结构或概念装置，它同时有实质性的对象领域和实质性的理论观点。三位思想家在解释学上的亲缘性不仅体现在某种基本的概念装置的同构性，也体现在实质性的对象领域和关于这些对象的实质性的理论观点的类同性。在我们看来，他们都将思想、观念、意识、自我、理性，包括道德、宗教、艺术等在内的集体意识形式为解释对象而非根据，并就这些对象做出了相似的解释和论断，就是至关重要的类同。这一点不能仅仅被理解为他们共建和共属的那一解释学在思想、观念这一现象领域的一种应用，而应该被视为这一解释学的一个实质性的构成部分。这种解释学在思想史上的革命性效应同这一点是分不开的。并且，这一解释学能够作为"解释学"也是同这一点分不开的。

最后，我们将简略探讨这种解释学的理论效应。我们主要是从如下方面来探讨它的理论效应的：它重新理解了在思想史上一直很有影响的一些二元对立；它消解了思想、意识、观念的自主性幻象；它确立了一种新的提问方式和问题。这些效应以各种方式渗透或影响着多种当代思潮。

毫无疑问，这一解释学也不是没有问题。比如，它对斗争和斗争关系的强调，将道德等仅仅视为欺骗和伪装从而消解一切规范性，都有极端和片面之嫌。但我们不愿求全责备。我们不是从"真"这一方面来考虑和评价它，而是将之作为人类所构建出的关于自身生活之意义的一种解释系统或模式来看待的。它不是唯一正确的，甚至有很多不正确之处，但毫无疑问是深刻的、有启发性的、影响深远的，从而是值得高度重视的。当然有一个问题仍是无法回避的，即这一解释学的自我解释或自反性问题，我们将在最后的结语部分做些探讨。

对这一解释学类型的探究具有独立的意义，但本书的中心仍是对尼采解释学的阐释，我们探讨这一解释学仍是为了更好地阐明尼采的解释学，这构成我们谈论它的理由。在我们看来，第一，尼采解释学所属的这一解释学类型的探讨有助于更清晰地凸显支配尼采之解释的那种概念结构或概念装置。实际上，本书第二部分的写作先于第一部分，第二部分的分析方法、观点启发，引导了第一部分的分析。坦率地说，由于尼采特有的表达方式，如果没有这种参照，我们很难从之提炼出支配尼采之解释的那种概念结构，也难以明了解释对象的意义结构和解释的那些特征。

第二，这解决了尼采解释学的归类问题。关于解释学，存在着不同的定义和类型划分方式，在解释学思想史上，也存在多种不可通约的解释学进路。在尼采庞大的哲学文本中，我们总可以找到一些词句来支持关于尼采解释学的某种分类方式，或将之纳入某种解释学进路的方式。但这些方式均难以把握尼采解释实践的系统性和独特之处，而我们的方式则可以做到这一点。在以一种系统而深入的方式展示尼采与马克思、弗洛伊德在解释学的种种根本的家族相似的同时，我们也确立了尼采解释学所属的解释学类型，并为这种归类的合理性提供了辩护。

第三，这一新的解释学的理论效应同时也是尼采解释学可能具有的理论效应，我们在展现前者的同时也展现了后者。这当然不难理解，后者本就是前者的一种思想样例。通过这种方式，我们将更加明了尼采通过其解释实践所确立的新的提问方式和问题，明了思想、观念、意识、理性、自我的自主性如何被消解，明了对诸二元对立的一种特殊的理解方式，如此等等。当然，同时也有助于我们明了这种解释实践的弱点、盲点，种种极端片面之处。通过这种解释学，我们知道，就这三位思想家而言，在某个具有根本重要性的思想层面上，每一个都是其他两个人的镜子，我们在其中一个人的思想中所看到的那些创造性的特征抑或问题常常也同时存在于另外两个人那里。我们在第二部分所阐发的这一解释学提供了这种使他们相互映照的可能性，通过这种映照，我们对他们每个人的思想都能够平添很多新的见识。

这些就是我们设定第二部分的主要理由。

目　录

第一部分　尼采解释学

第一章　权力意志概念：一个解释学的透视 …………… 3
  1.1　权力意志概念的经验基础 …………………………… 3
  1.2　力的多元性与力之间的斗争关系 …………………… 13
  1.3　伪装与作为症候的现象 ……………………………… 20
  1.4　权力意志概念中蕴含的解释原则 …………………… 27

第二章　解释对象与被解释项 …………………………… 34
  2.1　解释对象的设定 ……………………………………… 34
  2.2　解释对象的意义结构 ………………………………… 43
  2.3　作为在"症候"的解释对象与症候的普遍性 ……… 54
  2.4　解释对象的"作者" ………………………………… 57

第三章　尼采解释学的典型特征 ………………………… 62
  3.1　解释作为一种深层解释 ……………………………… 62
  3.2　解释作为对伪装、幻象、谬误的揭露 ……………… 65
  3.3　解释推进的关键步骤 ………………………………… 69
  3.4　解释作为人化解释 …………………………………… 71
  3.5　解释作为特殊形式的目的论解释 …………………… 80
  3.6　作为理解的解释 ……………………………………… 82
  3.7　解释作为以心理学解释为核心的系统解释 ………… 86

第四章 视角主义的解释观与对认识之解释 …… 93

4.1 视角主义解释观 …… 94

4.2 对认识之解释 …… 100

第五章 一个解释样例：《论道德的谱系》中尼采对道德的解释 …… 109

5.1 对道德之起源的追问 …… 109

5.2 善与恶、好与坏观念的起源与实质 …… 114

5.3 "罪孽""内疚"及其他 …… 124

第二部分 尼采解释学所属的解释学类型

第六章 深层解释学 …… 141

6.1 尼采解释学的归类难题 …… 142

6.2 深层解释学：一个概述 …… 146

6.3 症候 …… 154

6.4 解释 …… 170

第七章 作为症候的思想、观念、意识 …… 181

7.1 作为解释对象的思想、观念、意识与作为解释根据的"现实" …… 182

7.2 思想、观念、意识的症候性 …… 190

第八章 深层解释学的理论效应 …… 227

8.1 新的提问方式与问题 …… 227

8.2 对各种抽象二元对立的新的理解 …… 233

8.3 对思想、观念、意识之自主性幻象的破除 …… 249

结语 深层解释学的自反性问题 …… 261

参考文献 …… 268

后 记 …… 275

第一部分

尼采解释学

第一章　权力意志概念：一个解释学的透视

权力意志学说是尼采对世界和世界内的诸现象的解释。尼采的解释是运用权力意志的哲学话语所进行的解释，而尼采的解释学就包含在这样的解释实践中。在我们看来，对于揭示尼采解释学而言，一切有重要意义的东西都蕴含在权力意志的概念规定中。本章是对权力意志概念的分析，这种分析包括两个方面，一是对这一概念的经验基础或经验原型的揭示；二是对这一概念所蕴含的那一概念结构的分析。在我们看来，第二个方面是由第一个方面来充实的。对这一概念的分析是基于解释学视角的分析，我们力图通过这种分析揭示解释（并且是某种特殊形式的解释）的必然性和某种特殊的解释原则是如何蕴含在这一概念的规定中的。在以后的章节中，我们还将显示，解释对象的意义结构、解释的关键特征、心理学解释的优先性等同样植根或蕴含于权力意志的概念规定中。

1.1　权力意志概念的经验基础

对一个概念的阐释不仅在于分析它的概念规定、它与其他概念的语义—逻辑关系，还更在于揭示这一概念对应的经验事实，或者它基于的经验事实，概念规定和概念间的语义关联最终是通过这些经验事实得以澄清和充实的。对于理解尼采的权力意志概念和权力意志的世界解释而言，揭示它的经验基础或它对应的经验事实是至关重要和必不可少的。我们还将看到，在尼采那里，心理学的至关重要性以及它与权力意志学说的内在关联，最终也是通过这种经验基础来得到解释的。

1.1.1 哲学的出发点问题

尼采将权力意志规定为欲求增生的意志,这一意志构成一切存在者的内在根据、动力与原因。在我们看来,尼采如此设定权力意志不是随意的,这一概念对应着某种原初的经验事实,这一概念如此这般的规定最初源于对特定经验事实的某种现象学与心理学洞察。尼采到底基于何种经验来确立权力意志概念并视之为在者之存在或本质?这一概念所对应的原初事实是什么?

在我们看来,尼采实质上也在追问此类问题,他总是击破哲学构造的"内部"和哲学的自主性假面,将哲学及其概念置于其经验基础和条件下来理解。他的方式之一是追问哲学的出发点问题,或更具体地说,追问不同的哲学分别以之为基础、出发点或无须质疑的人性事实是什么这一问题。我们不妨也循着这种问题来探讨权力意志概念的经验基础问题。

在《重估一切价值》一书的第二卷,即"权力意志的形态与发展学说"的"引子"中,尼采写下这样一段话:

"哲学迄今为止的历程:人们试图解释世界,出发点是我们自己清楚的东西——在我们自以为理解的地方。也就是说,时而从精神、心灵、意志出发,或作为表象、现象、图象,或从肉眼出发(作为光学现象、原子、运动),或从目的出发,或从撞和拉,即我们的触觉出发,作为上帝,代表了善、正义等,或从我们的审美评价出发。够了,无论人做个什么,科学也要做:某些个别的东西只要在他看来是可以理解的、真的,就用来解释一切其他的东西——总之,人格化。至今没有伟大的综合,单项的工作仍在生成,譬如将世界减缩为光学现象(原子)。我们将人放进去——这就是一切:我们不断创造人格化的世界。这是一些尝试,看看哪种方法最具有推理的力量(例如机械的方法)。"[①]

这段话是整个"引子"仅有的六段话中差不多最长的一段,其重要性不言而喻。这里首先透露出尼采对哲学之实质的一种理

[①] [德]尼采:《重估一切价值》,林笳译,华东师范大学出版社 2012 年版,第 295—296 页。

解。依据这种理解，哲学（还有一般意义上的认识或理解），作为一种解释必然都是并只是从哲学家所熟悉和认其为真之处开始，他总是将之作为无须解释、论证或辩护的基本、原本或终极的事实，或作为事实本身，并由此出发的（必然和最终走向某物实质上也是由此出发的一种形式）。在不同的哲学家那里，这种作为出发点的原本事实常常是不同的，这种不同根本性地塑造了哲学体系间的差异（当然，在尼采看来，这种差异或多样性仍只是认知—逻辑层面的，而非尼采式生命哲学层面上的）。更重要的是，尼采认为，哲学一直以之为出发点的这些基本事实乃是一种人性化的事实：不仅精神、心灵和意志是属人的，光、原子、运动、撞和拉也是属人的（作为人的视觉或触觉的构成物），上帝、善、正义、美也是属人的（作为人类目的与利益的构成物）。哲学由此出发、以之为基础或以之为旨归的建构都必然是将人的某一个方面根本性地置入关于世界的总体解释。哲学之实质在于它是人格化的一种形式。

我们将看到，尼采不仅指出了哲学的人格化，更深刻和有力之处在于，在尼采个人关于世界的解释中，尼采将哲学以之为基础或旨归的那些人性事实视为表层的事实，视为更根本并且变动不居的力量自我伪装的形式，或这些力量的运动所造就的幻象、谬误。正是这种理解使哲学认识在根本上成为不确定和不坚稳之物，在根本动摇了哲学关于其价值、方法、目标或宗旨的自我认识与自我期许。

尼采的上述看法是其哲学的一部分，而其哲学同样是从某种特定的人性事实出发的。对他而言，某种特定的人性事实同样构成其哲学活动的不可跳过的根本制约或支撑，他与其他哲学家的不同并不在于他的哲学并非基于人性事实，而是在于它基于不同的人性事实。当然，不同还体现在：他确立一种新的基础时所凭借的价值、视角、精神等级与尺度的不同；在于他对哲学的认识与期许的不同；在于他对所有这些有着更清醒的意识。

尼采是从何种人性事实出发进行阐释的呢？他回答，是权力意志，即欲求自身不断增长的意志。权力意志就是尼采认为的"基本事实"，尼采对诸种现象或事物的阐释就是揭示内在于并支配现象或事物的权力意志。然而，细究下去，我们看到，权力意志已经是一种极度抽象的解释了，已经是更原初的某些人性事实的哲学化了，最初激发或启发、最初充实这一哲学概念的人性事实在它成为哲学概念之后反而一定程度上被掩蔽了。我们正是要追问，那个原初的人性事实是什么？

1.1.2 作为权力意志之经验原型的欲望

在我们看来，这一原初的人性事实就是欲望。作为尼采哲学之隐蔽出发点的是人的欲望，对欲望经验和对这种经验的心理学—现象学分析构成这一哲学的隐蔽基础，这是它们充实着权力意志概念和权力意志的世界解释，这一概念的规定和这一世界解释中具有决定性意义的那些论断最终都是通过它们得以澄清、充实和证明的。

当对欲望，尤其是对性欲或侵犯性欲望这类根本和典型的欲望进行心理学—现象学分析时，我们看到，这些欲望对于我们（作为体验者和观察者）表现为一种不断增生的东西，如果它们得不到满足或宣泄的话，它在身体中不断积累，并且表现为一种逐渐活跃的、不定型的东西，我们感受到它对我们的某种"挤压"。当我们可以选择某个词语或概念表达它时，力的概念更为恰当，因为这种事物对我们的精神产生的效应类似于物理力量对我们身体产生的效应，因而，力可以作为这种事物的隐喻，给予它"力"的称呼是一种较为恰切的"具身认知"。

我们还看到，这种力固然指向某个特定的对象，但并不是要屈从于那一对象，而是要占有它，支配它，取消或弱化那一事物，使其成为自身的工具、食物、功能，等等。欲望在投注向对象时，并不是简单宣泄了自身，而是实质上强化、提升了自身。欲望不受制于外在的对象，对象仅仅作为刺激存在，欲望不是为了某个对象而存在和如此存在，而是为了提升自身将某物设定为对象并趋向它。

经由某种精致的心理学分析（尼采同时就是擅长此道的心理学家），我们还看到，欲望似乎是某种具有灵性的野兽，执着、狡猾，它利用一切可能的机会占有和支配特定的对象。它狡猾地逃避各种压制，善于在压制之下改变自身的形式，善于伪装自己；它善于同其他的欲望斗争，也善于在必要的时候合作。这种心理学分析所获得的经验吁求着并充实着"意志"的概念：可以甚至必须用"意志"概念来综合这种经验，来表达作为一种力量的欲望中那执着地欲求占有、支配、增生自身的"灵性"。

经由这种心理学分析，我们还看到，每种欲望，尤其那些基本欲望，都仅仅欲求自身的增生，永不会以其他欲望的增生为目标，除非它被其他欲望所战胜、降服、支配，成为其附属或功能，在这种意义上，欲望是自私的；欲望亦不"考虑"它依存其中的某个"自我"的整体利益，在这种意义上，它是非理性的，依据某种理性的标准，它是鲁莽的、近视的、片面的、危险的。欲望形成一个自我中心，它仅仅围绕这一中心活动，从这一中心去透视、评价和领会强与弱、好与坏、美与丑、敌与友、可能与不可能、必然与偶然，如此等，即欲望构成一个仅仅以自身为中心的世界，而创造、维持、扩展或提升这一世界的力量正是那一欲求增生和提高自身的意志，那种执着的"灵性"，同时对这个世界的所有创造都服务于并表现着意志的那种欲求，因而，这个世界只能最终通过这种意志来说明和评估。

这些分析足以使我们领会权力意志的概念及其规定了，这里存在一种严格的对应关系。意志不断增生、扩展、提升自身的意志对应着欲望不断积蓄、增强、扩张自身的趋向；意志对其对象的主动性对应于欲望对其对象的主动性；意志没有外在和内在的目的对应于欲望的无目的性；意志的创造性对应于欲望在构成其世界时显现的创造性；意志的内在性与中心性对应于欲望相对于它所构成之世界的内在性与中心性；意志看似的盲目和非理性对应于欲望看似的盲目和非理性；权力意志的世界解释作为一种内在解释对应于对欲望构成之世界的解释必须回溯到构成性的欲望；权力意志的世界解释作为一种理解性解释对应于欲望及其构造活动最终将从心理学上被理解性地把握；权力意志的世界解释对目的论原则的拒斥对应于欲望的无目的性；如此等等。

这样，正是对欲望的这种心理学—现象学洞察原本地充实了权力意志概念及其规定，我们可以认为，这一概念最初就是为了表达这种经验的,只是在它成为一个哲学概念用以刻画一切在者之存在时,这种经验根源蔽而不显了,但是,唯有回到这一源泉,权力意志概念以至于尼采的整个形而上学才得以被理解,并在一定程度上成为明证的、具有真理性的理论,而不是一种思想游戏,一种随意的、无根据的思想尝试。

在此需要说明的一点是,我们在此回溯到的、作为尼采哲学之经验源泉的是欲望的领域,而不是一般意义上的意愿。在一些重要的段落中,尼采的确尝试从对意愿现象的现象学式分析中把握意志的某些特征,如在意志中感觉、情感、意欲等的综合;意志中"朝向、趋向——"的特征;意志中的自我命令,等等。① 相比于意愿现象,欲望现象才是更丰富,但同时更完整和更根本的现象,它有一个中心,它有创造或构成性力量,能够以自己为核心构造一个独立的整体作为分析单元。意愿是表层的、零散的、从属性或非独立的,甚至常常作为假象的现象,基于意愿现象可以把握到的仅是零散的、无根本重要性的形式特征,而对欲望的分析则可以呈现意志更完整、更根本、更丰富的特征,我们在上文已经显示了这一点。欲望而非意愿构成权力意志的真正经验原型。

同样,在普通心理学中并列和独立于表象、情感、思维等意识现象的"意志"也不是尼采权力意志概念的经验原型。在尼采看来,这种意义上的意志"是一种力学上的绝对失衡,一种进入意识的胜利",即它已经是欲望斗争的产物、表现,它同意愿一样不是完整、独立的现象整体,而是以欲望为核心团聚起来的现象整体的一个部分或其效应。它在意识中显现的独立性和完整性恰是一种假象,它所包含的目的的明确性和在实现目的的过程中体现的自由与力量,更是假象,因为它得以如此的根据或原因都不在自身,而在常常未曾进入意识的欲望领域,因此,尼采才说,"我也将我们心目中的'目的'和'意志'看作一种欺骗"②。在尼采那里,作

---

① [德]尼采:《重估一切价值》,林笳译,华东师范大学出版社2012年版,第367—368页。

② [德]尼采:《重估一切价值》,林笳译,华东师范大学出版社2012年版,第296页。

第一章 权力意志概念：一个解释学的透视 / 9

为权力意志的意志根本不是意识的直接事实，即不是任何直接呈现于意识之物，而是被推断的产物，而在尼采那里，这种推断是从这些直接的意识事实去反向建构使它们得以获得意识的形式、得以如此这般地显现的内在的、无意识的动力（即本能或欲望）及其活动，那才是尼采所说的权力意志的原型。①

真正充实（现象学意义上的）着权力意志概念的是对人类欲望现象的直观和建立在这种直观上的推断。某种意义上，权力意志学说乃是欲望的心理学与现象学及其向世界的投射，经由这种投射，存在者之存在被把握为权力意志，作为存在者整体的世界被把握为诸意志相互斗争的混沌世界。同样，生命或生命意志的概念也是原初地由对欲望现象的直观与心理学、现象学探究加以充实的。

我们在尼采的诸多文本中都看到这种基本预设：欲望或以此为中心团聚起的那些事实构成基本的事实，具有构成或支配非欲望之物的力量。其他事物，诸如理性、认识、表象、意图、目的、理想被解释为欲望的变形或伪装、工具，其存在、意义与价值都不是通过自身加以说明和辩护，而只能借助欲望才得以存在、被说明、被辩护或被否定。那些一度被认为建立在理性、目的、表象，即建立在一切非欲望之物上的更宏大思想—制度性建构，如哲学体系、道德、宗教、社会，现在被认为实质上建立在完全不同和更深的基础，即欲望及欲望关系之上。

在尼采对诸事物和世界的解释中，我们看到，欲望现象的在先性和优先性首先获得保障，从解释学的角度看，这种保障是将欲望现象作为解释的根据，作为实质上无须继续解释之物，而将其他非欲望现象及其构成物视为解释的对象；从存在论的视角上看，这种保障是将欲望视为看似非欲望之物的"存在"或"本质"，或将欲望视为真实与本质之物，而非欲望之物只是幻象、虚构之物或偶性，将欲望视为起决定和支配作用之物，而非欲望之物只是被支配和从属之物；从价值论角度上，这种保障在于将欲望视为其价值无

---

① ［德］尼采：《重估一切价值》，林笳译，华东师范大学出版社 2012 年版，第 439 页。

须辩护之物，视为价值之根据与尺度，而非欲望之物的价值和意义无法通过自身加以说明和辩护，只能最终通过欲望或其与欲望之关系来进行估定。

1.1.3 尼采心理学之意义与独特性

正是在这种向经验源泉的回溯中，我们再次确证了一点：尼采哲学需要其心理学的充实。我们还将看到，在人的现象领域，尼采的一切哲学论断如何最终依赖心理学分析（尤其是对欲望的心理学分析）来支撑和充实。

尼采在其哲学解释与价值评估中所确保的这一优先性显然不是随意和武断的，它实质上立基于一种真实有效的内在经验事实。在尼采那里，他主要基于一种心理学的理论维度来切近和把握这一事实领域。借助心理学牢牢把握着的这一领域成为尼采哲学真正的经验源泉和人性基础，诸多意义重大的哲学阐释或论断都最终通过心理学所显明的那些事实获得充实或解释，而一旦太过远离这一源泉，尼采的论断就变得真正武断和随意了，其哲学意义与价值也难以保障了，比如，在自然哲学的领域，权力意志学说由于无法得到一种心理学的充实而变成一种臆断和了无新意的东西，无法具有持久的哲学价值，而尼采对道德、宗教、艺术等的诸多论断，由于具有心理学上的有效经验支撑，则具有深刻的说服力量和恒久的哲学价值。

尼采对这一基本事实领域的心理学把握具有深刻的独特性、革命性，尼采哲学所具有的深刻的独特性和革命性很大程度上建立于或源自这一心理学的独特性和革命性，无论是在通过权力意志学说提供一种新的哲学解释方面，还是在打破偶像、重估一切价值的方面。这种心理学既不同于冯特和其后日渐兴盛的实验心理学，也不同于冯特之前包含在哲学中那种哲学心理学。不同于前者，它研究整体的人而非分门别类地研究人的诸种心理机能，它在方法上更重视内省而非实验；不同于后者中的经验主义哲学心理学，它拒绝将任何经验表象视为自明之物和基本心理要素，而是将之作为更深刻力量活动的征象与产物，它也自觉放弃了哲学心理学所服务的那些认识论目的。

第一章 权力意志概念：一个解释学的透视

在心理学思想史上，与尼采心理学真正具有家族相似性的心理学类型是弗洛伊德的古典精神分析，这一精神家族还包括对人类心理有着同样深刻洞察的陀思妥耶夫斯基。这个家族的成员对其他成员都有着准确的感受力并在精神上引为同道，比如，尼采将对陀思妥耶夫斯基作品的阅读经验视为人生中极为重要的精神经验，而晚于他们的弗洛伊德在一篇关于《卡拉马佐夫兄弟》的文章中，将两者视为精神分析最重要的先行者，并且，在此之前，为了能够阐发自己的东西，他曾长期禁止自己阅读尼采，显然，这恰是他们在心理学上属于同一思想类型的一个标记。

尼采同弗洛伊德一样，认为本能、欲望而非诸种理性能力构成人类精神活动的最终基础和动力；认为意识是被更深的无意识力量构成或派生之物，是产物和征象而非基础或根据，是含混、复杂、矛盾之物而非自明之物；认为精神活动的内在动力是多元而非一元的，并且更重要的，这些力量的基本关系是斗争而非联合。他们同样都将这种心理学扩展到对更广大领域中诸现象的解释，在尼采那里，这是通过尝试解释一切的权力意志形而上学实现的，在弗洛伊德那里，即便没有明确地将精神分析形而上学化，但仍然尽可能扩展它的解释对象领域，意欲解释人类精神参与创造的一切。

我们还看到，这两种解释体系的基本取向都根本上是内向或内在的，即将解释对象的本质最终诉诸人的本能或欲望，在未穷尽内在性领域的解释可能性或潜力之前，拒绝引入外在的解释，如社会学、经济学、物理学的解释。但我们也看到，为了缓解解释对象领域的扩展带来的解释压力，也是因为本能和欲望在经验上不可否认地关联着身体，而身体又是在物种的发展史中被塑造的，这两种解释系统又将解释根据或基础从心理学延伸至生理—生物学的领域。然而，实质上，这种延伸并不是在确立一个新的基础，而是为了扩展和加固原本的心理学基础，因而，两者对生物学的利用是选择性的，这种利用最终服务于在看似更深的层面论证和加固已经形成的那些心理学见识，而不是动摇它们。比如，由于达尔文进化论无法有效论证其基本的心理学见识和价值论断，尼采不断否定它，并在权力意志学说的引导下实质上构造了一种新的生物学理念，而这种新理念不过是其心理学理念在生物学层面的投射而已；弗洛伊德同样如此，那个在其理论体系中具有重大功能的原始家庭及其内部斗争不断重演的生物学假设不过是在心理学层面上发现的俄狄浦斯情结向生物学层面的投射，借助这一投射，他更深地加固了这一理论，并使其具备了对更宏观社会文化现象（宗教、道德以至一般意义上的文明制度和文明生活）的解释力。因此，核心仍然是心理学，一切解释在本质上仍是心理主义的解释。

通过心理学把握到的关乎欲望的内在经验事实是尼采的思想出发点，同时亦是在其解释中不断回归的经验地基。在尼采心理学的视域中，欲望首先是作为人的欲望而存在的，欲望首先是一种人性事实，即便"人"在哲学上的规定性还未被阐明，这样，在赋予诉诸欲望的心理主义解释以优先性的同时，"人"也获得了相比与非人之物的解释学上的优先性，即对非人之物的解释是通过"人"和人性事实进行说明的。在存在论的层面上，这种解释显明了非人之物作为人之欲望的构成物与征象；在价值论层面上，这种解释显明了，对非人之物的价值评估也是通过它与"人"和人性事实的关系而被估定的。这是尼采式心理主义解释的逻辑后果之一。正是因此，如海德格尔（Heidegger）所言，尼采是最后一个坚持"人化"解释的伟大思想家。[1]"人化"实质上就是尼采所说的"人格化"，人化的解释通过"人"并仅仅通过"人"去解释和评价人所产生、创造的一切，而一切非人之物都是这样的创造物，从而其本质、存在、意义都需通过与人的关系来被说明，对这种关系之显明就是对人之创造性的力量及其活动之显明。尼采仍然行进在这一根本的哲学道路上，并通过大大拓展人及其活动和活动构成物的领域，通过大大深化和更新对"人"之根本性的创造力量及其活动的认识，延伸、拓展了这一道路，不仅如此，他还使之发生了一次重要的转向。我们在后文还将述及此一方面。

我们还看到，在尼采的心理学视域中，欲望是作为个体之人的欲望，这一心理学首先和主要是在个体的经验领域内来透视欲望

---

[1] ［德］海德格尔：《尼采》，孙周兴译，商务印书馆2002年版，第349—356页。

的，它首先和根本上是一种个体心理学理论。对群体、民族、国家、文化、阶级等的心理学分析建立在这种对个体分析的基础上，很多时候，它不过就是个体心理学的简单复制，这表现为，尼采在谈及这些事物时完全如同在谈论一个个体，他完全以个体心理为原型设定和分析这些非个体之物的精神活动及其创造物，而这一点的哲学表达是，这些非个体之物如同个体一样具有权力意志，而且是多元的和斗争的意志。显而易见，个体心理学作为解释的原型，并在这种意义上具有解释上的在先性和优先性。当然，需要说明的是，这不是一种存在论意义的优先性，因为，在其形而上学中，尼采仅将个体视为权力意志的形态之一，他被认为并列于诸如社会这样的意志形态，而不是构成和支配后者。对社会的解释以个体心理学为理论原型，但不是通过个体心理来解释。

1.2 力的多元性与力之间的斗争关系

严格说来，权力意志不仅仅只是一个通常意义上的概念，在更重要的意义上，它是一种由很多不同概念构成的"概念装置"，这个装置及其构成部分的关联根源于权力意志对应的经验实事内部或实事之间的本质或经验关系。我们首先阐明这一概念装置中最重要的一个构成部分，即斗争关系，而为要阐明斗争关系，我们又需要先行讨论力的多元性。

力的多样性是尼采关于权力意志的一个基本预设，同样，这一预设也不是无根据的和随意的，它在欲望的领域有其经验基础和依据。在尼采对欲望的心理学分析中，他首先确定的一个基本事实是：欲望或本能（在这里，我们不对两者做实质性区分）是多元的，即在内心世界同时存在多种不同性质和种类的欲望或本能，其中，性欲和侵犯性的欲望尤为尼采所重视。欲望的多元性意味着在心理世界中不存在一个中心，而是多个中心。

我们还看到，欲望的诸多特征都使得欲望间的关系不会是一种合作、和谐的关系，它们并不自然构成为一个最终仅仅具有一个中心的整体。欲望欲求的是增生、提升，欲望自身并没有为增生或提升设置任何界限；相反，不设定界限、不断突破已有的界限恰恰体现了欲望的本性；欲望所意欲的增生和提升仅仅是自身的增生和提升，欲望仅仅服务于自身，如果它放弃自我的中心性，那就意味着欲望的衰败或在对他种意志的屈从中丧失了自身，它不再是一个和那个欲望，而是成为另一种欲望的工具或部分；没有哪种对象作为刺激仅仅激发一种欲望，更常见的是同时激发其多种欲望，这样，欲望意欲占有和支配一个对象时，同时是在竞争和斗争中占有这个对象，它对对象尽可能完整、尽可能多地占有以它在同竞争性欲望的斗争中胜出或取得优势为条件；当欲求占有的对象同样也是具有欲望的存在者，它就会在对象那里遭遇反抗，它的占有同样以战胜为条件；欲望间的这些关系从来不是稳定和连续的，没有一种战胜是绝对或一劳永逸的，因为即便被战胜的欲望也依其力量的大小要求相应的权利，一切被战胜甚至被统治、成为其他欲望之部分的欲望都仍在谋求自己的权利、自主性，寻找机会，酝酿"反叛"；在消灭一个对象之前，一切占有也同样不是绝对、完全和一劳永逸的。在欲望世界中，一切都只是暂时的，从一个瞬间无法预计下一个瞬间。

这样，我们就看到，欲望的多元性必然使斗争成为欲望的基本存在形式，去欲求就是去斗争，去存在就是去斗争。欲望的心理世界是斗争的世界，斗争是这一世界的基本事实，而其他的事实，诸如合作、结盟、屈从、欺骗都是斗争的派生形式、转化或伪装形式，是斗争的准备、工具或暂时的形式。这样的世界也是一个根本上不稳定、不确定的世界，而一切连续、稳定、确定、必然或者作为假象、欺骗，或者作为力量格局暂时性平衡或稳定的表征，或者由于透视性的认识力量尚无能或无意愿把握这一本真的、生成着的内在世界。

如果像尼采这样理解欲望的本性并承认欲望的多元性，那么斗争作为欲望的基本存在形式就是必然的，同样，如果像尼采那样设定权力意志的本性并同时设定意志的多元性，斗争作为权力意志的基本存在形式也是必然的。欲望的多元性充实和支撑着权力意志多

第一章 权力意志概念：一个解释学的透视 / 15

元性的设定，多元欲望间的斗争同样充实和支撑着尼采关于斗争作为权力意志基本存在形式的论断，这里也同样有着一种对应关系。我们完全可以用"意志"来置换上述分析中的"欲望"。

让我们看看尼采如何在哲学的层面理解权力意志间的斗争。在我们看来，以下几点是特别值得注意的。

首先，需要强调的是，这种斗争是意志层面的斗争，而不是其他层面上的冲突。作为意志层面的斗争，这种斗争出于斗争者的最深本性，是这种本性的"逻辑"产物，斗争是在最深本性的层面上发动和扩展的。权力意志间的这种关系不是偶然的事件引发的偶然的后果，而是有其内在的必然性；这种关系是权力意志间最基本、根本和主导性的关系，而其他类型的关系则是派生性的、工具性的、偶然的和暂时的，这些关系最终不是通过自身而仍是通过意志的斗争获得解释。不仅如此，由于斗争是意志层面的斗争，意志在斗争中欲求的只是自身权力的提升，那么意志发起、支配、主宰的一切运动、活动、生成、变化，"都是程度以及力量关系的确定，都是斗争——"①。斗争不仅是权力意志的基本存在形式，而且实质上被尼采设定为唯一的形式，其他形式都是工具和假象。

强调这一斗争作为意志间的斗争还意在表明，这种斗争是在实在的力量间展开的斗争，而不是比如思辨哲学中概念层面的矛盾或否定关系，后者亦不构成它的所谓"概念本质"。在尼采那里，力与意志的层面是一个"更深"的层面，而思想、观念、意识则处于一个被构成、被支配的并作为工具和假象的表层，只能通过前者去解释后者，而不是相反。思辨形而上学恰恰颠倒了这种结构。

当我们说斗争是意志间的斗争时，还意在强调这种斗争不是被内在或外在的目的、意图、对象支配或决定。如我们所说，意志没有内在和外在的目的，对象只是刺激，不起决定作用，权力意志的规定内在拒斥一种对它和它所构成的世界的理性或神学目的论解释。同样，这些目的论解释也不适用于解释意志间的斗争，我们在

---

① ［德］尼采：《重估一切价值》，林笳译，华东师范大学出版社 2012 年版，第 320 页。

斗争中看不到一个理性的目的或意图，也无法把这种斗争纳入一个（比如）黑格尔式的目的论框架内，更不用说任何一种神学目的论框架了。这种斗争也无法通过"自然规律"或它在社会科学中的模仿物来加以说明，除了因为这些规律去除了意志原则和理解的解释学原则之外（在这种意义上，它无法理解性把握意志及其斗争，无法把握意志及其斗争的创造性），还因为它所凭借的概念工具和方法并不是服务于对这一斗争世界的揭示，相反是通过对这一世界的掩蔽、极度简化或扭曲服务于认知者占有和支配的意志。在尼采眼中，目的论的世界解释同样如此。

通过强调意志原则和意志的斗争，尼采力图构建、坚守一个尽可能地把握住世界无限生成的思想视角（即便在绝对意义上，没有一种视角可以完全或绝对把握它，这首先在逻辑上就是不可能的）。他有足够的谦卑接受人类认识的视角性、有限性和根本的工具性，部分地出于这种谦卑，他设定一种关于世界的如此简洁的解释，不敢尝试为它增加更多的目的、意图、原则、必然性，诚实而谨慎地避免把自身中太多属人的东西，尤其是人的结构中表层的、作为假象和工具的那些东西，诸如意图、理性、道德、美、逻辑等等，投射到世界解释中。当出于一切认识或解释必然具有的逻辑的和心理学的要求，他必须为自己的认识设定一个基于人性事实的出发点或解释原型时，他仅允许自己从能够认定的最基本、某种意义上最"自然"的属人之物，即欲望或本能出发去解释，这种解释的价值首先在于：相较于其他解释，它关于世界，尤其是人的世界的解释中可能误会最少、扭曲最少、掩蔽最少。

也正是基于这种诚实、谨慎，基于对认识之人格化和视角性的自觉，基于一种甚至更纯粹、不断自我反刍，但同样在根本上绝望的求真意志，他拒绝一切匆忙的、自大的、太多人性化的世界解释，尤其是理性与神学目的论解释，这种解释太早地把生成的世界闭合在一个终归是人性化的框架内，并为了实现这种闭合太多地掩蔽、削减、切割这一世界，而这一框架无论在人的视角上如何宏大和深刻，在更高的视角上，或超越人性的视角上，它都显得如此促狭、呆板、小气。即便在尼采所确立的那一人性视角上，它的宏大归根结底也只是白日梦式的宏大,它的深刻也只是通过折叠概念的彩纸伪造出的虚假深刻,而不是表现世界真正深度的真实的深刻。

其次,我们看到,通过强调斗争的根本性和普遍性,尼采哲学的重心发生了一种微妙但重大的转移,即从权力意志转变为意志间的斗争,现在,斗争关系而不是斗争者成为隐蔽的重心,成为解释的出发点和解释最终回归之处;现在,在尼采哲学中对权力意志的一种具有根本重要性的划分和评价方式(即它是主动的还是被动的,是统治性的还是附属性的,是强盛还是衰弱的),不再最终通过权力意志,而是通过意志间的斗争关系来确定和解释了;现在,一切看似持存之物被解释为复杂、多元的斗争关系格局的相对稳定性,即斗争关系格局而不再是建构关系的那些意志成为持存之物(即便暂时性)的"本质"。

斗争关系构成尼采所欲解释的那一世界,斗争关系成为存在者真正隐蔽的存在,相应地,存在者及其表现和活动不再能够仅仅通过其意志来说明,而且是需要通过这一意志与其他意志的斗争来说明。我们甚至看到,就连意志本身也只是在斗争中才显现其为意志的,一种孤独的意志,与其他意志没有关系,尤其是没有斗争关系的意志是趋向消亡或消亡了的意志,它无能于构造、展开一个以自身为中心的世界。成为意志、作为意志而存在就是深深卷入与其他意志的搏斗,即便在搏斗中成为失败者和被统治者。

最后,正是经由意志间的斗争,力量间的统治—被统治关系或等级关系得以确立。

任何一种力在与他力的斗争中都意欲通过对他力的支配、统治甚至必要时的消灭来强化、提升自身,在权力意志的不同形态中,统治、支配以及相反的屈从、依附、拒斥都呈现为不同的形式。我们在把握这些概念和它们描述的关系时,需要注意这样两点。

第一,这些概念并非在隐喻的意义上使用,即使用它们刻画的是无机界中的权力关系,也是如此。这一点不难理解,因为尼采将意志原则引入"力"的概念中,即使在对无机世界的解释中,他也将之作为根本的原则(无论这一点具有多大的说服力)。没有无意志的力,因此,力的统治或屈从不是隐喻的说法,而就是力之意志的真实体现。唯有意志可以统治，也唯有意志才可以屈从，物理科学中设定的力就无所谓统治和屈从了。将斗争规定为意志之斗争，使得对斗争做一种理解式的解释成为必要和可能，同时，这也使此种理解式解释成为切中根本和真实之物的根本、真实的解释。

如我们所言，这种解释或许在对无机世界的解释中像是一个没有在自然科学解释之上增加任何实质之物的思想冗余，并且，除了通过某种情感投射（但在认识上不具合法性），作为解释者的任何人都事实上无法对之作理解性的解释，这样，在此种现象领域，尼采的解释最终只能保留一个理解性的形式而无法现实地赋予其内容，只能满足于说意志存在或有意志、是意志。但是，也如我们所说，在有机的，尤其人的现象领域，这种解释的正当性、必要性、可能性是能够得到辩护和说明的，尼采式解释的力量和创造性正是显示在对此种现象的解释上，因为，那是其革命性的心理学可以现实地通达并业已通达的领域。在那些领域，意志可以获得一种心理学的充实，可以获得它的内容，而不仅仅是一个空洞的精神形式，不是一个人类在其认识或解释中无法以属人的、具体的精神内容对之加以充实的东西。

第二，力与意志在这种统治—被统治关系中获得它的质，即通过这种关系，战胜的力成为统治者，失败的力成为被统治者。在对立关系中作为统治者或被统治者是力与意志通过这种关系获得的质，离开这种关系，就无所谓统治者和被统治者。力与意志的这种质具有根本重要性，它作为结果反映了每一种力在那种生死攸关的意志斗争中是胜利还是失败，是强还是弱，它还反映了未来至少一段时间中一种相对稳定的力量格局，而这种格局对应的是权利、自由、利益、机会的分配格局：统治者作为这一格局中强大的一方，作为统治者，享有更大的权力和自由，享有在此基础上更多地扩张和提升自身的机会和可能性，而相反，被统治者的权利、自由、机会都是有限的，它提升自身的可能性更小。因而，这种质关系到每种力与意志的根本存在条件，即便这种格局提供的条件（对统治者）和约束（对被统治者）不是永恒和不可变更的。

这种统治—被统治关系一旦变得较为持久，就会从统治者和被统治者质的差异衍生出一系列新的质的差异，诸如主动的力和意志与被动的力和意志；主动逐渐趋向于能动，而被动逐渐趋向于反动，从而又形成能动的力与意志与反动的力与意志的质的差异。

在此需要特别注意的是，在权力意志的更复杂形态中，比如个体与社会的层面，上述质的差异又发展或衍变出强者与弱者、上升的生命类型与下降的生命类型、旺盛的生命与颓废的生命间的质的差异，在这些形态中，基本和主要的斗争是这些具有质的差异的生命类型间的斗争。之所以需要特别注意这一点，是因为对权力意志这些形态中呈现的生命现象的解释构成尼采解释学的重点和其哲学中最富价值的部分，而这种解释恰恰立足于和最终回到这些二元对立，即对此种层面的生命现象的解释最终是要确定它是强者、上升的生命类型还是弱者、颓废的生命类型的征象、工具，抑或兴奋剂、面具、武器。正是在对此种层面的生命现象的解释中，尼采的理解性的心理学分析才变得深刻丰富，充实和有效支撑着此处做出的诸多哲学论断与评价。

第三，我们还看到，正是通过斗争确定的意志间的统治—被统治关系的纽带，新的、更高的权力意志形态产生出来。

力的统治—被统治关系趋向于延续和加强自身，这符合占据统治地位的力的意志，而这种力能够并尽可能实现这一点（这同时是其意志的要求）。这样，如果仅仅考察单一的力量关系，我们可以合乎逻辑地推断出，任何一种统治—被统治关系都不断趋向成为一种越来越严格和稳定的等级关系，这种等级关系中，被统治的力与意志在持久不懈的挤压中最终趋向于失掉自为的意志，完全服务于统治性的力及其意志。在权力意志的不同形态中，这表现为不同的形式，比如，在有机世界中，被支配的力量逐渐成为机体的器官或功能，而在"社会"这种形态中，被支配的个体在精神甚至本能（尼采一再谈到这种个体的"群畜本能"）上都附属于这个更大的意志中心，呈现出与独立的个人完全不同的诸多心理学特征。

这种严格和稳定的等级结构是权力意志不断发展或衍生其形态的基础。相比于进入斗争关系的每一种力，这种新的力量格局更为强大，这种更强大的力具有统治、支配更多其他力量的意志、条件和可能性,而当它统御更多的力并形成更大的等级结构时,这种结构或力量格局就具有了更强的意志、条件去统御更多的力。正是这种不断扩张的循环使权力意志的形态不断发展,从无机物到有机物,从欲望到个体,从个体到社会、国家、民族、阶级,以及其他种种人类结群的形式、人与其他事物连接成的各式整体。每一种发展都意味着力量关系的格局愈庞大,其中的等级愈多,意志中心也愈多元和分散,意志现象也更复杂。当然,由于我们一再强调的原因,这些发展形态之间不存在任何,比如黑格尔意义上的目的性联系,它是力量随机、偶然结合的产物,而不是某种设计或目的支配的产物。因而,"发展"和"更高"的说法也不蕴含任何价值评判的意味,在放弃目的论解释的同时,这些形态间的高低不同仅仅是没有价值含义的、偶然造就的差异而已。

1.3　伪装与作为症候的现象

权力意志的斗争还造就另一个后果,即力与意志的表现同时作为伪装、欺骗、自我掩蔽的表现。由于这一点具有解释学上的重要意义,我们用单独一节来阐述它。

尼采一再谈到,欺骗乃有机世界中的普遍现象,是有机生命的一个重要特征。它既是从权力意志斗争的逻辑后果,也是尼采将欲望的某些基本特征向更宽广领域投射的结果。

从逻辑上看,只要将权力意志间的冲突和斗争视为意志存在的基本形式,只要权力意志的形态发展到一定层次(在这一层面或形态中,欺骗具有某种事实上的可能性),那么,这种欺骗的可能性一定现实地发展出来,作为工具服务于意志间的斗争(实质上,欺骗的可能性本身都是斗争的结果,即正是通过斗争,权力意志才发展到能够产生欺骗可能性的形态)。

从尼采由之出发的那一人性事实,即欲望的层面上看,欲望的一切活动、一切表现在某种意义上都带有伪装、欺骗的特征,欲望在与其他欲望的斗争中,在于(最终植根于特定欲望的)理性、道德的斗争中，主动或被迫不断改变自身的表现形式，产生种种变形。尼采心理学（还有古典精神分析）的一个重要成就正是在于发现了欲望的这种特征，其心理学解释的一个重要任务就是通过破解这些变形形式把握欲望本身。也同弗洛伊德一样，尼采将欲望的这些变形形式理解为"伪装""欺骗"；他们同样都将"意志"置于待解释对象的本质处，即他们都认为欲望的这种变形显现出一种主动的意志，是这种意志活动的产物，而不是像物理科学刻画的世界中物体在力量关系中的变形那样，没有任何意志的参与，而只是受制于以数学方式表达的自然法则。这样，斗争中的力的"伪装"与"欺骗"是实质意义上的，而不是任何隐喻或类比的说法。

　　力的表现普遍地具有伪装和欺骗的性质，尼采的这一论断将产生一些在哲学和解释学上意义重大的结论。首先，现象将普遍地作为实质意义上的"假象"而存在，现象不是作为"本质"的无歪曲的、某种意义上"自然"的表现，恰恰相反，它是本质对自身的"有意"的伪装或自我掩蔽，其目的不是使自己被尽可能"方便"地认识到，而是力图使自身不被这样认识到。现象固然仍是本质的表现，但这种表现同时亦是本质自我掩蔽的方式，因而对本质的把握必须同样要从现象着手，但却必须通过破除造就现象的诸种伪装或变形机制来实现。而要实现这一点，就还需要我们首先培养起一种对一切现象的深刻的不信任，一种深刻的怀疑论，它不仅认为现象在消极的意义上没有直接表现本质，而且在积极的意义上刻意掩盖了本质。这种怀疑精神必须贯穿探寻本质之物的整个历程。

　　其次，这种从存在论角度看到的本质与现象间的关系实质上属于手段—目的关系。现象，即权力意志的一切表现，都不是纯然自在自为的表现，不是为表现而表现或作为本质之物之自然展开的表现，而是为了在斗争中获胜的表现，是服务于在特定情景中与特定意志之斗争的表现。就如尼采谈到道德现象时所说的，在主人与奴隶的斗争中，道德必须和必然同时作为武器、面具、兴奋剂、麻醉剂这样的斗争工具而存在。现象固然是本质之物表现自身的方式，但这种表现是通过作为斗争手段表现参与斗争的意志的方式表现本质的。

这样，我们看到，现象的伪装和欺骗不是针对一个具有某种"客观"立场并被"纯粹"认识态度支配的认知者，而是针对与之处于斗争关系中的对立意志，它是在斗争情境中作为欺骗而存在，从而只有参照那一情境才能将伪装和欺骗如其所是地把握为伪装和欺骗，并进而把握住伪装和欺骗的机制与方式。

再次，现象之所以作为假象和普遍地作为假象，是由于权力意志间的斗争以及这种斗争永恒性、普遍性，现象在只能伪装式地表现作为本质之物的权力意志时，也是在伪装式地表现意志间的斗争关系或更复杂的关系格局。现象及其伪装形式必须最终通过权力意志及其活动来说明，但为要说明意志及其活动，必须先行或同时说明这一意志与其他意志的斗争关系或它进入的斗争关系格局。归根结底，不是意志自身，而是这种斗争关系或斗争关系格局决定了现象的存在，决定了现象必然作为假象，甚至决定了现象以如此这般的方式伪装和欺骗，仅仅单一的意志本身无法说明这一切。因而，现象作为权力意志的表现固然以意志为其本质，但在更深刻的意义上，本质之物是斗争关系或关系格局。

由此产生的一个重要推论是，现象的意义必然是不单纯的，这里的单纯是指现象所表现的本质之物只有一个，并只是这一个。现象固然是，并必然是这个权力意志的表现形式，但由于我们上面进行的分析，现象在更深刻意义上表现斗争关系的同时，必然还在表现着与这个意志斗争的那个或那些意志，我们在对现象的分析中必然可以分析出那个或那些意志的"想要"，而不仅仅是这个意志的"想要"。当然，需要说明的是，这种意义上的不单纯是形式上的，这种不单纯并不否定斗争中的一种意志可以完全地占有这个现象和在现象中唯一地表现自身。在这里，现象对其他意志的表现是间接的、形式的、非实质性的。在尼采那里，这种形式性不单纯构成现象的普遍和基本的特征之一。

我们在此要区分两种意义上的不单纯，即形式意义上的与实质意义上的不单纯，上述不单纯属于形式上的，而实质意义上的不单纯是指：一种现象既作为某个意志的表现也作为另一个与之斗争的意志的表现，每种意志都借助这种现象表现自己，在占有现象的斗争中没有哪一意志可以完全驱除它的对手，相应地，没有一个意志可以在现象中完全充分地和排他性地表现自己。这种现象的意义是双重或多重的，并且这些意义相互对立。这种意义上的不单纯之心理学上的对应物或原型是：两种或更多种欲望共同占有和支配一种现象，每种欲望都在这种表现形式中不完全地表达自身，这种表现形式内在地充满实质性的矛盾。这类现象是力量妥协的产物，它的意义不是单一的，而是多元的。在心理学上，这类现象同样是尼采心理学和精神分析的重要解释对象。

这样，我们就看到在现象中意义的多元性，在实质性不单纯的现象中，我们还看到这些意义的缠结、斗争。

最后，由于现象普遍地作为假象、作为伪装和欺骗而存在，现象世界同时作为一个假象或虚假的世界而存在。在尼采那里，同样存在真实与虚假世界的区分，其中真实的世界是尼采认其为真的事实构成的世界，这是一个用权力意志、斗争的话语表达的世界，而虚假的世界是作为假象、伪装的诸种现象构成的世界。但是我们需要注意这样两点限定：

第一，这里的区分是尼采"尝试性"地对世界进行解释的产物。每个哲学家在对世界的阐释中必然设定真实之物、本质之物，哲学以至于一切认识都无法逃避"求真意志"的要求，即便看似彻底的怀疑主义者也隐蔽地预设或承诺了某些真实之物或不可怀疑之物。尼采同样如此，他对求真意志的嘲笑实质上只是对特定类型的哲学家之求真意志的嘲笑，并且，嘲笑的一个重要理由恰恰正是这种意志不够彻底、不够诚实。尼采在其哲学生活中不仅没有否弃求真意志，反而使之更纯粹、更诚实、更具反思意识、更严肃。这个人必然不是一个哲学上轻佻之人，他的哲学努力必然同样是在刻画真实之物和本质之物，并以自己的方式同时刻画虚假之物和非本质之物，而不是在玩弄一种思想游戏，甚或进行一种欺骗。但另一方面，尼采又深刻意识到任何认识的视角性和有限性，他无权使自己的世界解释豁免于这种视角主义的检视，他的诚实和严肃也不允许这样做。这样，在求真意志和视角主义间的折中是，在求真意志的支配下，从自己的视角出发尽可能彻底地、严肃地、真诚地去看、去解释，但同时谦逊地承认自己的解释只是一种"尝试"。

在此还需说明的是，虽然尼采一再谈到一个无限生成的世界，并声言这才是真实的世界，但我们却不能认为尼采的解释只是对这一世界的一种透视，不能认为尼采式的解释与这一世界的关系如同康德那里现象与物自体的关系一样。一个绝对的、无限生成的世界是超越一切认识的，尼采未曾以任何甚至类似康德的方式推定这一物自体式的生成世界的"在"，而且，如同海德格尔所说的，我们不能相信尼采接受了如此意义上的、含混而轻佻的"生成"概念。我们的理解是，这种生成世界并不是一个物自体式的世界，而就是尼采用权力意志概念把握的那个世界，这个世界生成的无限性和绝对性不是某种超越任何认识的特征，而是指权力意志构成的世界中诸力必然的、永恒的相互作用。这个世界已经是尼采解释了的世界，或尼采在其解释中建构的世界，但求真意志不允许使用这种说法，它说，我发现了这个真实的世界。"真实"是在求真意志支配的视界中显现或被构成的，而这种"真实"在视角主义的反思性目光中显现为"尝试性"的解释的产物，也因此，这种"真实"的相对性是指相对于其他可能的解释。

第二，我们需要强调的是，这两个世界的区分只是一种概念上的区分，实质上，真实的世界和虚假的世界是内在贯通的世界。我们已经一再谈到，假象、伪装、欺骗都是作为真实和本质之物的意志表现自身的方式，并且，这种表现同时亦是意志存在起来的方式，在这种意义上，意志的"意欲"必然在形式上同时是"意欲"伪装、"意欲"欺骗，放弃这种"意欲"恰是意志弱化甚至取消自身、在斗争中沦为附属之物的表征。意志的存在就是作为欺骗、假象、伪装的存在，意志与自己的这些表现形式内在统一。因而，假象和假象世界并不是相对于真实之物和真实世界的另一个世界，而是后者的必然的存在形式和征象，如同尼采所说的：只有一个世界，而这样一来，就无所谓真实世界和虚假世界了。当然，这样的说法并没有否定我们在概念上对两者进行区分的有效性和价值。只有一个世界，真实和假象世界统一于这个世界，并且在统一中各自取消"真实"和"虚假"的名号,已经是解释的产物,是在解释完成后显现的事实,而不是一开始就直接呈现的事实。我们将看到,这种概念上的区分,能够有效地引导我们去探寻在尼采那里解释的必要性和解释活动的典型特征。

由于假象的世界在真实世界中有其根据,由于真实的世界必然将自己表现为虚假的世界,必然作为虚假的世界而存在,那么,在真实和虚假之间就没有真正意义上的对立或矛盾,它们亦不存在价值上的等级关系,即真实世界并不在任何意义上更有价值,虚假世界并不在任何意义上没有价值。甚至,在尼采看来,一个虚假的世界是一个有趣的世界,一个显现生机和活力的世界,一个在价值上更高级的世界(当然,虚假世界的这种"高级"是相对于柏拉图主义意义上的"真实世界"而言的)。因而,虚假世界在尼采那里既不是一个能够以某种方式取消的世界,也不是一个应该以某种方式取消的世界。承认这个虚假和在本质意义上残酷的世界,满足于生活在这一世界,为这一世界增加更多的虚假和残酷,在尼采看来,有时恰恰正是健康、旺盛的生命的表征和存在方式,比如,在希腊人那里。

第三,通过区分真实之物和假象,我们看到,在尼采那里,认识的出发点、必要性和解释方式所具有的特殊性,相比于假象和假象世界,真实之物和真实世界具有某种本体论的在先性和优先性,然而,从认识的角度看,前者则具有认识上的在先性和优先性。我们唯有通过虚假之物才可以把握真实之物。如同尼采所说,意志,即真实和本质之物,不是意识的直接事实,而是推断的产物,而参照尼采所揭示的意志与其表现之关系,推断只能从作为意志之表征和存在形式的伪装、假象开始,除此之外,我们不可能获得任何其他的出发点。

换一个视角,我们又可以看到认识(更准确地说,是解释)的必要性。由于真实和本质之物在其表现或存在方式中同时伪装和掩蔽了自身,从解释学的视角上看,现象的真正意义被掩蔽在现象之下,而现象的表面意义或无意义不仅不是真正的意义,还恰恰构成对真正意义的掩蔽方式。这样,对于任何认识要求来说,都需要从怀疑这种表层意义开始，并通过破除造就现象并包含于现象之中的伪装机制来把握真实和本质之物。认识不再是一般意义上的认识，而是一种解释（这里的"解释"是解释学意义上力图把握并非直接呈现之"意义"的认识活动），并且是一种极为特殊的解释，我们在下文将具体阐述这种解释的特殊性。

第四，伪装和欺骗随着权力意志形态的发展或衍变不断改变其形式，并且，发展的形态越复杂，伪装和欺骗的形式就越复杂，因而，相比于较低级的生命领域，在人的生命领域中，伪装和欺骗达到了更为复杂和精致的水平。我们还看到，尼采固然要解释整个世界，但他实质上主要解释了人的生命领域中权力意志的诸种征象，相应的意志形态包括了欲望、个体、社会以及可以包括在广义的"社会"之下的人类结群的诸多形式，实质上这也正是尼采的心理学可以通达的领域。

我们看到，一方面，人实质上无法对非人的生命形式及其表征做理解性的把握，因为他无法在实质上跳出自己的视角，从非人生命的视角去看在那一视角上呈现的世界，他无法体验式地把握，只能通过将自身经验投射在对象之上获得"假设性"的理解；另一方面，唯有人才可能理解性地把握人的事实或人的现象，当认识者被嵌入人的视角时，他同时赢获一个借以理解人的视角，即便这一理解唯有在一种反思意识、求真意志与理论态度的共同洗磨下才可能上升到尼采要求的水平和层次。因此，不难理解，为何尼采的解释在以人的现象为对象是最有说服力，为何他解释的深度、创造性和力度在这一领域体现得最为明显。在下文，我们主要关注的也将是尼采在这一对象领域中的解释。

在结束本节之前，我们对上面两节的内容做些概括。

尼采的解释学思想首先体现或蕴含在他的解释实践中，因而，我们需要首先从尼采的解释开始，而这意味着首先从强力意志学说开始，因为它就是尼采对世界的总解释。但是，由于我们的目的最终是阐明尼采的解释学，我们对强力意志学说的分析是有着鲜明导向性和选择性，我们不是面面俱到地分析这一学说，而是着力分析其中有助于阐发尼采解释学的那些内容。

我们主要抓住"权力意志"概念，这是作为解释实践的尼采哲学的核心概念。从逻辑上看，这一概念依其特定的内在规定衍生出斗争、多元性、欺骗或伪装这些概念，这些概念通过它们之间的逻辑关联又衍生出更多概念或规定，这样，在观念的层面，我们看到了一个内在融贯的概念体系。这看似不符合尼采作为一个反体系的，甚至诗人哲学家的一般形象，但这只能说明那种一般形象是误会重重的。一个哲学家，当以概念把握世界时，必然同时在某种意义上是思辨的哲学家，即他无法否定或忽视概念间的语义—逻辑关系以及它所表征的经验事实间的本质与经验关系，而只能尽可能明晰、深入、系统地展开、阐明这种关联，并将之视为事物或世界的本质与本质关系的思想表征。因而，只要尼采还在致力于思想和认识，只要我们承认尼采还是一个哲学家，那么，我们在强力意志学说中发现这样的概念体系就不仅毫不奇怪，反而是理所当然的。

我们需要补充的是，尼采的概念体系绝不仅仅是一个抽象的思辨或准思辨式的体系，所有这些概念及其关系同时具有经验上的对应物，并可以通过这些对应之物加以明证性地充实。我们已经一再指出这个经验对应物是关于欲望的诸种经验事实，这些经验事实首先是在尼采心理学的视域中呈现的。

从这种概念体系与其经验基础中，我们可以提炼出三点对阐发尼采解释学具有根本重要性的内容：第一，解释对象意义结构的独特性；第二，解释方式的独特性；第三，心理学在尼采解释实践中的基础地位。我们将在下两章对这几点进行更深入、系统的分析。

1.4 权力意志概念中蕴含的解释原则

权力意志学说是尼采借以"解释一切事物"的"尝试"，尼采的解释实践和他对解释学诸种主题的领会或阐发都内在包含在这一学说中。这一学说最终立基于"权力意志"概念中，在我们看来，尼采的解释原则、理念、方法等也立基或蕴含于这一概念的规定中。这就为我们提供一种线索，即通过分析权力意志概念的规定来阐发尼采解释学的基本原则与特征。在本书的第三章，我们将对尼采的解释原则和解释的典型特征进行更详细的阐述，在此，我们仅限于指出，在权力意志的概念规定中业已蕴含着这样的解释原则和特征：尼采之解释作为一种目的论解释；尼采之解释作为一种理解式解释；尼采之解释作为一种内在解释。

首先，尼采之解释作为一种目的论解释。在权力意志中，意志欲求的是什么呢？是力自身的增生或扩张，而不是任何其他对象或目的。通过这一规定，尼采显示，意志所欲求不是自我保持或某种内在本性的实现，不是幸福或类似幸福之物，不是欲望之满足，也不是某种外在的对象。意志或力的增生也不是某种更高的目的或理性狡计实现自身的工具。在我们看来，通过这一规定，第一，尼采拒绝了一般意义上的目的论解释和解释原则；第二，他实质上在主张一种特殊的目的性解释和解释原则。

我们看到，在词源学上，尼采的权力意志概念中的"力"同亚里士多德的"潜能"概念、斯宾诺莎的力的概念，黑格尔的"现实"概念都有很深的渊源，海德格尔甚至认为他们构成西方思想史上的一个重要谱系。他们都借此把握到一种能动性的力量，并视之为存在者之存在。但是，在思想的更深处，尼采深深拒斥上述概念隐含的那些形式的目的性原则（众所周知，在亚里士多德、斯宾诺莎、莱布尼茨、黑格尔那里，这表现为不同形式）。尼采拒斥的理由实质上在于，他认为，借助这些"目的"不足以把握现象和世界之实质，更准确地说，这些目的都太过理性化了，根本不足以把握以欲望和欲望世界为原型示例的存在者与存在者整体的实质和基本特征。

这些形式的目的论原则使得借助这些概念构成的世界解释最终仍是理性的和目的论的（斯宾诺莎除外，以自我保持为目的的诸种力量的斗争并未构成一个合目的性的世界），而尼采却认为这一图景只是一种幻象，世界在更深刻意义上是无限生成和流变的、非理性的（或更准确地说，超越理性的诸规定）、充满偶然的（或更准确地说，超越认识设定的任何必然性）。相较之下，近代物理科学中的力的概念反倒由于自觉去除了目的论的原则而更适于表达尼采的这种新的见识。

在拒斥这些形式的目的论及目的论世界图景的同时，尼采也拒斥那些体现或支撑这种思想原则的概念，诸如目的、适应、幸福、规律，他看到这些概念在刻画或解释他认为真实的、生成着的世界时的无能。这一点提醒我们，不能以任何方式运用此类概念来解释尼采的权力意志，或充实借助这一概念对现象的解释。权力意志所欲求的不是它们。

权力意志欲求的不是迄今那些持目的论解释的思想家所设定的那些形式的目的，比如幸福、适应、自我保存、绝对理念、上帝的意图，等等。但权力意志却不是无意欲的，这种意志的本性正是不断地"意欲"，在尼采那里，力的一切表现、活动与构成物都最终是通过意志之"意欲"来说明的，而整个需要解释的对象和对象世界都最终将做如此解释，即一切待解释项最终被解释为意志的征象、工具或存在形式。显而易见，这是一种目的论解释。但我们立刻要对这种说法进行限定：这不是一般意义上的目的论解释，而是一种极为特殊的，甚至独属于尼采的目的论解释。这种特殊性体现在：第一，意志不以任何外在或内在的、被明确显得的对象、状态或意图为其目的，意志仅仅欲求自身力的增长、扩展或提升，增生、扩展或提升没有确定的形式和标准，它依权力意志所处的情景而生成和变化；第二，尼采的视角主义不承认一个超越与一切视角之上的，能够保证客观、有效、完整地把握多元的权力意志构成的世界之整体图景的可能性，迄今为止，哲学家为世界所确定的那些目的都不过是在一个特定视角上对真实的、赫拉克利特式的生成世界的"存在化"。尼采的权力意志学说不再是任何此种意义上的"存在化"。

对这些形式的目的论解释原则的拒斥，显示出尼采借助权力意志概念所构造的世界解释根本不同于那些借助目的论原则所构建的世界解释，这些解释不仅包括比如亚里士多德或黑格尔的哲学解释，也包括比如达尔文的进化论。尼采要显现一种无目的力量构成的无目的世界，而哲学家迄今凭借其概念构造的世界都不过是对此一世界的一孔之见和扭曲，或是给它打上存在的烙印，或是掩蔽这一世界。而尼采则意欲超越这些哲学努力，尽可能展现赫拉克利特式的生成与生成的世界，并解释何种意志支配着哲学家在其努力中对这一生成的掩蔽。

因而，即便存在词源学上的同源性，甚至我们认同海德格尔的看法，承认尼采可以植入主要包括亚里士多德、斯宾诺莎、莱布尼茨、黑格尔、叔本华的那一思想谱系，但仍要做出重重限定，尤为重要的是，必须看到，尼采那里的"目的"已经成为一个没有任何"标的物"的目的，在这种目的中蕴含的那种创造性和能动性冲破了理性原则的引导和约束（在除叔本华外的上述思想家中，固然承认这种创造和能动性，但理性原则对此种创造和能动力量的约束是更本质性的）。我们更倾向于认为，由于在其基本和核心概念中去除了束缚目的论原则的理性原则，尼采哲学构成一个新的思想类型和精神类型。他不行进在已有的道路上，而是扭转了道向；他没有对已构成的哲学世界图景进行补充或修正，而是展现一幅新的图景。

其次，尼采之解释作为一种理解式解释。这一点与上述作为目的论的解释实际上是一体之两面。

权力意志就是每一种力中欲求自身不断增生的意志。在这一看似简单的规定中包含了力与意志的合一。这种合一表现为：一切力都包含一种增生自身的欲求，即意志，意志内在于力，同时使得力作为一种力而存在，即一种活跃的、不断在对他物的作用中或其效应中显示自身的存在。力的意志乃是其产生效应并借以存在的内在根据，不能设想无意志的力。

尼采的"力"概念不同于现代物理科学中的"力"概念。尼采将物理科学作为关于世界的最直截了当的、最简洁的解释，他欣赏这种解释，但同时又不满意这种解释对意志原则的取消。这种取消使得物理科学中设定的力只是一种纯然机械的、无意志的力，使得事物及其运动不再有内在原因和动力，只是无意义地屈从于外在的、以数学语言表达的规律。这样的力和力的世界无法被理解，即便它可以被解释。①

从自然科学的立场上看，如此设定是在毫无必要且不合法地引入一种异质的解释原则，它给世界增加了一个目的论幽灵，而这都是自然科学业已摒弃的过时之物。在此方面，我们很难为尼采提供一种有力的辩护，只能被迫承认：当以世界为解释对象，并坚持一种根本的解释原则，力图在对一切现象的解释中保持这种解释原则的统一性时，这是必须承担的代价，即在对某个对象领域所做的解释明显不合时宜。在我们看来，尼采将"无机自然"作为权力意志的一种形态，在物理科学的解释中塞入一种意志，就是这样地不合时宜。

但是，我们要看到，在另外一些领域，比如历史、道德、艺术、宗教等领域，无论是这些意识形态自身进行的解释中，还是对这些解释所做的反思、认识、理解中，引入意志原则的必要性和正当性都是毋庸置疑的。在这些领域，放弃这一解释原则就是放弃理解，放弃为理解的可能性与正当性进行辩护。我们知道，在此后的狄尔泰、李凯尔特（Rickert）、伽达默尔（Gadamer）等人那里，进行这种辩护并借此阻止自然科学解释原则和方法论向上述人文领域的扩张，构成他们哲学思想中具有根本意义的方面。在此方面，尼采是他们的哲学先驱。附带地说，尼采还将科学事业本身作为一个解释对象，他追问支配科学活动和科学家的意志类型，他并将自然科学作为此意志的产物来理解，而像狄尔泰等人则仅仅限定了自然科学解释原则的适用对象与范围而没有探究它得以如此的精神根据。

意志内在于力，进而内在于种种待解释的事物与现象，解释就是对意志的认识上的把握，这种把握通过什么样的方式才能实现呢？根本而言，是通过理解的方式来实现的。尼采最终要做的是理解这个世界，这种理解表现为对支配诸种存在者及其活动的那种内在的"想要"的把握。尼采的解释是作为理解的解释，是作为以

---

① ［德］尼采：《重估一切价值》，林笳译，华东师范大学出版社2012年版，第422页。

理解的方式最终把握"想要"的解释,这一"想要"在哲学或形而上学的层面被把握为权力意志,在心理学的层面被把握为欲望、动机。在解释学上具有根本重要性的事实是,尼采并没有放弃"动机"(以及与之密切相关的情感、意愿、欲望)概念及其解释功能,归根结底,尼采的解释仍是一种运用此类概念解释行为的理论,并且,解释最终回溯到的仍是那些我们可以同情式地把握的精神经验,而不是那些不可能进行这种把握的非精神的力量或要素,诸如神经活动的类型、遗传基因、血型、经济结构、阶级斗争,如此等等。意志,尤其在像道德、宗教、艺术这样的形态中的意志,始终有一个主观的面相,对把握意志现象而言,一种主观的、依赖解释者之经验的、理解的方式始终是不可偏废的和根本的方式。将意志设为力的原则是使这种理解性解释得以可能和必要的一个重要思想前提。

这样,我们就同时看到心理学在尼采之解释中的重要意义了。此种意义在第三章我们还将论及,此处不拟展开。

最后,我们在权力意志概念的规定中看到内在解释的优先性。我们所谓内在解释是仅仅在存在者自身之中寻找其活动和特征的根据、动力或原因,而外在解释则在所要解释对象之外寻找根据、动力或原因。内在解释的较为间接的形式是将解释对象视为看似另一些事物的一个派生之物、附属之物或(在尼采那里更为常见的)视为表征,即在解释中取消被解释对象的独立和自足性,取消它的内在根据或本质。这看似一种外在解释,实质上仍是内在解释。

在《重估一切价值》第二卷中,尼采在"生成长河中的创造意志"一章中,利用几个段落阐明了这种解释方式:

"我的出发点'权力意志'作为运动的起源。这样运动就可以不受外部的制约,——不会由外部引起……我需要运动的开端和中心,从那里出发,意志迅速向四周扩散……"[①]

"驳斥环境和外因影响论:内在的力量是无限优越的;许多看

---

① [德]尼采:《重估一切价值》,林笳译,华东师范大学出版社 2012 年版,第 315 页。

起来像外部影响的东西，其实只是来自内部的适应。同样的环境，可以有完全不同的解释和利用，并不存在客观事实。——从客观条件出发是解释不了天才的产生的。"①

"达尔文把'外部环境'的影响夸大到了荒唐的地步：生命过程中的本质东西，恰恰是具有巨大创造了的、由内而外塑造形态的、充分利用和猎取外部环境的强力。"②

我们看到，尼采主张一种内在解释（同时拒绝任何外部解释）的理据是：内在力量是主动性、优越性、创造性，只要作为一种力量存在，它就构造其自身的内在性并由这种内在意志来主导。这一点反映在权力意志的概念规定中就是：意志所欲求的实质上只是力自身的增生，而不是某种对象。这样，外在对象对意志而言就不可能作为根据、动力或原因，而仅仅是刺激，并且，这种刺激能够作为刺激而存在、它作为何种意义上的刺激、它将产生何种效应，仍然最终需要通过看似作为被刺激者的力与意志来说明，因而，解释最终只能是内在解释。

我们可以轻易看到，这种内部解释优先性的原则与上述"理解"的解释原则都是从意志原则派生出来的，但两者的侧重点是不同的：理解的原则区别于机械论的解释原则，内在解释优先性的原则区别于外在解释的原则。同样不难看到的是，内在解释优先性的原则是理解的原则得以确立的一个前提（当然，不是唯一的前提），在这种意义上，它更为根本，但另外，尼采式的内在解释又最终落实为一种理解性的解释，后者是前者的真正实现。

我们在第三章还将详述尼采之解释的其他一些重要特征，比如解释的深度性、解释作为破除伪装的解释等，这些特征都与权力意志概念的规定有着内在的关联，我们在第三章再分别论述。

---

① ［德］尼采：《重估一切价值》，林笳译，华东师范大学出版社 2012 年版，第 316 页。
② ［德］尼采：《重估一切价值》，林笳译，华东师范大学出版社 2012 年版，第 316 页。

第二章　解释对象与被解释项

解释是对解释对象的解释。在尼采那里，解释就是反向地重构解释对象被构成的过程和条件，解释活动具有的关键特征总是对应于解释对象及其构成过程的特征。在本章中，我们着力分析解释对象的意义结构，因为这种意义结构的特征很大程度上决定了解释的特征。

在一切解释系统中，解释对象的设定都受到解释者之先见的引导和约束，尼采当然也不例外。为要理解尼采关于解释对象和被解释项的设定，我们首先阐明尼采的决定性先见。此外，我们表明了：在尼采那里，解释对象和被解释项的设定不是一蹴而就和一劳永逸的，它是通过整个解释过程才得以完成的，并且，更为重要的是，在解释的过程中，被解释项也在不断变化，解释在这种变化中转换方向并不断深入。

解释对象的特殊意义结构使其不同于一般意义上的"现象"，我们使用一个新的词语，即"症候"来标示作为尼采式解释对象的现象，以示区别。借助于这一词语，我们还力图显示尼采关于现象的思想方式的特殊性。我们将看到，在一个具有根本重要性的思想层面上，马克思和弗洛伊德同样秉有这种理解现象的方式。

2.1　解释对象的设定

2.1.1　尼采的决定性"先见"

在每一种解释体系中，什么作为解释对象这一点都不是随意的，并且，它不能仅仅由解释对象本身来说明。从理论的融贯性方面着眼，我们看到，解释对象的设定如同肠胃设定食物一样。每一种理论性认识所设定的解释对象必然是这一理论能够解释的对象和需要解释的对象，特定对象作为解释对象的必要性和可能性最终要通过这一融贯的解释系统来说明。解释对象的设定本身实质上不是先在于、超越于、独立于这种融贯性要求的理论行为，而是参与造就这种融贯性的一种行为，从而解释对象的设定，更具体地说，将这种而非那种的对象设定为解释对象，出于这种而非那种理据将之设定为解释对象，必然最终能够并需要通过这种融贯性来说明。

但需要注意的是，这只是一种着眼于理论逻辑结构的观照，我们还需要一个发生学角度的观照来补充它。在发生学的视角上，我们看到，理论及其融贯性的构建是在诸多"先见"或"前结构"的引导甚至支配下进行的，作为理论构建的一部分或开端，解释对象的设定同样受这些"先见"的引导和支配，只是如此设定和设定这样的对象之理据通常还没有获得充分的说明。随着理论解释活动的深入，我们常常还看到这样更为复杂的情形：最初设定的解释对象在越来越深入的解释，或者在不断扩展的解释语境中，显现出自身的不独立、不完备，它不再被视为真正的解释对象，而成为另一个新的对象的一部分或一种表征。在尼采那里，情形就是如此。最初引导和支配解释对象之设定的那些"先见"有些被整合进融贯的理论中，而有些则作为不再有用的梯子甚至障碍被抛弃了。

在引导尼采对解释对象之设定的诸多"先见"中，我们主要谈其中一类，即尼采关于人的心理学洞见。我们认为，相较于权力意志的哲学解释，尼采心理学的解释是在先的，较之于尼采在其哲学解释中对解释对象的设定，他在心理学中对解释对象的设定是在先的，较之于哲学解释所呈现的那一世界，心理学解释所呈现的那一精神世界是在先的。这种在先不仅是作为经验基础意义上的在先，还是理论建构的发生学意义上的在先。在理论的推进中，哲学的解释看似成为把握更为本质之物的更基础，或在某种意义上更高的解释，心理学的洞见看似需要通过权力意志学说给予一种更为本质的规定，但这更多是尼采哲学之融贯性要求的产物。我们完全可以并应该跳出这种要求造就的视界，看到尼采心理学对其哲学而言的在先性、优先性、基础性，它体现在诸多方面，包括这里谈到的解释对象的设定方面。在关于世界的哲学解释中，这种在先性部分地被掩蔽了，但至少在发生学的意义上，它是真实的。

在尼采心理学中，包含两点同时在解释学和哲学上具有重要意义的洞见：第一，在人（首先是作为个体的人）那里，欲望相对于自我、理性的在先性，这种在先性是指，归根结底，自我、理性是欲望的构成物和工具，从而，自我行为和理性的建构物都最终需要通过欲望来说明；第二，在人，首先是个体的人那里，存在一个更为深厚和广阔的无意识领域，而意识领域是这一无意识领域中诸种心理力量相互作用的产物，意识和意识中呈现的事物、一切在意识中或被意识到的心理构造物都不是自立、自足的，它们无法仅仅通过自身或其他意识之物说明自身，对它们的说明必须通过阐明它与无意识中的诸种力量的关系来进行。这两种洞见相互关联，并实际上是从不同视角看到的同一心理事实。这种基本的洞见最终将使尼采更新了对人类心理世界的认识，他展现了一个以往哲学家未曾展望过的广大而陌生的心理世界。

我们看到，德国观念论的基本见识是，人的精神相对于非人之物具有在先性，这种在先性首先和根本上是指，非人之物和非人的世界是人的精神活动的产物。某种意义上，尼采延续、深化和革新了这种基本见识，而能够如此，根本上是因为他借助心理学大大拓展和深化了对人的精神世界的理解，更新了对人类精神活动的真正本源性力量及其活动方式的理解。依据这种理解，德国观念论以至于近代唯心论建构的哲学大厦都成为空中楼阁、沙上之塔，因为这些哲学家根本性地误解了这些力量及其活动方式。依据这种理解，世界是以完全不同于那些哲学家设想的方式被构成或显现自身的，即真实的世界不是在意识或纯粹意识的层面被构成或显现自身，而是在欲望的不断改变其曲率的、变化不定的透镜（更准确地说，是透镜矩阵）中被构成和显现自身，构成性的力量不是理性，而是欲望。世界的本来面目在欲望的透镜中变幻不定，变幻不定就是它的本相，而它在理性和意识的镜面中则隐匿不见，理性和意识显现的只是幻觉、错谬之物、片面之物。

在这种意义上，对欲望和欲望世界的探究还是一种实质意义上的"现象学"。尼采观看更真实、更丰富的世界如何在诸种欲望的透镜和透镜矩阵中被构成或显现，观看它如何在透镜曲率、位置、方向的变化中不断变形，观察其中的变与不变之物、必然之物和偶然之物、真实之物与虚假之物、本质与表征。尼采的哲学或权力意志学说最终立基于这种"看"，最终通过这种"看"和看到之物得以充实，它在终极意义上，是对在这种"看"中把握到的真实之物、本质之物的表达，同时也是对在"看"中把握到虚假之物、幻象、偶然之物的显现与破除。它是对"看"所把握之物在概念和理论的水平上加以集聚、归并、凝结。这是所有真实的哲学实质上在做的事情，哲学的真实正在于此，并实质上只在于此。

我们相信，即便有概念的、自身经验的、情感的种种"先见"干扰这种观看，即便他常常显得过早离开了这种专注于现象及其显现条件的凝视，过于匆忙地断定本质与假象，但尼采致思的根本意旨仍在于显明事实而不是营构体系。他对概念（同时出于逻辑的、语言学的和心理学的考虑而设）的提防，他对体系哲学的嘲弄、反对和警惕是一个显明的证据，这种提防和反对不是一种纯然个人性的情感或态度，而是执着坚守哲学之真实性的表现，是更深刻和严肃的求真意志的表达。当他必须使用概念并力图建构体系时，他的诚实和真实表现在，这些概念和理论必须有一种足够广博和充分的"看"来充实和支撑，并且，他时刻警惕概念、体系以及构建体系的理性条件、理性活动内在具有的逻辑上的、语言学上的，甚至生物学上的要求在形塑"看"所把握到的"实事"时太多地干扰、削减或增加了它，即便他清醒地认识到，不可能完全消除这种扰乱及其影响。概念本身就是一种语言学和逻辑学的透镜，进而还是一种心理学与生物学的透镜，以新的概念把握事实同时就是将之置于新的透镜之下。这是认识和解释的"天命"，但仍有可能和必要洗磨这一透镜并尽可能了解它的"曲率"，以便"事实"本身在这样的镜面上不至于太过模糊，以便我们可以粗略折算被扭曲的程度。

德勒兹（Deleuze）说，每个哲学家都打磨出属于自己的、用以透视世界的镜子。倘若比附这种说法,我们可以说,尼采的镜子就是生命。生命首先和在根本上是指"被共同喂养的欲望的联合",即生命就是在斗争中并通过斗争中形成的等级关系连接在一起的欲望,因而,以生命为透镜实质上是以欲望为透镜。尼采是通过生命,更准确地说,通过欲望联合体的透镜矩阵来看世界的,世界及其本质必然是,并只是呈现于这一透镜下的世界及其本质。正是这样的透镜才赋予尼采哲学一种实质意义上的统一性,一种借以把尼采的那些看似松散的格言在实质意义上连接、整合起来的方式,一种借以把尼采与其他哲学家本质性地区分开或将之置于某个精神家族的方式。但这种透镜也构成尼采哲学的根本性的限定:他无能于同时从其他透镜上观看,它注定看不到或根本性地误解、曲解其他同等水平上的透镜中显现的"事实",如同在其他透镜中,尼采显现的"事实"或"本质"可能只是一种思想伪造;在他将自己的透镜视为最完整地、最根本地显现真实和本质之物的透镜时,他必然无法设想和占据某个更高或更深的视镜,一个可以统御、综合他的透镜和透视之世界的视镜。

在尼采那里,这种意义上的现象学同心理学有着密切关联。当我们转换视角和看的方式,尼采在其心理学中展开的那些洞见就成为一种现象学的成就,即显现一个由欲望支配、造就的世界,显现世界在它关联于欲望时呈现的面相、结构和它在关联于欲望时所具有的意义。在这一视角上,诸事物或事态实质上不是作为欲望之结果,而是作为欲望之表现和自我实现的工具(宽泛意义上的)获得本质性的规定的,它们之间的关系实质上不是因果关系,而是表现—被表现、目的—手段关系。当然不是一切情形下都是如此,只是大体如此。因果解释与目的论解释在尼采心理学和哲学中的交织关系极为复杂,在不同的取向或层次上,这种交织关系常常呈现出不同的形式,更具体、细致的分析也常常需要联系尼采在具体问题上的分析来进行。

某种意义上,这不正是在对尼采心理学中揭示的现象进行一种现象学反思所把握到的基本的现象学"实事"吗?尼采哲学既立基于心理学发现所奠定的经验地基上,也立基于对这一经验成就的现象学把握所产生的现象学成就之上。

2.1.2 解释对象与被解释项的设定

还是让我们回到解释对象设定的问题上来。经由上述分析，我们看到了支配尼采哲学的一个重要"先见"，即以欲望为透镜的透视，它首先体现为尼采在心理学上种种新的观念，又在哲学上通过权力意志的形而上学加以展示和展开。尼采心理学和哲学关涉的一切具有实质重要性的东西，都原则性地受制于这种先见，同时也在其中有其根据，并且是最深的根据，因而，尼采解释学所关涉的一切具有实质重要性的东西同样在其中有其原则性的限定和最深的根据，这当然也包括解释对象或被解释项的设定。

这一先见如何支配着尼采对其解释对象的设定呢？由于这一先见首先是在心理学分析中得到展现的，我们先看一下在心理学中，尼采将什么设定为解释对象和被解释项。

我们看到，在心理学解释对象的设定中，在上述先见和这一先见的支配下业已产生的解释经验的引导下，尼采总是将非欲望之物而不是欲望（或相关的本能）设定为要解释的对象，这些非欲望之物首先包括作为集体意识形态的哲学、道德、宗教、艺术等现象或事态，当然，这里的哲学、道德等都是集合名词，包括诸多可以进行独立分析的事物、现象或事态，它们也可以分别在群体和个体水平上进行分析。尼采心理学对这些对象的解释，并不是业已具备其形态的心理学的某种"应用"，而就是这种心理学展开自己的方式之一。它并非一种具有完备理论形态的心理学，而是在对各种现象的解释中展开自身的心理学。

将这些现象，而不是欲望或本能本身首先设定为解释的对象，显现出尼采对这类事物或现象的一种特殊怀疑。某种意义上，解释和解释学得以可能，最初的动因便是一种怀疑，即怀疑事物、现象或事态的意义被掩蔽了，或者它们呈现的意义并非其真正意义，或者在表面的意义之下还有更深刻的意义，或者意义受制于承载或传达的手段无法直接和有效地被把握，如此等等。正是这样的怀疑最初引导着解释者将某些事物或事态试探性地作为解释的对象，解释者试图发现现象是否存在另一种意义，或真正的意义，或更深刻的意义，等等。但在每位解释者那里，总有更加在先的某些理论或经验性的"先见"催生、引导这种怀疑，并逐渐赋予它特定的形式和内容，而此种怀疑又直接或间接地引导解释者有选择地趋向特定的事物或现象，或有选择地关注事物或现象的特定方面，将之作为解释活动的（常常是暂时的）被解释项或切入点。尼采同样如此，他同样是在一种怀疑态度的引导下有选择地转向某些事物的，并且，正是我们一再提到的那种"先见"塑造了尼采式怀疑的形式和内容：怀疑总是指向那些非欲望或本能之物，总是怀疑那些事物或现象的真正意义不同于它的表面意义或通常人们赋予它的意义，怀疑那些事物的价值也不是它自诩的或通常人们估定的价值，怀疑它的起源并非自诩或人们通常认为的那样，怀疑这一切或许和欲望有着实质性的关联，并且是那些人们一直未曾给予多高评价的欲望或本能，诸如性欲和侵犯的欲望。

这种"先见"和怀疑还继续引导着尼采优先专注那些事物或现象的特定方面，哪些或哪个方面呢？总的来说，是这些事物与人相关的那个方面。当道德等被在集体意识形态的层面上分析时，这里的"人"就是特定的阶级、民族、国家等，即人的种种结群形式；如果在个体精神的层面上谈，这里的"人"就是特定的个体；如果在人类的层面上来谈，这里的"人"就是指人类。我们必须给予这一点足够的重视：在将这些事物或现象暂时性地设定为解释对象之后，尼采继而将它们视为必然以某种方式关联于人的现象，通常，在尼采那里，它们直接被视为属于人的现象，视为人的活动的一种方式或产物。道德、艺术、哲学等都将被视为人的道德、艺术与哲学。

我们之所以强调这一点，是因为从解释学的角度来看，尼采借此实现了被解释项和解释对象的一次微妙但意义重大的转变，通过这种转变，尼采根本性地转换了解释的方向。解释对象常常具有很多不同的方面，但显然不是所有的方面都具有优先性和具有同等重要的意义，在不同的解释者那里，这些方面的区分和各自在解释中的优先性和重要性常常是根本不同的。尼采式解释的一个重要特征是，他优先关注解释对象与人直接相关的那些方面，比如，在对一种哲学的解释中，他首先关注的并不是这一哲学的逻辑或义理方面，而是这样的基本事实：这一哲学是某个人的创造物。他优先关注这一哲学中与那个人有关的方面。同样，道德、艺术也是某个人或人群的道德与艺术，道德和艺术中相关于人的那些方面获得优先关注。

这种有选择的关注必然使解释对象逐渐变成作为创造者的人，被解释项逐渐转变为这个作为创造者的人出于何种原因或必要性创造了如此这般的道德、哲学、艺术，相应地，解释的方向发生了根本性的转变，即从最初试探性地被确定为解释对象之物转变为它的创造者。但是，需要注意的是，这种转变不是放弃了对这些事物或现象的解释，而是通过迂回向创造者最终发现它的另一种意义或真正的、更深刻的意义。这种现象或事物没有被放弃，通过转向人，它们属人的方面最终得到说明，并且，解释最终会显示，其他那些看似与人无关的方面通常也需要通过人或关联于人的方面来说明。

当解释的重心转向作为创造者的人时，其中人的"意向"，又成为优先关注的方面。人在此被首先和根本上把握为一个"行动者"，作为一个行动者，除了较为低级的诸如反射行为外，他的行为是目的性或准目的性的。至此，尼采的解释并没有在性质上真正区别于人们关于人的行为及其产物的日常解释。但尼采的独特和深刻之处在于，他在有意识的意向、意愿、意志之下发现了更为深刻的、常常未被意识到的意欲、意向，看到在这两个层面的意向之间存在极为复杂的关系，并且行为的真正推动力是那些无意识的意向、意欲。正是在这一领域，尼采在心理学上实现了重大的突破，他发现了一个更深广的人的内部世界，并深化了对这一世界的理解。其中，尤为重要的一点是，尼采发现，在作为个体的人那里，这一世界是由相互斗争着的多种欲望构成的、可以类比于"寡头政府"的世界。支配行为及其产物的意向和意欲不仅不同于意识到的意向和意欲，它还不是单纯或统一的，而是多元的、混杂的、冲突的、变化不定的。这种理解深刻改变了尼采对人的行为及其产物的解释，并使其深刻区别于常识心理学。

尼采同样没有仅仅使解释停留在这一内在世界，无论是个体的还是某类群体的内在世界，因为要说明每一个体或群体中这个内在世界的具体的、特殊的状况，必须同时着眼于人与人、群体与群体间的关系，而这种关系的主导方面是斗争或冲突。这样，尼采解释的关注点又发生了转变：这里需要分析的已经是两个或更多的"欲望群落"间的复杂斗争了。

我们不再继续下去了，上述分析对于说明解释对象的设定问题已经足够了。如我们一再强调的，解释对象的设定受到尼采之"先见"的根本性的引导和约束，后者还不断引导和约束解释中关注点的不断转换以及解释对象和被解释项的不断转变。这一过程是一个"人化"解释的过程、一个"内向化"解释的过程、一个独特的"目的论"解释的过程，这种解释正是我们在开篇提到的、蕴含在权力意志概念中的人化的、内在的、目的论的解释原则的实现。正是经由这种不断的转变，解释对象最终被确认为特定的欲望或欲望矩阵的表征和存在形式，它不是独立的事物或事态，它同它所表现的欲望或欲望矩阵共同构成一个相对独立的、可以在某些方面类比于"实体"的心理组织。也正是经由这一发生学意义上的过程，解释对象和被解释项的设定在融贯论层面上的说明得到实现，在此，我们在本章开始提到的两种考察方式统一在一起了。

在心理学解释中发生的事情同时也是在哲学解释中发生的事情，因为这种借助权力意志概念展开的哲学解释实质上是通过心理学解释获得实现和充实的，在人的领域诸事物或事态的解释中如此，对超出这一领域的事物或事态的解释也是如此。哲学解释延伸到的领域，同时也是心理学解释延伸到的领域，即便在那些远离人的领域（比如无机自然）中，这种解释的说服力是可疑的，并且仅仅能维持一种心理学或精神解释的形式。在这种意义上，心理学解释和哲学解释就是同一的，而不是哲学解释的一个示例，同时，这里提到的"心理学"已经不是仅限于对人之心理现象进行阐释那种心理学了，就像海德格尔所说的，这种意义上的心理学与尼采的权力意志形而上学同义了。

与此相应，在哲学解释中，对解释对象的设定同在心理学解释对解释对象的设定一样，受到这种基本"先见"的引导和约束，只是在这种形式的解释中，"欲望"被置换为"意志"。同样，在解释过程中，被关注点、解释对象、被解释项都在不断发生转变；经由这一过程，蕴含在权力意志中的解释原则得到同样的实现；经由这一过程，显示解释对象并非独立的现象、事物或事态，而最终被确证为意志的表征和存在形式。只有一个相对独立的、在某些方面可以类比于"实体"之物，即意志及其表征构成的那一变化不定的组织。一切都是在心理学解释中业已发生的，只是在此被用一套哲学语言加以表达。

最后，还需要说明的是，解释对象及被解释项的设定不是一蹴而就的，这种设定常常通过一个历程才得以完成的，有时甚至是解释终结时才真正完成。设定解释对象并非将某个对象或事态直接规定为解释的对象，设定是在诸多先前经验的引导下试探性地进行的，这样，严格来说，我们找不到一个明确的、作为绝对解释起点的解释对象的设定。设定是试探性的、逐渐趋向确定的，但直到解释完成都不是绝对确定，在解释过程中需要有不断增加的证据显示，它作为一个解释对象是适宜的。相反的可能性永远存在，即最初被设定为对象之物在随后的解释中显示，它不适宜作为这种解释的对象，或者它不是独立的对象，而只是真正对象的一部分，或相反，在这一对象中可以分解出多个相对独立的解释对象，这些对象分别要求不同和相对独立的解释。

2.2 解释对象的意义结构

我们需要在多种意义上谈论解释对象的意义结构，我们将看到，对意义结构的分析在解释学具有重要的意义。

2.2.1 宽泛意义上的"意义"与解释对象的意义结构

我们首先在一种最宽泛的意义上理解意义和解释对象的意义结构。一种事物、事态或现象成为解释对象，固然根本上取决于引导和约束性的理论"先见"，但在自身也一定具有某些条件使其可能成为一个对象，其中的一个逻辑条件是，它必定在某种意义上已经是一个意义统一体了，正是作为一个哪怕最低限度的意义统一体，它才能够作为一个相对独立的现象、事物或事态呈现出来，比如作为一种表情、一个原因、一棵树、一种颜色，否则无论它如何单纯或如何丰富，它都还没有一个"自己"，都还不是"这一个"或"那一个"，都还没法成为一个对象。

任何解释对象当然都具有这样的基本的逻辑条件，即作为一个意义统一体，通常，当我们通过使用一个词指称这一对象时，我们同时标示出这种意义的统一。但是，我们看到，当尼采对这一对象进行解释时，他实质上将这种意义统一体与一个外部因素关联起来，并通过这种关联形成一个新的意义统一体，而在这一新的统一体中，原本的那一统一体或者被打碎了、消失了，或者被纳入这个统一体时仍然保留着，但丧失了决定对象之"所是"的能力，从对象中生成了一种新的、更具决定性的意义。比如，一首歌曲在被视为歌唱家的创造物时，它就不再仅仅是一首歌曲，而同时作为某个人的创造物，作为创造物成为它新的和某种意义上更重要的"所是"。在尼采那里，解释对象的每一次新的设定、解释方向的每一次转变，都是在将最初的对象纳入一个新的意义统一体，而在这一统一体中，对象获得新的、被尼采视为更本质的意义。比如，一个最初作为道德规范的解释对象，在关联于特定的人或群体时，成为体现这些人或群体之意向与欲望的道德规范；当我们进而认识到，人的表层的、意识到的意向与意欲只是深层欲望的自我掩饰的表现时，道德规范在这一新的、更大的意义统一体中被把握为这些深层欲望的存在形式、工具，被把握为某种假象或欺骗；当深层欲望及其在欲望斗争的格局中被说明时，道德规范又具有了新的意义，即它可能同时作为对立性欲望共同的、妥协的表达形式，此时，它成为一个折中的产物，它的意义变成双重的和相互冲突的；当我们超出个体的内在领域，在个体间的斗争关系中理解这一道德规范时，我们看到它成为个人斗争的工具，在斗争的不同情景中作为面具、武器、兴奋剂，如此等等；当超出个体斗争的领域，在群体斗争的格局中理解这一道德规范时，我们又看到它成为特定群体的武器、兴奋剂、毒药、面具，如此等等。

在解释推进的任何一个层面或阶段，原本形成的意义都在新的意义结构中被削弱、分解、粉碎或增强、综合、升华，具体的形式需要在不同解释语境中做具体分析。这样，我们在解释对象那里看不到一个是最终的、稳定的、作为单一"本质"的意义，而是一个由不同层次的意义构成的层级结构（其中某些意义层次被相邻层次压垮或整合了），如同地质学家眼中的地质层。

2.2.2　意向意义与解释对象的意义结构

我们再从另一个角度来看解释对象的意义结构。在第一章，我们一再提到，力的斗争使伪装、欺骗、自我掩蔽成为力表现自身的普遍形式，作为一种力与意志而存在，就是作为伪装者、欺骗者、自我掩蔽者而存在。这一点在解释学上具有重大意义，它意味着，一切作为解释对象的事物、事态或现象，都必然普遍地作为假象、伪装而存在，对它们的解释最终是在确证这一点。这样，我们就在解释对象中看到一种极为特殊的意义结构，即双重意义结构。

依据假象或伪装的定义，在假象和伪装中包含一种特殊的双层意义结构，即在表层的意义之下还潜藏着深层的意义。在这一结构中，一般来说，表层意义不同于深层意义（在特殊的情形下，也可能通过使表层意义等同于深层意义来达到迷惑的目的），表层意义通过对深层意义的掩蔽服务于欺骗或迷惑对手的目的，表层意义并非真正的意义，深层意义才是真正的意义。同时，我们还看到，在"假象"和"伪装"的定义中，还逻辑上预设或蕴含着一个作伪者和作伪的意志，这一意志可以具体化为一种动机或目的。

存在多种类别的欺骗或伪装，欺骗和伪装的双重意义结构也有多种具体的形式。一种基本的分类是依据作伪的意图是有意识还是无意识的所进行的分类，即区分为有意识的伪装和无意识的伪装。就前者而言，伪装的意志、动机或目的都是被意识到或在意识中的，因而，至少伪装者和假象的制造者知道它是一种假象和伪装，至少对他本人来说，这里不存在解释的必要性，因为作假或伪装的动机对他自己而言是直接明见的，从而，现象的真正意义对他本人而言也是直接明见的，一种当下直接的反思或内省就可以把握这一切。当然，对于他人而言就不是这样，这里需要一种解释。

当意愿、动机、目的不再处于意识之中时，这些动机、意图，从而思想和行为的真正意义哪怕对伪装者本人也是封闭起来的。在其主观意识中，我没有察觉自己作伪和欺骗的意志，伪装和假象得以构成的诸种机制也隐匿不显。这种无意识的作伪和欺骗不仅存在于个体层面，同样可能存在于群体层面，甚至更一般意义上的人的层面。不仅个体的种种思想、观念、行为、习惯可能是这种伪装的产物和形式，群体的习俗、道德、宗教、艺术、制度也可能是这样的产物和形式，甚至更普遍的人的种种认识范畴也同样如此。无意识的伪装是一种更为特殊的伪装形式，但也是更为根本和普遍的伪装形式。可以从多个方面对这种伪装形式进行分析，但这里，我们仅限于指出其较为典型的几种样式：第一种形式，表面的意义是意识中的动机、意图、目的等，而深层的、真正的和被掩蔽的意义是无意识的动机、意图、目的，两者的内容不仅不同，甚至常常是相反的。第二种形式，表面意义是现象作为一个相对独立的意义统一体所具有的那种意义，而深层意义是显现或创造了那一显现的人的没有意识到的意志。第三种形式，现象表面看来是无意义的，但实质上存在一种未被意识到的意义，比如梦。这些形式也可以合并为更加复杂的形式。当然，需要说明的是，第一种形式中的表面意义与第二种和第三种形式的表面意义不是同一种意义上的"意义"，前者是作为意图、动机的意义，后者则是作为意义统一体的现象之所是意义上的意义。但这是无关紧要的，关键在于，每一种形式中，深层和真正的意义总是未被意识到的，并被掩蔽的意图、意志。

在尼采那里，解释的典型形式正是对遍布于各个存在层级上的无意识伪装的揭露和破除。他主要以这些无意识伪装的产物和形式为解释对象，对这种形式的伪装和假象的分析构成尼采主要的解释实践。对这种形式的伪装和假象的识别和解释构成尼采心理学、解释学和哲学的一个重大成就。这是因为，第一，这类现象在此以前无论在心理学、哲学还是解释学那里都未被发现，更谈不上重视了，它从未成为心理学、哲学和解释学分析的明确对象；第二，在尼采看来，这种形式的伪装和假象是基本和普遍的，说它基本，是指作为假象和伪装构成诸现象最基本的规定，说它普遍，是指它是一切现象、事态基本的存在形式。在形而上学的层面，这一点可以通过权力意志的规定合乎逻辑地推导出来，而在具体的解释实践中，它主要通过心理学解释不断获得确证；第三，尤为重要的是，在尼采看来，人的领域中的诸种现象、事物或事态必须被理解为这样的假象和伪装。尼采深入分析了我们一直信以为真的那些思想、观念、范畴、制度、规范、文化形式，它们一直被认为是构成人和人的生活的不可动摇的基础，它们的意义和价值从未被真正怀疑。

正是如此，出现了解释的必要性，并且这里要求的是一种特殊形式的解释和解释学，这种解释学必须发展出一套独特的技术用以解析在假象和伪装中包含的各种伪装机制。正是借助于这种机制，假象被构成并使人们相信它就是全部事实，相信这里没有背面和深处；正是借助这种机制，虚假的、表层的意义被制造出来，而真实的、本质意义被掩蔽起来。这种机制及其运作也常常是无意识的，因而不是通过内省或仅仅在意识中展开的反思就可以把握住。

这种解释和解释学不仅必须通过破解伪装机制重建表层的、虚假的意义与真正的深层的、真实的意义之间的关系，并通过这种重建显明深层之为深层、表层之为表层，显明真实之为真实、虚假之为虚假，此外，更进一步（同时也是更重要）的任务是，显明那个要作伪的意志，显明它在构造每一种具体的假象和伪装时所处的具体斗争情境，显明在这一情境中意志之"想要"的具体形态和内容。只有深入这一步，我们才能最终把握如此这般的这个现象何以存在并作为假象而存在，才能把握这个真实的意义何以是真实的并以如此这般的方式存在。

当我们深入到作为假象和伪装之根据的"意志"时，我们在这一层面看到第一章提到的那种不单纯性。这种不单纯性既可以仅仅是形式的，也可以同时是实质性的，当它是后者时，假象具有的意义结构就变得更为复杂了。这种实质性的不单纯并不是偶然、零星出现的现象，而普遍存在于权力意志的诸种形态中。

在这种实质性的不单纯中，我们首先看到，那个真正的意义并不是某种单一和纯粹之物，而是意志之斗争的折中产物，在这一产物中，斗争中的每种意志都通过它实现自身，但只能部分地而不是完全地实现自身。由于对抗的意志同时部分地凝结在这种折中物中，它的意义实质上两重并且相互矛盾的，并且，由于更深层的意志斗争关系的波动性，折中物内在的矛盾性意义结构也在波动中。

我们还看到，假象的表层意义并不单纯只是真实意义的伪装，由于深层的意志的斗争，每一种意志借以掩蔽自身真实欲求的伪装始终被另一种意志破坏着，因而，某种意义上，斗争延伸到假象的表层结构，这个表层同样是一个意志对抗的折中物。这样，假象显现为如此这般而非那般，假象的表层意义是这样而非那样，就不再是偶然或随意的，而同样是意志斗争的产物，即如此这般的一个意志与另一个意志在如此这般的情境中的对抗，造就了一个如此这般的假象和假象呈现的这样一个表层意义。也因此，即便在假象直接呈现的表象中，我们同样能识别出造就它的斗争着的意志，在假象的表层的、虚假的意义同样也是双重和矛盾的。我们还看到，由于意志斗争的波动性，假象实质上也是不稳定的，它不断变化自己的形式适时反映着意志斗争的变化。此外，由于这种斗争的存在，假象的表层或直接呈现的样子常常是不完整的，就像深处不断搅动的河流，搅动的力量总是要透过水流不断撕开表面的平静，使其一再破碎，假象呈现的即便看似完整的形态在更细致的观察中往往也是处处漏洞。这些漏洞常常就是意志搏斗的产物和征象。

这样，我们看到，实质性不单纯使得假象意义结构的每个意义层面都变得复杂起来，无论是深层、真实的意义还是表层、虚假的意义都不再单纯，而变成二重性的和矛盾的。在形式的不单纯中，情形与此有所不同，但我们仍能看到，意志的一切表现都不可以完全独立于与之斗争的另一个意志，即便那个意志无法同时使这种表现服务于自身，它也深刻影响着对立意志的表现或存在方式，影响着作为表现形式的假象和伪装的形式，影响着其中不同层面的意义的构成及其变化。我们不再对此进行具体分析了。

我们在对假象和普遍地作为假象的解释对象的意义结构的分析中，仅仅考虑了最基本和最简单的一种斗争形式，即两种权力意志的斗争，并且，我们主要考虑这种斗争关系的结构方面，而没有强调这种关系在时间中的流变，以及由此而来的意义结构的变化问题。这主要是为了简化问题，突出关键点。但需要注意的是，实存着的斗争关系要复杂得多，因为卷入斗争的经常是多种权力意志（比如尼采提到的欲望世界中的"寡头统治"），这种斗争关系当然比二元斗争关系复杂多了。在权力意志的每一种发展形态中，我们都看到这些多元斗争的关系格局，并且，在每种更高的形态中，它都将较低形态的多元斗争关系格局作为它的一个部分，因而变得更为复杂。比如，欲望构成权力意志的一种形态，但在更高的形态，如个体那里，欲望是多元的，欲望世界的斗争关系也是多元交错的斗争关系构成的格局，这一格局又不断发展为由不同层次的关系格局构成的更大、更深广的斗争格局；在社会这种权力意志形态中，个体又仅仅是其中一个部分，此处涉及的斗争意志更多元，斗争关系的层次更多。毫无疑问，这些情形使假象和作为假象的解释对象的意义结构变得更加复杂，并具有更多可能的形式。

我们需要注意这一点，尼采对道德、艺术等的阐释中所考虑的斗争关系主要是两种意志类型（即上升的与下降的生命类型、强者与弱者、主人与奴隶）间的斗争关系，这给我们一种印象，似乎尼采考虑的主要是二元斗争问题，实存的斗争形式（至少在人的现象领域）主要是二元斗争关系，但更具体和细致的分析显示，远不是这样。实质上，这些意志或生命类型所指的都不过是整体性的生命状态，或更具体地说，是多元欲望之斗争关系格局的总体状况，任何对这些生命类型的具体分析所关涉的仍是多元欲望的斗争关系。此外，将人的现象领域中的种种斗争最终还原为两种生命类型的斗争是一种常常显得过度的简化，在稍微具体的分析中，尼采实际上都对此做了许多限定和补充，否则，它就无法有效和完整剖析现象的全部丰富或复杂性，比如，尼采常常说，在衰败的生命类型或弱者中也有一种主动的强力，而不是纯然消极、被动的，比如《论道德的谱系》中的僧侣阶层，同样，在上升的生命意志中，也有某种脆弱和衰败，他常说，高等的生命类型同时是脆弱的、过度敏感的、更难适应环境变化的，如此等等。一个强盛的生命类型在特定的情形，比如严酷的惩罚下，也可能部分地成为病弱者。尼采本人也可以作为表现这种复杂性的一个例子，在《瞧，这个人》中，尼采提到自己的"双重视角"，即他既从病弱者也从健康者的视角看世界，从而体验式地把握到不同生命状态及其各种构成的世界之根本差异，这恰恰表明，两种生命状态在一个个体中的共存是可能的。在《尼采反对瓦格纳》的导言中，尼采说，他同瓦格纳（Wilhelm Richard Wagner）一样是时代的孩子，即一个颓废者，一个患病者（精神意义而不是身体意义上），但区别在于，他战胜和克服了自身的现代性，即自身的颓废和精神病态。① 这又恰恰说明，一个下降的生命类型、一个弱者和病人（精神意义上的）同样有上升、有成为一个强者和健康者的可能性，并且这种可能性一定在整体衰弱的生命中有其根据。上述种种均能说明，在具体分析中，尼采设定的生命类型的二元对立需要补充或限定。事实上，这一区分主要服务于对生命价值的评估，而不是为了有效地引导和约束对生命之解释，在解释中，尼采是个多元主义者，而不是二元主义者，而在价值评估中，尼采是一个二元主义者（这里的二元主义是指，尼采的价值尺度上只有两个极端：上升与下降、强与弱、主人与奴隶，待评定的事物不是这个就是那个），而不是多元主义者或折中主义者。

2.2.3 基于时间维度的意义结构分析

让我们再次转换一下视角，基于时间维度分析解释对象的意义结构。让我们从尼采一段极为重要的论述开始：

"……所有的目的、所有的用途都不过是一个事实的标志：一种向往力量的意志战胜了力量相对薄弱者，而后根据自己的需要为这种意志的功能赋予意义。因此，一件'事'、一个器官、一种习惯的全部历史可能就是一串不间断的锁链，连接着各种重新解释和重新正名，至于这些解释和正名的原因本身并没有相互联系的必要，相反，它们的相继排列只不过是偶然的因素使然。因此，一件事、一种习俗、一个器官的'发展'并不是朝着一个目标发展的

---

① ［德］尼采：《尼采反对瓦格纳》，陈燕茹、赵秀芬译，山东画报出版社2002年版，第15—16页。

渐进过程,并不是一种逻辑的、简捷的、最节省人力财力的渐进过程,而是一个比较深刻、相对独立、自发产生的征服过程组成的序列,在这个序列里还要出现在每一过程中的阻力,以自我保护和逆反为目标的形式转换,取得成效的对抗行动。形式是可变的,而'意义'的可变性更大——"①

这段较长的引文包含着一系列在解释学上具有重要意义的洞见,仅就我们讨论的解释对象的意义结构来说,这段引文能够帮助我们揭示在时间维度上解释对象所具有的那种特殊意义结构。

首先,我们看到,在时间或历史维度中的解释对象呈现出一个新的双重意义结构。任何一种作为解释对象的事件、事物、事态或现象,成为一个解释或认识对象的基本条件之一是,它必定在时间中持存,即便只是暂时的持存,它必定有一个"历史"。这样一个对象是否仅仅有一个意义或本质?这个对象在时间中的持存是否同时是,并只是单一意义、本质的持存或发展呢?是否这种发展体现着某种目的或意图,对象在时间中的持存只是这一目的或意图成就自身的方式?

我们看到,不同于很多哲学家,尼采对上述问题的回答都是否定的,这种答案已然蕴含在权力意志的概念规定中。我们看到,一切作为解释对象的事物、事态、事件,其真正的和更深的意义是通过对象作为权力意志的实现形式而获得的,对象最初显明的意义同时成为一种表层的,甚或虚假的意义。对象固然在时间中持存,固然显现为一个相对独立的意义统一体,对象甚至可以抵抗一种新的意志对它的占有和支配,但它更深刻的意义仍然是通过占有和支配它的意志来得到规定的,并随支配性意志的变化而变化。但是,在此需要注意的是,对象的变化并不必然与支配或统御它的意志的变化相同步,对象在意志的变化中仍可能保持它形式的完整性和独立性,保持在时间中的持存,但由于其真正的意义已经随意志的变迁而变化,在这一持存的同一性形式下,实质、意义、本质却是不同的,并且这些不同的意义并不构成一个真正意义上的连续体,它们

----

① [德]尼采:《论道德的谱系》,谢地坤译,漓江出版社2000年版,第69页。

在时间中的接续是偶然的，因而也不体现某种目的、意图或必然性。因为它们在时间中的关联完全是偶然的产物，甚至，这种关联实质上都是假象，一种仅仅由于共处一条时间之流中而产生的假象，它们实质上没有真正意义上的联系。

这样，我们就在解释对象中看到一种新的意义结构，这种结构仍然是双层的，在表层上，对象在时间中的持存显示出属于它的一个意义或本质在时间中的生成与持存，这种意义构成对象统一性的核心，但在深层，对象的真正和更深刻的意义在不断变化，因为在意志的斗争中，作为胜利者和对象支配者的意志不断变化，在每一种新的意志支配下，对象都获得一种新的意义或本质。深层意义在时间中的关联只是偶然的、非实质性的、不表达任何目的与必然性，恰恰因此，表层意义的统一性和连续性成为某种意义上的假象和伪装。这样，对象这一新的意义结构就是，在时间中，表面意义的持存掩蔽了深层意义的多元流变。

其次，我们也看到这种意义结构的一种相反的变式，即在表面形式和表层意义的流变中掩盖着深层意义的持存和相对稳定。斗争关系和支配意志的流变是总体上的、绝对的流变，但这并不否定特定斗争关系和支配性意志的局部、暂时、相对的稳定，斗争关系在时间的持存中相对稳定。但是，由于任何一种意志并不必然仅仅通过占有和支配某一对象来表现和增强自身，它在持存的不同阶段或不同情境中，完全可以（并常常需要）改变支配的对象或改变原来对象的形式，这样，当不再作为意志表现自身的方式后，对象就不再具有原本通过联系于意志获得的那重意义，它成为某种意义上"空"的、无灵魂的形式；当改变自身的形式以适应意志的要求时，它的表面意义和形式上的统一性常常随之发生变化，甚至常常具有了新的表面意义，而表面意义的这种变化由于掩蔽了深层意义的不变而具有了假象或伪装的形式，并且，如此一来，我们就看到一种新的意义结构，即表面意义的流变掩盖着深层意义的持存。

最后，在时间维度下，我们还看到另一种结构变式。一个对象在没有被力量占据，没有被意志支配时，在某种意义上就是存在着的"无"，它没有真正的意义与价值，它在时间中的持存只是一种持存的假象。唯有当一种新的意志占有和支配它，使其服务于力的提升和扩展时，它重新获得自己的意义，并在意志抽身而去时丧失这种意义，在被新的意志支配时具有一种新的意义。这样，即便在表层上，对象在时间中的持存也是不连续的，而像是某种点状的排布，或某种在意志世界的舞台上不断上台和谢幕构成的离散的"在"。这样，我们在时间之流中甚至看不到表层意义的一致性和表面形式的连续性，只看到，真正意义与表层意义每一种结合都是彼此离散的，只有假象在未被意志支配时，作为对象的事物仍然以某种方式存在于时间之中，我们才能构成一种掩蔽这种离散性的连续和持存的假象，但是，比如一种古代思想、一个政治象征，在未被任何人或群体占有和使用时，未曾以这种方式获得其意义时，它到底在哪里呢？它在何种意义上持存着呢？

上述结构并不是对同一个结构在不同视角上的透视，而是在不同视角上构成的三种不同结构，当然，这些结构之间存在交错重叠之处，但每种结构都仍具有自己的完整性。解释实质上就是对这些结构的分析，每一种结构都对应着一种类型的解释，由于这些结构间存在交错重叠，对这些结构的解释也常常是交错重叠的。但总的来说，在尼采那里，对第二种意义结构的解释是具有更根本重要性和优先性，在这种解释的推进和展开中，第一种和第三种结构同时也在很多方面、很大程度上得到了透彻的分析，或者说，其他两种意义结构的解释是附属在对第二种结构的解释之上的。我们在下一章也将主要阐述这种解释。

我们在此阐释的解释对象的意义结构仍是从共时的、结构的、理论融贯性的、事后的角度着眼的，但是从发生学的角度上看，这些意义结构必然是通过一个复杂的过程实现的，并且始终是动态的，相应地，解释恰恰是对这个发生过程的反向重构。对象的意义结构在解释之前必定是混沌不清的，甚至没有解释的验证就无法断言这种结构的"在"，这个"在"只能最终通过解释活动来显明。但另一方面，我们看到，对这种结构的即便是某种模糊不清的认识（抑或仅仅是预计），都已经在先行引导解释活动了。在此，我们看到一种"解释学循环"。

2.3 作为在"症候"的解释对象与症候的普遍性

2.3.1 作为"症候"的解释对象

在尼采那里，被待解释的对象一般被称为"症候"。"症候"与"表征"对应着同一个德文原词，但由于尼采那里，"表征"这个较为普通的用词无法表现解释对象的独特性和复杂性，我们还是使用"症候"这一翻译。

很多时候，尼采用症候这一概念来指称处于弱势地位的、被统治的意志的各种表现，比如，尼采在《论道德的谱系》中将基督教的爱视为一种症候，因为这种爱是从一种怨恨中生长出来的，而且是这种怨恨借以表达自身的方式，从而是它带着肯定假面的否定意志的表现。处于被支配地位的权力意志并没有放弃斗争，而是以隐蔽的方式斗争，而且由于它在斗争关系中所处的不利地位，它的表现始终带有伪装的性质，它借以获胜的手段，比如，虚构、神秘化、歪曲等，也具有隐蔽性。反动力的表现同时是对自身的隐藏，而且这种表现不能不服从和服务于斗争，因为对它而言，存在起来就是去不断地否定，不断地斗争。尼采用症候这一概念来表达弱者之表现作为伪装的特征，也用以说明这种表现乃是弱者与病者的表现。

但是，尼采同时还用这一概念一般性地指代力与意志的表征，无论这意志是肯定的还是否定的、力是能动的还是反动的。这种广义上的症候概念事实上失掉了狭义上的症候所具有的价值评判意味，但它仍然指力的伪装与扭曲的表现。由于一切现象、一切"事实"、一切事物和事态都最终只是权力意志的表征和存在形式，一切现象、事态、事物、事实都同时也是症候，作为症候，它们的真正意义被掩蔽在表面的伪装之下，因而都有解释的必要性，都是可能的解释对象。同时，任何已被设定的解释对象，都已被先行把握为症候，即便这最终需要通过解释活动来验证。在尼采那里，症候与解释对象实质上是同一的。

联系上述对解释对象意义结构的分析，我们看到：症候具有意义，作为表现，它以被表现之物为其意义；症候的意义是被掩蔽的意义，症候的真正意义不同于表面的意义；症候的意义历时性地流变；症候的意义常常不是单一的；等等。在本书第六章，我们将专门分析症候的这些特征，在此不拟展开。解释正是对症候的分析，即通过对构成症候的对立关系以及力的伪装形式的分析，反向地重建症候被构成的过程与机制。

把待解释的现象称为症候，这绝不仅仅是一个名称上的变化，而且是表征了一种理解现象的新的思想方式。这种思想方式将对立与斗争视为一个基本与普遍的事实，将对立关系和处于对立关系中的力作为真正的考察对象。现象不再被认为是单一本质的表现，表现不再被视为纯粹的、为表现的表现，而是在斗争中和服务于斗争的表现；被表现之物不是将自身表现给静观的认知者，而是作用于它的对立方或应答来自对立方的作用；表现是被表现之物存在起来的方式，而存在起来就是斗争和否定；本质亦不是单一永恒的本质，而是多元和流变之物。

在尼采那里，现象与本质的关系以一种独特的方式被重新设定，以至于现象和本质都不再是传统意义上的现象与本质，这种区别需要通过两个新的词语表达出来，即以"症候"取代"现象"概念，以"意义"取代"本质"概念，以"症候—意义"关系取代"现象—本质"关系。只有"症候"概念，而不是"现象"概念才切合这种思想方式，这种思想方式将"症候"视作现象与表现的真正存在形式，即现象同时已经是一种伪装，表现同时已经是一种扭曲、掩蔽和隐藏。尼采的解释学根本性地关联于这种思想方式，它是与这种思想方式相适应的理解现象本性的解释学，代表着一种揭示现象本质的新的解释原则与解释方式。

2.3.2 症候的普遍性

我们看到，尼采将存在物的本质把握为强力意志，它被视为关于存在物的"终极的事实"。力是唯一的和终极的现实，这同时意味着，力与力的斗争关系是唯一和终极的现实。对尼采而言，"真正的世界"只是诸力相互斗争的世界,"一切事件,一切运动,一切生成,都是度量关系和力量关系的确定,都是斗争"①!即便是力的联合也服务于在更大范围和更高层次上的斗争,而不构成对斗争具有实质意义的限制,并且联合也始终是有张力的联合。在尼采那里,正是由于斗争乃是普遍和终极的事实,现象也普遍地作为症候而存在,即作为服务于斗争的力的伪装或扭曲的表现而存在,这就是我们所说的症候的普遍性。

对这种普遍性我们还要做一个补充说明。现象与事实都已经是解释的产物,一种理论已经先行确定了它要把什么种类的现象或事实视为"现象"与"事实",就像胃已先行把什么东西确定为食物一样。现象与事实同时是被作为解释对象的现象与事实,否则就不是这一理论所构成的这个世界中的现象与事实,进而就根本不是现象与事实,对理论而言,成为存在着的无。现象或事实对于理论而言,始终是需要加以解释和能够解释的(甚至将之作为不能解释的东西也是在否定的意义上解释了它),否则,它就不是现象或事实,在这里,是要被确定的"本质"在等待现象,而不是相反。如果理论无法为现象找到一个本质,无法给予事实某种意义,那么它们就对那种理论而言成为"无",就先行从理论的视野中隐没了。

这样,我们谈到的普遍性只能是特定理论视野中的普遍性,是相对于那一理论的普遍性。这里谈到的症候或解释对象的普遍性当然也是在尼采哲学中确立起来的、相对于这一哲学的普遍性,因而是某种意义上"特殊"的普遍性。这种"特殊"首先体现在尼采是在特定的视角、尺度上把握现象,所谓"一切"现象实质上早已是特定视角上依据特定尺度划定的现象,并且,即便是这一意义上的现象也并非全部被视为解释对象,很多现象由于很难以尼采的方式进行解释而被排除在解释对象的范围之外了。当尼采声言要借自己的理论去解释一切现象或事实时,我们只能认为,这终归只是

---

① [德]尼采:《偶像的黄昏》,周国平译,光明日报出版社1996年版,第149页。

一种修辞性的说法。

一个哲学家不能，也无须解释"一切""所有""全部"现象。每一种理论事实都有一个我们不妨称之为"解释焦点"的对象领域或层面、方面，这种理论对此具有更大的有效性和说服力，这种理论也常常主要借此确立自己的声誉，而在理论中包含（或仅仅是声言）的对其他现象领域或层面、方面的解释常常不过是对于"解释焦点"之解释的扩展，但这种扩展也常常不再具有同样的有效性和说服力。比如，在尼采那里，正如我们一再表明的，对无机自然的哲学解释是其对人的现象领域之解释的延伸，但不再那么充实和有说服力了，而对"社会"这种形态中诸现象的解释似乎又不如对个体之解释那么有力和充分，前者在很大程度上只是后者向一个新领域的简单移植，因而，我们可以认为，个体心理—精神现象构成尼采的"解释焦点"，对此的解释构成某种意义上的解释原型，而对其他领域之现象的解释很大程度上只是这一原型的不断"移植"。在我们谈论解释对象或症候的普遍性时，还需同时注意到这一点。

2.4 解释对象的"作者"

潘德荣教授在《西方诠释学史》一书中，概括了解释学研究中存在的三种不同向度，分别是探求作者之原意的向度；分析文本之原意的向度；强调读者所接受之意义的向度。在解释学发展史上，圣经解释学和施莱尔马赫的一般解释学是典型的主要采用第一种向度的解释学形态；代表第二种解释学向度的解释学家主要有贝蒂和利科，前者还制定了一套解释规则以保障文本原意之解释的有效性；伽达默尔的哲学解释学则代表了第三种解释学向度[①]。也如潘教授所说，这种概括"只是提供了不同的诠释学研究方向的大致线索或主要倾向，事实上，它们并不纯粹地限于某一方向。笔者

[①] 潘德荣：《西方诠释学史》，北京大学出版社 2016 年版，第 4—7 页。

认为，可将作者原意、文本原意与读者接受之意理解为诠释学的三大要素，它们是任何诠释学理论都必须正视的，只是侧重点不同而已。……在我看来，现代诠释学真正研究的诠释学三要素之间的关系，并从中找到一个支撑点，这个支撑点规定了某一诠释体系的特征"①。

依据这种区分方式，我们看到，尼采解释学大致可以归属于第一种向度，即探求作者之原意的向度（当然，只能说大致如此，具体的分析将显示，在尼采那里，情形要复杂很多）。这样的向度构成尼采解释学的一个重要方面，同时也是一个重要特征，因而，我们可以并需要通过对此一方面的分析来完善和丰富尼采的解释学。

何为作者呢？我们首先在宽泛意义上给解释学中的"作者"一个这样的定义：作者就是解释对象的创造者。我们首先在哲学的层面上（或以哲学的话语）把握尼采解释学中的作者。在这样的层面，作者是生命意志或权力意志，一切待解释的对象都是生命意志或权力意志的产物，最终的创造者和作者乃是生命意志或权力意志。这是一个具有普遍性的哲学论断，但具体地看，作者首先和主要是作为"人"的作者。如我们一再强调的，尼采关心的主要是人的现象和对这些现象的解释，并且，作为人，他同样无力跳出其生命意志的支配占据一个非人的视角区，通过那一视角把握非人化的现象及其意义。在尼采的解释学中，生命意志或权力意志首先和主要是以人的欲望、个体、社会为形态的生命意志或权力意志，解释对象首先和主要是人的生命意志和权力意志造就的那些现象、事物或事件。

我们还看到，作为创造者的作者总是特定的意志。权力意志是多元的，任何作为解释对象的事物、事件、现象都是特定的、具体的某个或某些意志的产物。解释最终抵达的不是一元化的普遍本质，诸如存在、实体或某种基本构成元素，而是特定的权力意志。这种意志永远是众多意志中的一个意志，永远是某种可以确定的关

---

① 潘德荣：《西方诠释学史》，北京大学出版社2016年版，第7页。

系结构中的这个或那个意志，即一个具体的、特殊的意志，永远是特定形态的意志，而不是意志一般。通过最终回溯到这一特殊的、具体的意志而不是某种普遍意志，解释对象的特殊性、具体性得以显现、确证、保存，而不是融化和消失在某种一元化或普遍化的世界图景中。

我们还看到，作为创造者的作者常常不是单一的意志。如我们一再谈到的，意志总是处于斗争关系结构中的意志，而这种关系结构中的其他意志同样以某种方式参与或影响了意志对解释对象的创造，当后者不仅仅以某种方式影响，而且是实质性地参与解释对象的创造，同样通过这个对象实质性地表达自身或以之为实现自身的工具时，作者就不再是单一的，而是多元的。我们已一再谈到，这些力量相互斗争，抢夺对作为作品的解释对象的创造的权利，而结果常常是，这个作品本身内在地充满矛盾、含混、分裂，而不是完整统一的，或形式上的完整和统一只是一种假象或幻象。

在哲学的层面，或以哲学的话语所表达的上述论断能够和必须在心理学、社会学、历史学、生物学等层面，或以这样不同的话语来重新表述和论证，因为，在哲学上作为权力意志之物，是通过其心理、社会、历史、生物学上的种种表征才得以存在和显示其存在的，在这些层面和以这些语言进行的重新表述是对那些哲学话语的确证和充实。

在这些层面上，我们看到，权力意志具体表现为特定的形态，诸如欲望、个体、社会、阶级、种群、民族、政治实体，等等，相应地，它们也成为可能的作者（这要视解释对象的形态而定）；我们看到，权力意志的斗争具体表现为这些形态中不同力量之间的斗争和不同形态的力量之间的斗争，欲望与欲望斗争，欲望也同个体斗争，个体同个体斗争，也同个体构成的群体、社会斗争，阶级、种群、社会、民族相互斗争，如此等等，相应地，需要识别这些力量中的那些参与塑造了特定的解释对象，而这种识别最终通过心理学、社会学、历史学或（和）生物学、人类学等层面的分析得以实现；我们还看到，我们在这些层面谈到的力量或主体都是具体和特殊的，这些力量或主体间的关系（主要是斗争关系）也是具体和特殊的，因而需要做具体分析，解释对象的具体和特殊性通过这种分析得到确证和保卫，而不是融化和消失在某种普遍本质、实体或规律中。某种意义上，尼采一再强调的对"真正的历史意识"和"真实性"的要求，正在于辩护、确证、保卫解释对象和解释的这种具体与特殊性。

将权力意志视为真正的"作者"，同时意味着"作者"不是某种理性主体。近代哲学意义上的主体主要被规定为一种理性主体，人以理性主体为本质规定；理性而不是其他能力被规定为认识和道德的本质性条件。从解释学角度上看，这意味着只有理性主体才是比如认识和道德的真正"作者"，个体只有在作为理性主体的意义上才成为认识和道德的"作者"。显而易见，尼采的看法恰恰相反，理性主体和理性的支配作用只是一种表层现象、假象或幻象；不是理性和理性主体，而是非理性的欲望和作为欲望之统一体的个体生命、由这种个体生命构成的某种群体、社会才是真正的作者。

将权力意志视为真正的"作者"同时也意味着确定"作者"是困难的。尼采在解释中所要克服的种种困难同时也是确定真正作者所面临的困难，因为，某种意义上，解释最终要做的就是确定解释对象的真正作者，即造就和支配解释对象的意志。我们至少可以看到三重困难：第一，真正的作者隐藏在虚假作者的假面之下。在权力意志的每一种形态中，我们都不难发现这种现象，我们看到，一种欲望将自己掩盖或隐藏在另一种欲望之下，或者隐藏在理性面具之下；看到，一个个体将原因和责任归于另一个主体，或者归之于群体、社会、族群、阶级、自然规律，掩蔽他作为某种行为、思想、道德、动机的真正作者的身份，或者相反，为了在某些事情上标榜自己，把自己而不是他人、社会、族群视为某种思想、道德等的真正的作者；我们还可以在群体和社会的水平上看到这类情形。总之，权力意志所造就的种种伪装、自我掩蔽使得确定真正起支配作用的意志，即真正的作者变得困难。第二，作者的多元性常常隐藏在单一性之下，或者相反，单一性隐藏在多元性之下。我们已经一再谈到这样一种较为普遍的现象，即斗争关系格局中的两种，甚至多种力量共同参与了作为解释对象的事物、事件的构成，在这种情形中，作者是多元的，但这一点常常被掩蔽在这样的假象或幻象之下，创造和支配性的意志是单一的。相反的情形，即单一性掩蔽在多元性的假象之下，同样是较为普遍的。我们在个体和群体中都不难发现，某种占据绝对支配地位的力量几乎完全依据自身意志造就和支配着解释对象，但常常将这一点隐藏在某种"民主"的假面之下，甚至借助某种"民主"的形式实现自身。在政治生活中，这种情形更为普遍。第三，作者的流变掩蔽在持存的假面之下，或者相反，持存掩蔽在流变的假面之下。我们在第二章论述解释对象之意义结构时已经谈到，作为解释对象的事物或现象在其表面的持存或延续中可能掩盖了作为本质的权力意志的流变，另一种结构变式则是，在事物或现象表面的变化可能掩盖了作为实质之物的权力意志的持存。这两种可能性同时也正是作者的可能性。

上述三重困难使得确定"作者"变得困难，但同时也使确定真正的"作者"成为必需。在未经分析之前，真正的作者常常是隐而不显的，正是通过解释进行的对掩蔽真正作者的诸种伪装形式之揭示，它才显现出来和被确证。

第三章 尼采解释学的典型特征

这一章我们将分析尼采的解释实践具有的几个典型特征。尼采的解释学体现在尼采本人对诸种事物进行的解释实践中，我们唯有通过对尼采之解释实践的分析才能展开这一解释学。

我们已经分析了解释对象的意义结构，尼采的解释实践上就是对解释对象之意义结构的显明，是对这一结构的形成过程的认知重构，但这种显明不是直接的，而是要通过对种种伪装机制的破除间接、迂回地达到；这种重构是一种反向的重构，即它只能从作为产物的症候开始，反向建构是它得以产生的条件和机制。由于解释必将是从症候和症候的表面意义出发去解析它的深层意义，借用一种地形学隐喻，解释成为一种深层解释；由于只能通过对种种掩蔽形式的破除才可能推进解释和把握现象的深层意义，解释必将同时作为对种种伪装、幻象、谬误的揭露和破除；由于现象的深层意义正是支配现象和以之为表现形式的权力意志，由于关于权力意志的论断主要依赖心理学来充实，尼采的解释实践主要表现为一种心理学解释；由于意志构成最终的解释根据，就根本的解释原则而言，尼采之解释仍是一种目的论解释，当然，这是一种极为特殊的目的论解释；由于尼采的解释根本上仍诉诸解释者的体验，这一解释根本上仍是一种作为理解的解释。尼采之解释所具有的这些典型特征共属于尼采的解释实践，它们是从不同角度对这种解释实践之把握。

3.1 解释作为一种深层解释

作为症候分析的解释是一种深层解释，这首先是因为症候与占据和支配它的力以及力与力的关系不是处于同一个层面上,借助于一种地形学隐喻,它们之间是表层与深层的关系,因而,对症候的解释就意味着沿着表层进入深层;其次,支配着症候的力以及力的关系不构成终极的深层,因为它们同样为更基本的条件、关系所构成和支配,解释必须沿着这个已发现的深层继续深入。在尼采那里,我们可以看到,解释作为深层解释而存在,而且,解释原则上可以无限地深化下去。

从解释学的视角上,尼采的力可以被理解为标示解释根据的解释符码。当尼采说,一个事物的意义与本质是由占据它的力来说明时,力就是解释对象的根据,或是显示和称呼那一解释根据的一个解释符码。这种使用方式本身已经先行显示一个更深的解释层面的存在,症候与力的对立同时是一种沿着深度之维的对立,作为症候分析的解释同时对构成症候的力与力的关系的分析。但是,由于力和力与力的关系本身仍然可能成为更基本的力量关系的征象,这样,前者同样需要加以解释而不构成解释的终点。存在着症候的症候,因而存在着对解释依据的解释。

我们看到,在对每一个特定现象的分析中,力都有具体的所指,而它指称的都是构成那一现象的条件与根据,但当对这个条件与根据加以解释时,尼采一样谈到支配它们的力。比如,对于特定的思想而言,特定的情感与欲念可能是一种构成性和支配性的力,是对这一思想作出解释的根据,是解释的相对终点;当对情感作出解释时,尼采又谈论支配和构成着它的力,比如身体;当谈论身体时,又存在构成和支配着身体的力,比如特定的生命状态,身体的状态不是这一生命状态的原因,而是它的表现与产物。

这样,从解释学视角上看,"力'或'权力意志"具有深化和不断深化解释活动的功能,它在某种意义上类似于康德所说的"调节性理念",它引导着解释不断深化。权力意志"或"力标示最终解释根据、最终原因、最终动力的解释符码,将这一符码贴在何种事物、事态或现象上,就意味着尼采在对当前之物的解释中暂时停留在什么样的层面或深度,但这一层面或深度其实并非绝对意义上的最终根据,因为当觉得有必要进行更深入的分析时,或者在另外一个解释情境中时，他完全可能突破这个层面，显示更深层面的某些事物、事态或现象，将这一符码张贴上去，即把它标示为最终根据。

基于我们在上一章谈到的解释对象的意义结构，我们同样能够说明这一点。在第一种意义结构中，我们看到，随着解释对象被不断纳入更大的意义统一体，解释也不断增加其深度，解释对象之意义的链状结构实质上也是一种由不同解释层面构成的深层结构，解释沿着意义链的延伸其实也是向更深层次的不断突破。参照第二种意义结构，我们同样能够看到解释的深度性。伪装使意义结构成为双层的、具有深度的结构，但伪装常常并不只是一重或一个层面上的伪装，而且常常是多重或多层次的，这样，在解释对象与权力意志之间就同时存在更多的层面，原则上，这些伪装，从而也是这些层面的数目是不受限定的，这使得解释不仅是深度的解释，同时也是原则上没有止限的深度解释。在某个具体的解释中，解释常常只是权宜性地停留在某个层面，或凸显其中的某些层面，而并没有详尽系统地阐明一切层面及其复杂关系。

上述两种意义结构对应着两种意义上的解释的深度性，但正如两种意义结构交错叠合一样，两种意义上的深度性也是交错叠合的。

我们还看到，当引入"时间"的维度，解释的深度性还表现为沿着时间维度的不断回溯。在比如对道德的解释中，我们看到，诸如好坏善恶这样的道德观念是在一个长久的历史过程中形成和发展的，这一过程同时还是这些观念的原本意义被一再掩蔽和转化的过程，相应地，解释必须沿着时间维度上溯以建立这些道德观念的起源和谱系。这是解释之深度性的另一种形式。

在尼采对特定症候的具体解释实践中，解释使用的语言主要是心理学的语言，正如我们一再强调的，权力意志的哲学解释主要是通过心理学解释来充实的。在对具体之物的解释中，症候与力间的深度性将主要表现为，比如意识与无意识、观念与欲望、欲望与身体、个体欲望与族群本能之间的深度性。就像我们将要谈到的，心理世界中无意识的领域是深广的，在《善恶的彼岸》中，尼采将之比喻为巨大的原始森林，而他是在其中追逐猎物的孤独猎手，在这里，追踪猎物又是解释实践的隐喻。[①] 心理世界的广大和陌异，使得解释注定是尝试性的和漫长迂回的。原则上，解释没有止境，具体的解释停留在哪里始终是权宜性的。总是能够为一种解释寻找更深的解释，总是能为解释的根据寻找更深的根据。

解释的深度性是如何建构的呢？答案是，主要通过对伪装形式的揭露或破除。在尼采看来，力与症候间的隐喻意义上的"深度空间"充满种种伪装、掩蔽形式，这些形式联结起这个空间的诸层面，但同时又掩蔽了这种联结，伪装形式越是复杂和多样，力与症候间的深度就越大。相应地，只有通过对伪装形式的层层"去蔽"，解释活动才能得以深入下去，而这样的深入构成了解释活动的深度性。

3.2　解释作为对伪装、幻象、谬误的揭露

尼采的解释同时是对伪装形式、谬误、幻象的揭露或破除。权力意志的表现是一种带有伪装的表现，正是伪装遮蔽了力与表现间的实质性关系，掩蔽了表现的真正意义，因而，解释作为对现象之真正意义的揭示，必然同时作为对伪装形式的揭露或破除。这种破除既是显明意义的手段，也是意义显明本身。

揭露诸种伪装形式还是解释的目的之一，而不仅仅是手段。解释不仅要揭示被掩蔽的真正意义或真相，同时还要显明它到底是以什么样的方式被掩蔽的，对于尼采而言，"伪装形式"问题同样是一个重要和有趣的问题。通过揭露伪装形式，解释同时显明了真相被掩蔽的特定方式，显明了在那种特定情境中，这些方式存在的必要性和必然性。如同德勒兹所说的："我们看到的阐释的艺术必须同时又是穿透伪装的艺术，是识破伪装者以及他为何伪装的艺术，

---

① ［德］尼采：《善恶的彼岸》，孙周兴译，商务印书馆2015年版，第73—74页。

是清楚地认识到新的形式尽管不得以采纳伪装却仍然继续的艺术。"①

伪装，它的原本和主要的形式，是心理性的伪装。在尼采对人之心理的种种洞察中，处处显露出他对于诸多心理伪装机制和伪装方式的深刻理解，整个心理世界在他看来正是借助种种伪装才得以不断深化和扩展，如同平摊的纸张在不断揉搓中产生种种折痕，变成层次交叠、复杂无比的各式纸团。伪装的动力和必要性都最终通过欲望间的斗争来说明，如同纸团的形态需要通过揉搓的动作来说明。

在尼采看来，整个心理世界就是一个充满了种种伪装、幻象、谬误的世界。内在的种种欲望、本能地相互斗争，以及其他个体和族群的对作为欲望联合体的个体的种种要求、规范等，使得意志与行动间的关联变得间接而漫长，重重压力下，每一种欲望都需要采取种种日益复杂的变形、伪装、幻象、欺骗才可能通过某个行动满足自身或胜出，对于作为欲望联合体的个体，同样如此。在这种绵延不绝的竞争中，每一种欲望和作为欲望联合体的个体采用的伪装形式也越来越复杂、多元、精细，与之相应的是，人的心理世界变得越来越深广、复杂、精细而脆弱，它的越来越多的部分，即便对拥有它的个体而言也成为无意识或难以理解的。心理世界的广度和深度对应于和源出于个体内在和外在冲突的广度与深度，对于尼采而言，这是个体心理发展的基本事实。

在种系和族群的层面上，同样如此，并且更为根本。种系和族群层面积淀的种种欲望、能力、态度、习惯、倾向、幻觉、谬误、伪装成为每个个体自然继承的心理遗产，后者只是在这样的基础上才开始他的心理生活，他的心理生活将是对这份遗产的实现，是对它的个性化，是对它的发展或超越，当然，也可能是某种减损和退化。

在尼采看来，人的种种作为及其产物，人的观念、行动、规

---

① ［法］德勒兹：《尼采与哲学》，周颖、刘玉宇译，社会科学文献出版社2001年版，第7页。

范、价值，人的艺术、哲学、宗教、道德、科学，都是属人的生命意志或权力意志的表现和产物，但这种表现是以上述充满种种伪装、幻象、谬误的心理世界为中介的表现。意志在心理世界的种种罅隙间寻找自己的道路，意志在心理世界的斗争格局中形塑自身。因而，对人的意志的每一种产物和表现的解释都不能不同时是一种心理学解释，并且是分析、澄清、破除种种心理伪装、谬误、幻象的那种心理学解释。

对于这个复杂深广、充满重重褶皱的心理世界，尼采依据意识—无意识的尺度进行一种切分，即将之分为意识部分和无意识部分，显然，在此方面，尼采又成为精神分析运动的先驱。尼采的区分并没有像弗洛伊德那样精细，但在具实质性的那些方面，他的论断是清楚和一贯的。在尼采看来，从发生学上看，意识是较晚形成的，并且意识、自我、理性原本只是作为欲望和本能的工具发展起来；从力量对比的方面看，作为手段和表征的意识本身是无力的，它的力量来自支配着它并以之为手段和征象的欲望或本能；从解释学的视角上看，由于欲望争相要成为"有意识"的，并借此获得优先满足的机会，意识实质上是一个混杂不清的领域，种种意识内容通常只是多种欲望折中地表现于意识中的形式。意识内容的意义看似清晰，但实质上复杂含混。不仅如此，意识内容表面的意义或无意义通常只是其真实意义的掩蔽形式，这里有一种伪装、欺骗、制造错觉和幻象的意志在发生作用。依据一种尼采和后来的弗洛伊德共同采用的地形学隐喻，意识生活处于心理世界的表层，而无意识，即包括了那些未被意识到的心理力量及其活动、活动产物的心理领域，则处于深层。相比于无意识生活的广阔领域，意识领域是狭小的，再借用一个为弗洛伊德采用而尼采也会完全同意的比喻，意识就像岛屿伸出海面的部分，无意识则是它隐于水下的更大部分。这一比喻也显示了，意识与无意识是共属一体的。

基于解释学的立场，这一划分的意味是多重的。在意识生活之下还有一个更加深广的无意识领域，这首先意味着，存在一个至少日常自我认知尚未触及和把握的对象领域，从而，我们的自我认知是不完整的；由于我们自以为把握了的、清晰明白的意识领域实质上意义含混，我们的清晰明白只是一种错觉；由于意识内容的真正意义只有通过显明无意识内容才能把握，我们的日常自我认知无力把握意识内容的真正意义；由于我们实质上未能把握意识内容的真正意义，我们的日常自我认知不仅是不完整的，更是错谬的；由于我们自我认知的错谬，我们基于这种自我认知的相互的社会认知同样是一种错谬，甚至是翻倍的错谬；由于自我与社会心理认知上的这些错谬，我们关于我们自己的种种作为和活动产物、我们的宗教、道德、艺术等文化形式的理解和期许都可能是不完整和错谬的，因为，对所有这些事物的理解根本上基于人的自我理解，即基于他的内在经验和对经验的赋义，而在这里，经验被等同于意识经验，意识领域构成所有这些事物最终的精神园地。

　　解释活动通常就是将陌生之物纳入业已熟悉的模式下，或者将其翻译、还原为熟悉之物。一般来说，无论是在日常理解还是在更为专门的解释实践中，熟悉之物总是为我们信任之物，其意义被认为清晰透明，可以被直接把握，因而，它可以成为我们解释陌生之物的依据、参照或背景。诸种意识事实对我们每个人都是最为切近和熟悉之物，因而成为我们在领会、理解、解释时的基本依据、参照或背景，领会、理解、解释归根结底是将解释对象关联于或同化、融入意识事实的模式或网络中。但如果意识事实实际上只是尼采所说的那样，那它就无法作为毋庸置疑的依据、参照或背景了。不仅如此，意识事实本身将成为解释的对象；迄今仅仅基于意识事实所做的解释不再有效，需要基于更深广的无意识领域中的诸种事实进行新的解释；由于无意识与意识通过种种伪装、谬误、幻象连接一体，这种新的解释必然同时对这些掩蔽机制进行破除。

　　在我们看来，尼采的解释学最为重要的建树正在于此。显然，催发这种解释学的一个重要因素就是尼采基于对人类心理世界的洞察而形成的关于人之心灵的新的图景。

3.3　解释推进的关键步骤

在尼采那里，一个相对完整的解释在其推进过程中包括一些重要的步骤。在我们看来，当德勒兹认为尼采哲学相继以症候学、类型学、谱系学的面目出现时，他实际上揭示了尼采解释推进的几个关键步骤，所以，在这里，我们直接引述德勒兹的相关论断来阐明这些步骤。

尼采的哲学首先是一种症候学，或它首先以症候学的形式存在。在尼采那里，如同德勒兹所说，"一个现象并非表象，亦非幻象，而是一个符号，一种症候，它在现存的力中找到它的意义。整个哲学就是症候学和符号学。——尼采用意义与现象的关联取代了表象与本质的形而上学的二元对立，取代了科学的因果关系"①。尼采对现象的解释首先在于将现象理解为症候。不仅如此，首先以症候学形式存在的尼采哲学表现出对现象的深深的不信任，它不相信现象的意义或本质可以不经挖掘而自行显现于现象中；他不认为现象仅仅具有一种意义和一个本质；他不相信诸现象之间的关联构成一种解释，反倒将在诸现象之间造就关联的思想活动视为一种新的症候；它在现象领域之内看不到深度而且将任何在现象领域中建立深度关联的意识活动与思想活动理解为症候。

将解释对象视为症候，这是尼采解释实践的第一个关键步骤。我们已经谈到，这一步骤是由一种独特的先见和怀疑态度引导的步骤。在其他的解释实践中，这种先见和怀疑态度的有效性通常都已得到检验，同时，总是已经有这种迹象显示对解释对象的怀疑不是空穴来风，因而，这一步骤不是随意和武断的。不仅如此，在真实的解释实践中，这一步骤始终是试探性的，就像在没有找到确凿罪证时，对嫌疑犯的怀疑始终是试探性的一样。

---

① ［法］德勒兹：《尼采与哲学》，周颖、刘玉宇译，社会科学文献出版社2001年版，第4页。

在德勒兹看来，尼采哲学的第二种形式是类型学。作为类型学的尼采哲学在主人和奴隶、强者与弱者、上升的生命类型和下降的生命类型之间进行区分，并识别分属于不同生命类型的那些征象。类型学是症候学的深化形式，解释推进到指出支配症候的力量的类型时，通常意味着解释业已突破症候所包含的伪装形式的阻碍，达到了意志核心，而现在需要甄别意志的性质和所属类型。

明确意志的性质、划定意志的类型是解释的第二个关键步骤。我们知道生命类型的区分在尼采哲学中具有根本的重要性。只有确定症候所属的生命意志的类型，才可能对之进行价值评判，而我们都知道，价值估定始终是尼采哲学的一个根本维度。此外，每一种生命类型的表征都是多种多样的，确定症候所属的类型不仅解释了这一症候，可能同时也使共属一体的其他征象以及它与这些征象之关系得到阐明。在一种更根本的层面上，确定生命类型同时也是回答了症候所属的那一生命实体到底是什么或是谁这一问题，这是一种生存论意义上的问题。

尼采哲学的第三种形式是谱系学。什么是谱系学呢？德勒兹说，"谱系学意味着起源或出身，同时又意味着起源时的差异或距离。它意指起源中的高贵与卑微，高贵与粗俗，高贵与颓废"[①]。以谱系学面目出现的尼采哲学探寻现象或事物的起源，同时探寻在起源处两种不同生命类型的对立和斗争。起源处是一个历史时间点，更是在那一时间点上存在的斗争关系格局。谱系学，或对起源和起源处的对立关系的探究之所以是必要的，是因为一切待解释的复杂的事物通常都是长久发展的产物，这一发展过程并不是事物之本质逐渐实现的过程，而是一个原本意义被一再掩蔽和不断修改的过程，伪装、掩蔽、意义的改变都是在时间中展开的，因而需要一种从起源处开始的分析。

谱系学是类型学的深化，也是症候学的进一步深化，谱系分析构成尼采式解释的第三个关键步骤。这三个步骤实质上是同一个解

[①] [法] 德勒兹：《尼采与哲学》，周颖、刘玉宇译，社会科学文献出版社 2001 年版，第 3 页。

释进程的不断深化和扩展，它们之间不存在截然的区分。在具体的解释活动中，也不是每一个解释都必然包括这三个步骤。此外，谱系学的分析也不是一定在进程上后于类型学分析，在某些解释样例中，解释进程完全可能是相反的，即谱系学分析在先。总的来说，我们在一个相对完整的尼采式解释样例中，通常都能够识别出这些关键步骤。

3.4　解释作为人化解释

解释的深度性、解释作为对伪装形式的破除、解释推进的关键步骤，这些都是解释活动的"形式"特征，而这里要讨论的解释活动"人化"特征则是实质性的了。

海德格尔在《尼采》一书中将尼采视为"最后一个伟大的'人化'思想家"。什么是"人化"呢？海德格尔说："任何一种关于存在者的观点，尤其是关于存在者整体的观点，都已经作为通过人而带来的观点而与人相关联。这种关联的来源是人。任何一种对此类观点的解释都是一种辨析，即对人熟悉和对待这个关于存在者的观点的方式的辨析。因此，这种解释就是把人的观念和观念方式强加到存在者身上。甚至一种对存在者的简单称呼，每一种对存在者的词语命名，都是把整个人类的产物横加到存在者身上，都是把存在者捕捉到人性的东西中去——只要词语和语言在最高意义上标志着人类存在，则情形就是如此。所以，任何一种关于存在者的观念，任何一种世界解释，都无可避免地是一种人化。"[①] 人化就是"人类凭着自己对存在者的所有表象、直观和规定，总是被逼入人人自身的人性状态的死胡同中了。——一切人类的表象活动始终完全只是来自这个死胡同的某个角落，不论这个世界观念是出自某个伟大思想家的思想，还是团体、时代、民众和民族大家庭的逐

---

① ［德］海德格尔：《尼采》，孙周兴译，商务印书馆2002年版，第349页。

渐获得澄清的观念积淀物"①。

在第一章，已经谈到，尼采认为哲学必然是一种"人格化"的世界解释，这样的"人格化"是哲学摆脱不了"天命"。尼采自己的哲学解释同样是"人格化"的一种形式，不同之处在于，尼采对此有着清醒的自我意识，更在于，尼采基于一种不同的"人性事实"构建其解释。尼采谈到的"人格化"实质上可以等同于海德格尔所说的"人化"。当海德格尔将尼采视为"人化"思想家时，基于解释学的视角，我们可以将之理解为：他认为，尼采的世界解释根本上仍是一种"人化"解释。显然，这与我们业已谈及的尼采对哲学和自身哲学之"人格化"的意识是一致的。

在尼采那里，解释作为一种"人化"解释的一个重要根据在于，一切权力意志都构造出一个属于自己的现象世界，这一世界作为意志的创造物、意志的表现。不存在这一可能性，即这个现象世界的某个部分或领域不表现、不属于这个意志。这个现象世界的边界同时就是这个意志的边界（即便这种边界是不断变化的），因而，也不存在这样一种可能性，即一个意志将属于其他意志的现象世界（或它的一部分）纳入它的世界，但又认定这是一个于己无关的世界。这两种可能性都是逻辑悖谬，都不存在于尼采设想的世界。

意志构造一个属于自己、表现自己的世界，但在尼采那里，这个世界并不因此就是单子式的世界，意志不是单子，它创造而不是单纯表象着世界，它对世界的表象也是一种创造。意志总是处于斗争关系中的意志，因而，不同的意志世界可以彼此交错，现象可以同时作为不同意志支配的现象世界中的现象，但这种交织并没有取消每个意志世界的完整性和相对独立性，即便在意志间的绝对统治—被统治关系中也是如此。我们仍可以和必须谈论每个意志构成的那个现象世界。严格说来，每种意志都无法突破自己，在认识上进入其他意志世界，属于其他意志的现象世界是其他意志在认识上不可进入的，一切认识只能是对那一世界的重构，这种重构被自身

---

① ［德］海德格尔：《尼采》，孙周兴译，商务印书馆2002年版，第349—350页。

意志支配和表现那一意志。

由此而来的一个推论是，一切呈现给人的现象必然都已是属人的、表现着人之权力意志的现象了，都必然已是人的创造物。另一个推论则是，人无力突破自身和属于它的现象世界去把握其他非人事物构成的现象世界，人只能把握它自己的世界。其他世界，比如蜘蛛的世界，是人无法经验、无法触及、无法理解的世界，处于人的感觉、认识、判断的彼岸。假如我们尝试去想象和理解它，这种想象和理解最终也只是作为人的想象和理解而已。

这样，在尼采那里，对呈现于人的视野中的一切现象的解释必然是人化的解释，即最终回溯到人的解释。尼采声言要借权力意志学说解释一切现象，但实质上，"一切现象"是并只能是属人的现象，这些现象作为并只能作为关涉着人、显现给人、作为人的创造物的现象而存在。在尼采所关注的那一决定性的方面，人与这些现象或事物的关系不是一种外在的、因果性的关系，而是一种表现性的关系，即它们作为人的内在本质的表现而存在，尼采正是从这样一个方面把握存在的现象及其本质；这种关系因而还是一种内在关系，现象不是独立自存的，不是可以通过自身说明自身的，而是与它所表现的人之实质构成一个整体，并通过这个整体来被说明。

属人的现象并不是整个现象领域中与人相关的那个部分或领域，在这个领域或部分之外还有其他部分或领域，而是，一切现象都可以作为属人的现象来看待，它们必然以某种形式关联于人，都必然在某种意义上是人的创造物，是人之本质的表现。当然，我们在这里使用的"本质"一词不是传统形而上学意义上的"本质"，它仅仅指代在人那里其支配和起决定作用的内在力量，即权力意志。一切现象之存在和如此这般存在的根据被决定性地奠基于人之中，对现象之解释就是回溯到它在人那里的起源、构成或显现。这就是我们所说的"人化"的解释。

在尼采的"人化"解释中，有这样几点尤为值得重视：第一，在实证的意义上，"人"的形态是多样的，可以只是作为个体的人，也可以是作为群体、民族、国家、人类的人。与每一种不同形态相对应，存在不同层次的属人的现象，这些现象层次间也存在种种可以辨明的关系。在尼采设定的不同的解释情境中，我们需要辨明他所要解释的到底是哪一层面的属人现象，辨明作为解释根据的"人"又是哪一层面的人。对人的现象的研究可以在心理、生理、社会、历史、生物等不同层面或视角上展开，它们充实着尼采以"权力意志"这样的哲学话语表达的解释，在不同的解释情境中，我们也需要辨明尼采解释的视角和层次。就像我们下面还要深入论述的：一般来说，较之于其他层次或视角的解释，心理学解释扮演着更为重要的角色。

第二，在尼采的人化解释中，现象世界与人关联的基本方式以及这种关联在人那里的内在根据都是独特的。现象世界可以关联于人之内心世界的不同方面，现象与人产生关联的方式也是多样的。正如尼采所说，哲学迄今为止的历程：人们试图解释世界，出发点是我们自己清楚的东西——在我们自以为理解的地方。也就是说，时而从精神、心灵、意志出发，或作为表象、现象、图象，或从肉眼出发（作为光学现象、原子、运动），或从目的出发，或从撞和拉，即我们的触觉出发，作为上帝，代表了善、正义等，或从我们的审美评价出发。我们也已谈到，尼采解释的独特之处在于将权力意志视为现象世界得以可能的内在根据，视为最基本的"人性事实"，而权力意志的经验原型则是欲望，现象归根结底乃是意志和欲望的表征。现象不是在表象、感知、认识中被显现或构造的显现，而是在意志激发的行动中显现和被创造的现象。意志和欲望比感知和认识更根本，不仅如此，前者还构成后者的实质，即感知和认识同样是有特定意志和欲望支配的感知和认识。没有意志和欲望，也就不存在感知和认识的意志，也就不存在感知和认识这样的活动。对于那些更高阶的精神活动，同样如此，相应地，由那些精神活动构造或显现的现象世界同样归根结底是以意志和欲望为根据的，它们最终和实质上是在一种"行动"而非"认识"模式中关联于人的。这是尼采之"人化"解释的独特和深刻之处。正是这一点使得尼采的解释同时成为一种意向解释。

第三，尼采固然阐释解释"一切现象"，但显然，其中某些现象获得优先和持久的关注，尼采对它们的兴趣远大于其他事物或现象，这些事物包括道德、宗教、哲学、艺术等，其中，道德和艺术更为他看重。他的很多专著都是以此为主题的，比如《悲剧的诞生》《尼采反瓦格纳》《论道德的谱系》《反基督者》等，而在其他著作中，对这些现象的分析、阐释亦随处可见。人化的解释模式首先和根本上是通过对这些事物或现象的解释发展起来的。在我们看来，在其哲学生命的晚期，尼采尝试以之解释"一切现象"的权力意志学说是对在之前著作中早已广泛运用的人化解释（尤其心理学解释）的哲学升华和扩展，并且，在《重估一切价值》（维茨巴赫对尼采为最终著作所准备材料的汇编）一书中，对这些事物或现象的解释依然占据了大部分篇幅。

我们还须看到，也正是在对这些事物或现象的解释上，尼采之人化解释的有效性才更为人信服。尼采解释所真正凭借的心理学为稍后的古典精神分析所发展和验证，后者对艺术、道德、宗教这些文化形式做了与尼采类同的解释。在思想史上，尼采对这些文化形式之解释所具有的革命性和它产生的深远影响，都已成为常识，无须赘述了。但对其他现象，比如无极世界中的现象，尼采的权力意志解释就处于尴尬的地位了，我们在今天甚至很难为之做出辩护了。

第四，尼采之解释固然作为一种认识，但这种认识深受尼采之价值立场和他对哲学的期许之影响，甚至为其支配。尼采希望哲学成为推动生命提升的精神力量，哲学的这种功能根本上又是通过价值批判和新价值的确立而实现的。尼采之阐释根本上又是服务于尼采关于哲学的此种期许的，后者对尼采的世界阐释产生这样的一种基本导向：以衰弱—强盛、下降—上升为根本尺度划定生命意志的类型；优先对生命意志之衰弱和强盛的种种征象进行阐释；优先探究生命意志衰弱和强盛的种种条件。这样，从另一个方面，我们看到，尼采的"人化"解释是有重点的。他并不是对人之生命意志的所有表征等量齐观，不是对所有意志类型以及意志的每一个构成部分等量齐观，根本上，他始终着眼于生命意志的更高可能性，着眼于生命的强与弱、升与降来考察意志及其表征。

这样，我们就能理解尼采为何始终和优先关注道德与艺术现象了。原因在于，它们构成生命意志最典型的精神征象，代表了生命意志衰弱与强盛的典型形式。人类的"能在"是在道德或艺术约束或引导下的"能在"。那些有代表性的、在人类历史上具有深远影响的道德、艺术、哲学、宗教样例，诸如基督教道德、古希腊悲剧、瓦格纳艺术、苏格拉底（Socratis）哲学等，同时也是，并在更为根本的意义上是关于人之"应是""能是"的种种规划或规划的一部分，是人之"所是"的诸种可能样式。尼采关于这些样例的谈论贯穿他哲学生命的始终。尼采对它们所表现出的兴趣绝不是历史的兴趣，也不是单纯认识的兴趣，更不是仅仅因为它们构成尼采所欲解释的"一切现象"的一部分，而是因为，尼采的关切是生存论层面的关切，是以人的更高可能性为根本点的关切。也是因此，其他事物和现象，生命意志中那些微不足道的构成部分及其表征，都不是尼采解释的重点。当然，需要提到的是，这些事物能够成为解释的重点，另外一个原因是，在这些现象中，意志的伪装更深、更复杂，其中包含的幻象和谬误更多、更深刻，我们关于这些事物的误解更深。对于它们，尼采式的解释更为必要。

第五，尼采始终在意志斗争的关系格局中解释属人的现象。尼采始终将斗争关系视为意志间的本然关系，认为相对于其他关系形式，斗争关系是更基本的，其他关系不过只是斗争关系的伪装、转化、派生形式，是权宜性的，仍在根本上服务于斗争。斗争关系遍存于个体的心理世界、人与人之间、个体与所属群体之间、群体之间、族群之间，诸相应层面的属人现象正是在这样的斗争格局中产生的，相应地，尼采始终在力量斗争的关系格局之内，或始终以之为背景对诸种现象做出解释，解释的深化始终意味着在更深的层面构建这样的背景。

对斗争关系的强调是尼采的哲学和解释学的一个重要特征，甚至是具有根本重要性的特征。我们一再谈到，正是出于斗争的需要，意志的表现普遍带有伪装、幻象、错谬的形式，现象普遍地作为症候而存在，其真正意义被掩蔽起来，由此，解释成为必要；正是通过斗争，强与弱、主人与奴隶间的区分和统治关系才得以形成；作为强大生命之征象的内心秩序是斗争关系的相对稳定状态，作为衰弱生命的颓废实质上是内心世界斗争关系格局的失序失衡；生命意志通过斗争得到提升，放弃斗争属于衰弱的征象；如此等等。尼采的解释实践、他所进行的那些具有根本重要性的区分、他所有重大的哲学论断实质上都以他关于斗争关系的更基本论断为基础、依据或背景。甚至尼采关于哲学的期许、他从事哲学的方式中都处处渗透着斗争的精神，用铁锤来思考、打碎偶像、价值重估、揭露伪装、破除幻象、以哲学来命令和立法等，都无不体现出斗争精神。这种斗争精神，即便只是随意浏览一下他的著作，都是能够轻易感受到的。

对斗争关系的强调使得尼采的"人化"解释深刻尖锐，充满洞见，但毫无疑问，也使其很多思想观点显得片面、极端。我们将在本书他处部分地讨论这些得失，在此不拟展开，只是点明尼采之"人化"解释的这一重要特征。

第六，存在两种谈论"人"与"人化"的语境，一种处于尼采解释实践的内部，一种处于尼采解释实践的外部，后者是反思语境，无论这里的反思者是尼采本人还是我们。当我们说，尼采的权力意志仍以人之心灵中的一个成分（欲望）为经验原型，并主要以关于欲望的心理学话语充实权力意志哲学诸种论断，因而尼采之解释仍是一种"人化"解释时，我们基于一种反思的立场，从而是在第二种语境中来言说的。某种意义上，这是我们对尼采的解释之解释。我们所引述的尼采那段关于哲学之"人格化"的论述和海德格尔关于的"人化"的论述都是在这样的反思性立场和语境中来谈论的。在此种语境中，"人"是常识意义上"人"，他具有一个内部世界，能够进行包括感知、欲望等在内的种种精神活动，对每个人而言，这些活动及其产物都是切近和熟悉之物，如此等等。

总的来说，在尼采的解释实践中，对种种属人现象，尼采总是要问，创造或关联着这种现象的那个或那群、那种人到底是谁？他或他们意欲什么？借此要获得或成就什么？他或他们在什么样的条件或关系格局中创造或关联于此种现象？如此等等。现象是通过被组织入以特定的人或人群为行动者的某种行动结构中来理解的，对现象之解释最终是要通过阐明作为行动者的人之意图、动机而实现的。在这种语境中，关于"人"的理解与上述第二种语境中的理解即便不同，也不存在矛盾之处，尼采仍在使用我们日常话语中关于"人"的那些概念和隐喻，诸如个体、社会、民族，诸如心灵、身体，等等。尼采的解释实践与对这种实践的定性是契合的。

但是，这不是全部事实。我们不难看到，在尼采的更深刻的解释，即权力意志的形而上学解释中，常识意义上的人的形象被根本性地破坏了。人不再作为主体，无论是认识主体还是行为主体，欲望世界的寡头政府引导和规制人的认识与行动；人运用诸如主体、原因这样的概念所做的自我阐释乃是错谬和自欺，没有自由意志；更为重要的是，在权力意志的世界中，人及人的现象只在其中占据一个并不显赫的位置，人之所以是不能通过自身来确立和说明，他之所以是的根据在自身之外，他只是"命运"的一个片段。在《偶像的黄昏》中，尼采这样说道：

"没有谁能把人的特性给予人，无论是上帝，社会，他的父母和祖先，还是他自己（这里最后所否定的观念的荒谬性，作为'知性的自由'，已为康德，也许还为柏拉图所教导过），没有谁可以对以下情形负责：他存在了，他是被造成如此这般的，他处在这样的情形和环境之中。他的天性的宿命不能从一切已然和将然之物的宿命中解脱出来。他不是一个特别意图、一个意志、一个目的的产物，不能用它去实验实现一种'人的理想'——想要按照某一目的铸造他的天性是荒谬的。我们发明了'目的'概念，实际上目的阙如——某人是必然的，某人是命运的一个片段，某人属于全，某人在全之中，——没有什么东西可以判决、衡量、比较、责难我们的存在，因为意味着判决、衡量、比较、责难全……然而在全之外只有虚无！"[①]

在尼采的后期著作中，诸如此类的关于人的论断是很多的。这

---

① [德]尼采：《偶像的黄昏》，周国平译，光明日报出版社1996年版，第41—42页。

里使用"后期著作"这样的表述不是要说明，尼采在前期持有相反或不同的看法（事实上，尼采的基本观点是一贯的），而是想说，在后期，"人是谁？"或"人是什么"这一问题更为主题化了，并在一种形而上学的思想视野中被主题化。在这种权力意志形而上学中，以欲望为经验原型、来自"人性的某一个角落"的意志成为存在者的基本特征，但这样的意志反过来毁灭和吞噬了人，在这种世界解释中，意志不再是人所拥有、属于人的意志；相反，人只是意志聚合趋离的征象而已，在权力意志的混沌之海中漂浮不定，变动不居。人在实质上被消解了。关于个体、社会、自由意志、主体、行动、知识、目的、善恶、美丑、历史等的种种基本观念和论断同样消解在权力意志的话语中。

严格说来，尼采关于人的这种看法并未使尼采之解释作为人化解释的基本论断失效，因为我们关于权力意志以欲望为经验原型的判断并未失效，还因为尼采同时提供了大量的解释样例支持人化解释的论断。此外，在尼采那里，人、个体这样的日常概念并未被废止，也未改变它们各自的指称，变化之处在于尼采对它们之处之物的实质做了新的阐释，就解释的方向总是决定性地转向"人"这一词语所指称的事物而言，人化解释的论断仍是成立的，只是这种解释不再立足于关于人的种种日常或哲学的预设、断言，而是一种新的解释。

然而，即便如此，在尼采关于人的论断与人化解释的论断间仍存在一种张力。我们已谈到，尼采的世界解释中，人和属人的现象不再具有中心地位，人之所以是反倒通过"全"来说明，对于这一点，我们当然也可以这样说，关于那个"全"，以及人与全之关联，任何一位哲学家也不可能从一个非人的视角或立场进行透视，最终，对此的认识不能不是"人化"的。但显然，这是在尼采的解释实践的外部所做的说明，并且这种说明已预先无反思地承诺了某种人的观念。这不是可以归属于尼采的内在辩解。

我们无意人为消解这种张力，只想指明此点。同时需要强调的是，即便在尼采之解释实践的内部，人和人性事实不是终极的事实，解释终将穿越人性事实深入更深的根据，但人仍是不可跳过的层次或领域，向人的转向仍然构成尼采式解释最为关键的步骤，解释在这一层面或领域的展开才是整个解释中最重要和最精彩的部分，在涉及道德、宗教、艺术、哲学这些最为尼采所重视的现象时，尤为如此。尼采最深刻和影响深远的阐释正是转向和停留于人的层次中所进行的那些阐释。

3.5　解释作为特殊形式的目的论解释

我们在第一章也已经谈到了尼采的目的论解释原则，尼采的解释活动是蕴含于权力意志概念中的目的论解释原则的实现。我们看到，对一切现象之解释最终是要揭露构成和支配现象的权力意志，显明这种意志的"想要"，显明这种"想要"如何借助种种伪装机制隐藏或伪饰自己，显明这种"想要"如何在与其他意志的斗争关系中生成和变化，显明这种"想要"又如何最终通过现象得到何种程度的满足或实现。现象是权力意志之"想要"的产物，是权力意志内在的提升和扩展自身的目的的产物、征象、实现形式。尼采在现象与权力意志之间设定的本质关系是目的性关系，揭示这种关系的解释在根本上是一种目的论解释。当然，就像我们一再强调的，这不是一般意义上的目的论解释。尼采并不像亚里士多德那样为事物设定一个不变的内在目的，事物在时间中的持存和变化也不是这样的内在目的的实现；尼采也不承认存在类似上帝的存在者或者某种自然理性，它们使得世界是合理性的或具有一个目的的；意志不以任何外在的或内在的、被明确显得的对象、状态或意图为其目的，意志仅仅欲求自身力的增长、扩展或提升，增生、扩展或提升没有确定的形式和标准，它随权力意志所处的情景而生成和变化；如此等等。

我们需要注意的是，这种目的论解释常常以因果论解释的语言表达出来，尼采本人就把权力意志说成"根本动力""根本原因"，这样的说法实质上是误导性的。一般来说，在因果解释（尤其在休谟式的因果解释）中，原因和结果逻辑上是相互分立的，但在尼采那里，看似作为结果的现象并不是独立于看似作为原因的意志。在某种意义上，意志也不是独立于现象的，不表现为现象的意志是不存在的意志，现象是意志存在的形式，我们正是通过，并只能通过现象才能把握意志。意志与作为症候的现象之关系是表现关系，而非休谟式的因果关系。

只有当意志具有一个实在的载体时，我们才可能谈论作为原因和动力的意志，比如，在尼采心理学中，意志表现为欲望时，可以通过分析欲望与认识或道德的复杂因果关系来说明意志作为原因和动力，但归根结底，这种因果性解释服务于，或在实质上仍是一种目的性解释，它最终是要构建现象与欲望和意志间的目的性关系，并通过这种关系规定现象之实质。

只是在意志间的斗争以及这种斗争造成的结果的分析中，我们才看到真正的因果分析，在这里，对立的意志在逻辑上相互独立，每一个都对对方产生影响，相互激发、相互形塑和改变彼此的具体形式和内容。如果着眼于斗争格局与现象的意义结构间的关系，这种关系显然也是因果性关系而不是目的性关系，斗争关系格局本身不是意志和目的，意义结构也不是关系实现自身的手段，而是前者的自然结果。但即便如此，这些因果性解释也不是独立的和根本性的解释方式，它总是交织在目的性解释中，并最终服务于目的性解释。

我们还需说明的是，在尼采那里，即便存在因果性解释，它也不是自然科学中盛行的那种因果性解释，后者通过一个普适性法则将特殊的现象解释为法则的例子。在尼采那里，对现象的解释并没有诉诸这类法则，现象的特殊性并没有消融在法则的普遍性中；相反，通过对支配它的特定意志和斗争格局的分析，通过对这些特殊和具体性的说明，这些特殊性得到承认。尼采尊重现象的特殊和具体性，尊重差异，他不满足于事物表面上的同一与持存，总是尝试挖掘其下更深处的差异与流变；他并不像自然科学家那样以把握普遍法则为最终认识目标，恰恰相反，他想显现每一具体现象的复杂特殊；他不满足于事物和世界的表面秩序，努力揭示表面秩序之下更深刻与真实的混沌；如此等等。

由于第一章中我们已对蕴含于权力意志概念中的目的论解释原则进行了较为详细的阐述，在此就不再赘述。

3.6　作为理解的解释

我们知道，"理解"和"说明"的区分在狄尔泰那里服务于人文科学方法论的阐明，他认为，"理解"而不是自然科学中盛行的"说明"应当成为人文科学的基本方法。在狄尔泰那里，理解的可能性和有效性建立在精神与其产物间的表现关系的设定上，后者也决定了对精神产物的解释（即理解）必定是一种心理学的解释，但区别于那种类似于"心理化学"的"说明性心理学"，这种理解性的心理学通过外在的、作为精神之表现的事物、符号去认识内在的精神及其活动。理解是对意义之把握。

在很多方面，尼采都同狄尔泰具有可比性，尤其是对精神及其产物间关系的认识和对心理学的基础性地位的认知方面。实质上，这两者在逻辑上紧密关联，承认了精神或权力意志与作为产物的现象间的表现关系，对这种关系的实证性分析就需要心理学，但这种心理学也肯定不是模仿自然科学的那种科学心理学，而是一种强调体验和移情的心理学，认识或解释必定是基于体验和以移情为方式的认识或解释。当然，在其他很多方面，尼采与狄尔泰观点的差异就常常大到不可比较的程度了。

在我们看来，根本上，尼采是以理解式的方式来把握生命意志的类型的区分以及不同生命类型的表征之意义的。尼采借以阐明症候之意义的心理学首先是关于他个人心理生活的心理学，这种心理学首先是在尼采的自我分析中发展起来的，但这不意味着这种心理学仅具个人意义，我们看到，由于尼采之经验的丰富性、深刻性，由于他在相冲突的经验中获得了一种中立性，这种心理学反倒更为丰富、深刻和客观。我们不妨以尼采在《瞧，这个人》一书中相关论述为例，来展现尼采个人经验和理解的方法对尼采解释学的意义。此书首节为"为什么我这样智慧"，而在首节的开篇，尼采就这样写道：

"我一生的幸福及其独特的性格是命中注定的：用奥秘的方式来说，如果像我的父亲，我是早已死了的，如果像我的母亲，我还继续活着而且渐渐老了。从人生阶梯的最高层和最底层去看它的话，这双重根源同时是一种衰落也是一种新生，这一点说明了使我与众不同的那个中间性和免于对一般人生问题的偏狭性。对于上升和下落的最初象征，我是比任何人都敏感的。在这方面，我是非常内行的——我知道这两个方面，因为我就是这两个方面。"①

尼采接着谈到他身体的健康和病痛，谈到身体的康复过程中包括的"复发、崩溃与衰颓周期"，然后他说：

"这样，你们还要我说我对衰颓问题有经验吗？这些问题我是知道得非常清楚的。甚至那种把握一般问题的精密技能，那种明察秋毫的感觉、那种见微知著的心理状态以及我能做的其他任何事情，都是那时候开始学到的，也是那个时期的特别赐予，因为在那个时期，我身上的任何东西都被精练化了——包括观察力以及一切观察器官。从病弱者的立场去看比较健全的概念和价值，反之，从丰富生命的旺盛和自信去看衰颓本能的潜伏活动——这是我的主要经验，是长时期训练而成的。如果说我在某方面有所长的话，我可以说，在这方面确具特长。现在，我的手是很熟练的；它具有一种颠倒乾坤的本领；也许这就是只有我才能对一切价值重新估价的最重要理由吧！"②

"这种双重经验，这种接近两个似乎完全不同世界的方法，在我的本性中明确反映出来——我具有一个'他我'：我具有一个'第二视觉'，甚至我还具有一个第三视觉。我先天的本性使我具有一种超越地方、民族和有限范围的眼光。"③

在这里，尼采谈到他的"双重目光"，即他既能够以病人和弱者的方式去体验和观看，也能够以健康者和强者的方式去体验和观

---

① ［德］尼采：《尼采文集》，刘崎等译，改革出版社1995年版，第8页。
② ［德］尼采：《尼采文集》，刘崎等译，改革出版社1995年版，第9—10页。
③ ［德］尼采：《尼采文集》，刘崎等译，改革出版社1995年版，第11页。

看，并能从弱者和病人的立场去看强者和健康者的价值设定，反过来从健康者和强者来看病人和弱者的价值设定。这种双重目光和目光的转换、交织、相互透视赋予尼采一种独特的优越性，扩大了精神视野的广度和深度，并强化了其认识的客观性。

在作为首节的"为什么我这样智慧"和第二节"为什么我这样聪明"中，尼采还用大量篇幅谈到他身上健康的生命意志的种种表征，谈到他在那些看似微不足道但实际上意义重大的方面——食物、地点、气候、娱乐——的选择和经验。在尼采看来，正是这些经验解释了"为什么我这样智慧"和"为什么我这样聪明"。

从尼采的这种自我认知中，我们可以轻易发现尼采的个人经验与其哲学的深刻关联。他的哲学是其生命经验的表达，他的哲学首先是表达和解释了尼采本人经验的哲学，他本人的经验是对这一哲学最好的注解，他所使用的那些概念，他的生命类型学、他的价值重估和哲学立法等，首先是通过他个人人性的经验来充实和确证其有效性的。如果尼采不具有这些经验，我们很难想象其哲学还是这个样子。

基于解释学的立场，尼采之经验与其哲学的这种关联提示我们：在尼采的解释实践中，理解的方法是一种不可或缺的根本的解释方法。不难想象，在对种种生命症候的解释中，尼采最终是以自身体验为基础或参照进行解释的。他首先拥有的是自身经验。这些经验在长久的自我精神分析中对他自己变得熟悉、透明；自我经验中包含的种种伪装和掩蔽得以澄清，这种揭露和澄清本身又成为宝贵的个人经验；身与心的联结、欲望与观念的联结成为清晰的经验；健康与衰弱状态的区分，它们各自关联的种种典型观念和情感都为他熟知。我们已经谈到尼采的人化解释，谈到对症候的解释必须决定性地转向和回溯到人，而尼采正是凭借这些经验来进入和深入人的。我们已经谈到，尼采主要深入人的心理世界，因为在人那里，意志实体化为人的欲望和本能。但他常常不只于心理世界，还要回溯到身体和身体的经验，回溯到种系和种系的历史经验。在尼采那里，解释建构或显现的这些经验关联根本性地依赖于尼采的个人经验，是个人经验引导他建构或显明这些关联，是个人经验使他能够以一种移情或类似移情的方式自由出入人的精神世界，无论他或他们属于衰颓生命的类型还是健旺生命的类型。我相信，尼采对这些心灵及其表征的领会在关键处是直觉式的。

这样的把握当然主要是以心理学为手段的。在尼采那里，他的心理学同样首先是他自身经验的心理学，是尼采在自我分析的过程中发展起来的，这种心理学的种种论断首先证验于尼采个人经验。这样的心理恰恰成为尼采的个人经验与他人经验以理解的方式联结起来的中介。

这种心理学本质上是一种理解式的心理学。我们看到，不同于冯特那样的心理学家，尼采没有致力于发现不可分割的心理要素，并将内在经验视为这样要素的组合形式。我们看到，尼采对心理世界和心理现象的分析是动力学的，它感兴趣的不是心理要素，而是力量，心理现象不是在作为要素之组合的意义上被把握，而是被作为更深刻之力量的产物和表征来理解。这种更深刻的力量也不是无目的的物质性力量，而是一种根本上显现为"想要"的目的性的、精神性的力量，这种力量及其效应最终能够和应当通过体验的方式加以把握，并由此获得明证性。在尼采那里，如同在稍后的弗洛伊德那里一样，他们都使用了种种看似说明性的概念和隐喻，比如力、能量这样的概念和地形学的隐喻，但实质上，这些概念和隐喻完全是通过以体验的方式把握着的经验来阐明或充实的，在人那里，充实这些概念和隐喻的经验是共通的，因而，看似在用这些概念进行一种说明式的解释，但实质上进行的仍是一种理解式的解释，这些表面看来说明性的话语最终总是可以并必须翻译为理解性的话语和经验。当然，一种更准确的说法也许应该是：尼采尝试解释性地理解诸种症候。

理解，无论是尼采式的还是狄尔泰式的理解，都预设了待解释的现象之下或之中有一个内在的、支配性的生命本质，现象通过作为生命的征象而获得一种意义，解释就是通过显明它是生命的征象，显明它所象征的生命来把握这种意义。根本而言，尼采之解释就是要把握现象的此种意义。根本上，这种把握无法通过自然科学的方式来实现。后者仅仅停留于现象或现象间的表面联系并仅仅借助这种联系来说明现象，并将个别现象视为普遍法则的样例；它在对现象的解释中拒斥目的论的解释原则，将意志、自由、精神性从事物中剔除；它主张悬隔价值，拒绝体验和移情在解释中发挥作用；如此等等。对这种意义之把握只能通过理解的方式。在理解中，一个生命以自身为凭借在现象中识别出另一个生命。只有以生命为凭借才能理解生命。只有凭借完整的人的经验才能把握属人的经验。理解式解释的本质就在于达成这种契合，并且理解者知道了这种契合的达成。在尼采那里，这一点是凭借他个人人性的经验和作为这种经验之结晶的心理学得以实现的。

3.7 解释作为以心理学解释为核心的系统解释

我们一再强调了心理学解释在尼采哲学中的地位和意义，但无论如何，心理学解释都不是尼采解释的全部，在比如对道德之起源的分析中，尼采同时还在进行生理学、医学、社会学、人类学的解释，当然，这些解释仍是以心理学的解释为核心。

对现象的解释是要探究支配现象的生命意志，但生命意志的表征并不仅仅是心理性，同时还是生理性的，它关涉身体，此外，这种表征还可以是社会和历史的，并且，这些表征不是相互隔绝的，而是共同构成生命的整体。这正是在尼采那里，解释不仅仅是心理学解释的原因。我们看到，对几乎所有复杂解释对象的分析都最终将触及生命意志的所有层面或方面的表征，并同时揭示这些层面或方面之表征的关系，对对象的解释由此才获得一种完备性。在此，每一学科层面的解释都意在把握生命整体的一个方面或层面，因而都是不可偏废的。但无疑，尼采赋予心理学一种根本的重要性，即尼采更加专注于生命意志的心理征象或生命整体的心理层面的分析。

我们在《论道德的谱系》中看到，权力意志在某种外在的阻碍下（比如惩罚）不断开辟一个内在的心理世界，并不断深化和扩展这一世界。意志与行为之间夹入一个越来越复杂的内心世界，一个充满计量、盘算、估价的世界，一个充满记忆、设想、猜度的新世界。意志在贯穿这个世界时同时改变了它的形式，即表现为欲望、动机、情感、价值信念，还曲折表现为感知、记忆、逻辑或特定形式的忽视、遗忘、幻想，如此等等。意志行为主要不再表现为直接的身体行为，而是表现为认知、判断、评价、审美、信仰等这些更加心理化和精神化的活动。人的文明程度越高，这个心理世界越深广和复杂，意志的形式越多样化、曲折和复杂，其中隐含的伪装和掩蔽也越多、越复杂。

生命的这一表征或层面是最为深广、丰富又最为晦暗的，正是在这里，需要精细的解释和一种不同寻常的解释技术。这种解释在展现心理世界的动力、深度、广度，在揭示它包含的诸多层面和这种伪装机制时，同时也是在显现生命意志的新的、更丰富、更曲折的存在形式，显明它如何经由这个心理世界贯穿和支配着那些最富精神性的事物或现象，比如道德、宗教、艺术等，而这也正是对这些事物和现象的尼采式解释。这样，我们也能够理解心理学何以成为权力意志的形态和发展学说了，理解海德格尔的这种说法了，即心理学与权力意志的形而上学是合一的。

心理的层面直接关联着解释对象。那些最重要的解释对象，诸如道德、认识、哲学、宗教，等等，它们的存在首先和根本上是个体心理意义上的存在，它们原本就是，并最终还是种种心理性的观念、情感，这些观念和情感是在心理世界的土壤中生长发育和不断精神化的，必须回到这个世界，探明这些观念和情感的起源和历史，它们的生长环境和条件，探明深刻影响着它们的那些心理力量的性质，才可能阐明这些观念和情感，从而阐明那些文化形式的生命意义和效应。这样，心理学解释理所应当地占据一个核心位置。

还有另一个深刻的理由使得心理学解释具有不可替代的意义。尼采的解释意在阐明生命意志的征象之意义，我们已经谈到，这种阐明根本上是以理解的方式进行的阐明。只有生命才能理解生命，只有以生命体验为基础才能把握生命体验。只有在具有体验并能借此相互理解的生命个体之间，尼采解释学意欲把握的那种"意义"才能够存在或显现出来，谈论它和阐明它才是有意义和可能的，也正是在这样的领会或阐明中，生命自身才显现出来。没有体验和体验发生其中的心理的领域，就无所谓生命和生命表征的意义，也无所谓领会和解释了。在尼采那里，心理学是对生命经验的反思，也是这种经验的结晶，是理解的手段或中介，从而也正是显明生命、显明生命征象之意义的不可或缺的手段或中介。

身体和以身体为对象的生理学与医学当然也是重要的。尼采不止一次地谈到身体的复杂、精巧，谈到身体的理性。在尼采看来，较之于心理和精神，身体是个体生命更为重要的基础，心理和精神是在这个基础上生长起来的，并仍在根本上受制于这个基础。尼采的类型学，即将人分为强者与弱者、健康的人与病人、上升的类型与下降的类型，所依据的标准原本是生理性或身体性的。因此，尼采一再强调了生理学和医学，即对身体之分析的必要性。但我们看到，生理学解释并没有如心理学解释那样充分地发展起来，原因何在呢？也许，这部分因为尼采并不是真正意义上的生理学家和医学家，他缺乏借以分析身体的有效方法和概念工具，而作为自然科学之分支的那种生理学和医学无法满足尼采的哲学目的，他无法利用它们。他主要依赖自身的健康和患病的身体经验和对这些经验的靠不住的自我解释来理解生理学和医学，但这些只能使他意识到身体的重要性，意识到不同身体状态伴生的不同心理征象，还远不足以使他对身体形成真正系统和健全的知识。

我们需要注意到，尼采谈论的身体并不是自然科学意义上的身体，他所说的生理学、医学也不是作为自然科学分支的生理学和医学。在尼采那里，身体是肉身化的生命意志，生理学和医学是关于生命之肉身征象的症候学和生命类型的分类学。很难想象这种分类能够得到作为科学的生理学与医学的支持。更为重要的是，这种区分实质上是一种根本性的价值区分，这种价值区分即便最初是在生理学和医学的语境中生成，但随即超越这一语境，变成衡量一切现象和事物的普遍的价值尺度。强与弱、健康与疾病、上升与下降的生命这样的概念和对比完全超出了生理和医学的语境，具有了更多、更复杂的心理与精神意义。

在我们看来，实际上，宣称立足于生理学、医学的生命类型学更像是为价值区分戴上一种科学面具。区分的根据的确可以回溯到身体的层面，但身体不是一个像心理那样被充分展开的领域，关于它的认识，即尼采那里的生理学和医学是简单和粗糙的，其功能似乎主要是为业已形成的价值区分设定一个身体层面的根据，与此相关，生命意志在身体上的种种存在和发展形式并没有被揭示出来。

尼采未曾真正建立和发展其一种系统的生理学和医学解释的另一个原因是，意志的"想要"虽然在身体上同样有复杂和丰富的表现形式，但这里的伪装远不像在心理世界中那样广泛和复杂。在对身体的分析中，那种作为破除伪装的、有深度的解释不可能像在心理分析中那样得到充分和系统的发展，因为，没有这种必要性。同样重要的是，生命意志在身体中的表现和存在缺乏意向的形式，或者这种形式还远不发达，这样，表达生命意志的身体活动更像是一种机械运动，一种无精神的活动，一种难以理解性地把握的活动。对这种活动的分析很难再被称为"解释"，或者这种解释将根本不同于心理学的解释。

社会学、历史学、人类学的解释同样也是尼采的解释系统中不可缺少的。当生命意志发展到社会、群体、种系的形态，生命意志的种种表征和存在形式在社会学、人类学、历史学水平上呈现出来。生命意志所统摄的整体成为某些方面可以类比于社会实体、历史实体、人类实体的东西，待解释的现象在社会学、历史学、人类学的水平或层次上呈现出来，因而需要社会学、历史学、人类学的解释来显明这些现象如何作为生命意志的表征和存在形式，需要阐明在一个更加宏大的社会历史时空中，生命意志如何开辟自己的道路，并将自己显现为那些待解释的现象；需要说明贯穿和支配现象的是何种群体、族群、民族、阶级的生命意志或权力意志；需要说明在漫长的社会历史进程中，支配性的生命意志发生了何种变化，说明造就这种变化的基本格局和动因到底是什么；如此等等。

生命意志在族群、种系的形态上扩展自身时，它构成一个更大的生命整体，在这一整体中，个体作为一个部分、一种功能屈从于和服务于这个整体的更高、更强的要求，就像在个体这种生命形式中，欲望作为一个部分和功能屈从和服务于个体的要求一样。对这一更大整体的分析，或对在这种水平上呈现之现象的解释，必然表现为社会学、历史学或人类学的分析。但是，同样需要强调这一点，尼采那里社会学、历史学和人类学并非作为社会科学之分支意义上的社会学、历史学、人类学。在尼采那里，它们实质上被理解为关于社会形态的权力意志的解释学，它们是尼采整个形而上学的一部分，是被权力意志形而上学的规定和目标深刻形塑了的社会学、历史学与人类学。

同尼采的生理学和医学一样，这种社会学、历史学和人类学是相当简单粗糙的，虽然其中不乏深刻的见解，其功能也如生理学和医学的提法一样，主要在于为社会形态的权力意志及其征象的分析提供一种科学形式，并为了满足这种要求从已有的这些学科中有选择地吸收和利用理论资源。当然，我们还要看到，尼采倡导这种社会学、历史学、人类学的分析仍然有深刻的价值和意义，他借此凸显了生命整体的一个更高的形态，引导人们去留心生命意志在社会、历史、种系层面的延伸、扩展，他借此提醒我们在社会历史和种系水平上呈现的现象所具有的生命意义和价值。

尼采意义上的社会学、历史学、人类学分析与心理学分析处于何种关系呢？表面上看，前者是对社会和种系形态上的权力意志之症候的分析，后者主要是对个体形态的权力意志之种种症候的分析。但实际上，我们看到，心理学分析绝没有仅仅局限于对个体心理的分析，同时它还是对群体、社会、种系形态的权力意志的分析，并且，这种分析并不是与社会学、历史学、人类学分析并列的一种分析，而是实质性地嵌入社会学、历史学和人类学的分析中，使社会学的分析实质上成为关于社会、群体、阶级的心理学分析，使历史学分析实质上成为历史心理学分析，使人类学分析实质上成为人类或人种层面的心理学分析。这样，即便在社会、历史和种系水平上的解释，心理学解释仍是实质性的解释方式，而在我们看来，这归根结底又是因为，欲望构成权力意志的经验原型。

欲望，具有身体基础，并在根本上受身体的支撑和制约，它的变化，尤其是它的性质和强度的变化通常更为直接地显现着身体机能和身体状态的变化，即便其中的机制极为复杂。对欲望及其变化的理解以对身体的理解为重要前提，与之相应的是，在尼采的解释系统中，生理学和医学具有一个重要的地位。欲望不仅是生理—心理之物，还在社会和历史中、在人种的水平上被不断形塑，特定形式的欲望在作为个体的欲望之前，就必然早已是人种的欲望、特定社会族群的欲望。诸欲望间的相对稳定的关系结构也是如此，它首先是种系的和社会族群的漫长发展历史的产物，并且，这种历史不是成就某种理性目的的历史，而是充满冲突和斗争、充满偶然性的历史。与之相应的是，在尼采的解释系统中，社会学、历史学、人类学或人种学同样占据一个重要的地位，并且，这种社会学、历史学、人类学力图展现的实质上是欲望或欲望结构在社会、历史和种系层面的生成、变化。实质上以欲望为对象的这些分析不同时也是一种心理学分析吗？比如，在《论道德的谱系》当中，我们一再看到，心理学分析交织在社会学分析、历史学和人类学分析之中，并实质上主导着那些分析。甚至，尼采常常是先有心理学的论断，才去推想这些论断得以实现的社会历史条件，并在相关资料远不充分的情况下断言这些条件的存在。

  总之，尼采的解释实际上是一种结合了心理学、生理学、医学、社会学、历史学、人类学或人种学分析在内的复杂的系统性解释。在对道德、宗教这样的复杂文化形式的解释中，其中每一种分析都有存在的必要性，并事实上都在发挥作用。这是尼采式解释的一个重要特征。但我们需要强调的是，心理学在其中具有核心地位，这种核心地位显现在，它实质性地渗透入其他诸学科的解释中，并主导着它们。其他学科视角上的解释实质上服务于心理学的解释，这些解释不会构成对心理学解释的干扰或削弱，而是印证、补充和强化之。某种意义上，它们是不独立的，并且常常为了支持心理学解释的要求改变自身。这些学科视角虽为尼采所重视，但实际上远没有发展起来，极为简单粗糙，远没有获得系统完备的形式，在我们看来，这正是上述情形的一个结果和表征。

  我们看到，正是心理学解释的这种核心地位很大程度上造就了我们上述尼采解释的那些特征，诸如深度性、对伪装的破除，作为理解的解释、作为目的论解释，等等，解释呈现的这些特征主要正是心理学解释的特征。解释如果以生理学、社会学、历史学或人类学的解释为主导，那么尼采式的解释和解释学将呈现出完全不同的面貌，具有完全不同的特征。

第四章　视角主义的解释观与对认识之解释

我们在上面谈到的"解释"是指尼采的解释实践或解释活动，我们所刻画的解释的那些特征是这种解释实践或解释活动的特征，其中包含的解释学思想是通过解释活动展现出来的。但尼采不仅在解释，同时还在反思解释本身。显然，这种对解释之反思与作为反思对象的解释活动及其产物不在同一个思想层面上，前者是一种"二阶"性的认识活动，是对解释之批判，是对解释之本质和条件的阐明。

在理论性质上，这种反思或批判固然属于解释学，但大体属于哲学解释学而不是文本阐释意义上的解释学，它们属于两种不同性质的解释学类型。尼采对解释的哲学反思与狄尔泰、海德格尔、伽达默尔等人的解释学存在亲缘关系，有很多可比之处，但在这里我们不准备探讨他们之间的思想联系，也不准备全面深入地阐述尼采对解释之反思。主要原因在于，这种意义上的解释学不是我们阐释的重点，我们的重点仍是蕴含在尼采解释实践中的那种文本阐释意义上的解释学。我们认为，在思想史上，作为狄尔泰解释学和哲学解释学之先驱的那种尼采解释学固然有其历史意义，但更有意义和影响深远，并更深地打上了尼采烙印的是蕴含在尼采解释实践中的那种解释学；其次因为，这样的比较常常会使我们把着眼点转移到它与哲学解释学的相似或类同之处，从而会使属于尼采的那些独特和关键特征被忽视或边缘化。

根本上，尼采对解释之反思仍是在其权力意志形而上学的解释框架和概念的客观结构中展开的，在这里，反思不是那种没有任何先见引导，没有任何理论负载、中立和透明的反思，因而，这种反思的性质是双重的，一方面，它是二阶性的哲学批判，另一方面，它仍是一种解释实践。

尼采对解释之反思体现在很多方面，我们认为，视角主义的解释观和对认识之解释是最具代表性的，在本章，我们主要阐述这两方面的内容。

4.1　视角主义解释观

尼采认为，一切解释都是视角主义的解释。在《权力意志》之"作为认识的权力意志"部分，尼采在多处谈及这种"视角主义"，比如，在481节说道：

"实证主义坚持现象中'只有事实'，与之相反，我要说，不，恰好没有事实，只有解释。我们不可能确定事实本身：这样的尝试也许是毫无意义的。

"你们说，'一切都是主观的'：但这已经是解释了。'主体'绝非实有的东西。——最后，在解释背后再放入解释，这是否必要呢？这已经是诗、假设了。

"就'认识'一词一般来说是有意义的而言，世界是可知的：但另一方面它是可解释的，它不是蕴含着一种意义，而是无数种意义——'透视主义'。

"我们的需要是解释世界；我们的冲动及其好恶。每种冲动都是一种支配欲，都有其透视，它想把这种透视作为标准强加于其他一切冲动。"[①]

一切解释都是基于特定视角的解释，这是尼采对解释本身进行哲学反思时所确立的一个基本观点。这一观点到底是什么意思呢？要把握这一观念所包含的丰富含义，我们必须在整个尼采哲学的背景下来阐发它的含义，而不能仅仅通过词语（无论是作为"透视"的德文原词，还是中译的"视角"或"视角主义"）或词语引发的

---

① ［德］尼采：《偶像的黄昏》，周国平译，光明日报出版社1996年版，第111—112页。

联想、词语涉及的隐喻来推定尼采的思想。当把这个观念置于尼采的思想整体中来理解时，我们看到它至少包含下述几种含义。

第一，解释作为以生命意志为根据的解释。生命意志或权力意志构成包括解释活动在内的一切活动的基础、动力、原因，没有生命意志就没有感知、回忆、想象、思考、判断，没有意识、思想和观念。生命意志具有不同的形态或不同的层次，它既可以在单一欲望的层面上显现，也可以在作为欲望统一体的个体身上显现出来，也可以在社会、族群、阶级以至于作为种系的人类身上显现出来（当然，尼采不否认它也可以在植物和动物身上显现出来，只是他重视的是人的生命和这种生命的种种征象）。一个解释必然是基于生命意志的某种形态的解释。

这样，我们就看到，在尼采那里，解释以之为根据的视角归根结底是生命视角，当尼采说，一切解释都是基于特定的视角时，他首先是在表明，一切解释都是特定形态的生命在看，在解释。与之相关的是，视角并不是外在于解释和解释者的东西，比如某种隐喻意义上的立场，而是内在于解释、与解释结为一体的。对我们理解视角和解释之关系而言，"视角"和"视角主义"这样的翻译，甚至包括德文原词的"透视"所包含的视觉隐喻，部分的是揭示性，但也部分的是误导性的。

当我们说视角，或生命构成解释的基础和动力时，我们不仅在强调生命对解释的支撑作用，同时也是在强调它对解释的根本性的约束和支配作用。视角，或解释所凭借的生命基础不是解释者自由选择的，解释者同样没有选择随意离开这一基础的自由，解释者和解释同时也是被这样的基础和视角支配和控制着。是生命和视角选择解释，而不是相反。

第二，基于特定生命视角的透视不是反映性的，而是构造性的，即解释不是对实在或事实的思想反映，而是对实在、事实及其意义或"本质"的构造。在《作为认识的强力意志》中，[①] 尼采

[①] ［德］尼采：《偶像的黄昏》，周国平译，光明日报出版社1996年版，第103—187页。

在多个章节表达了此种论断，比如，在485节，尼采说道："我们的生命感和强力感的等级（经验的逻辑和联系）为我们提供了衡量'存在'、'现实'、不存在的尺度。"①

实在或事实是生命和生命造就的价值光圈中的实在和事实，而不是独立于解释和解释者的自在自为的存在，它在存在论上的那些特征，比如实存与统一，是生命造就的假象。相应地，没有一个解释或认识与之相符的客观之物，因而也不存在符合论意义上的真理，这种意义上的真理乃是生命借解释造就的谬误、幻象。

但是，生命不是无缘无故，或者随心所欲地、无目的地借解释造就事实、实在与真理，在尼采看来，它是生命意志借这种构造提升和扩展自身的方式之一。这种真理观中的实用主义意味显而易见，事实上，尼采也是实用主义哲学的重要先驱。基于这样的立场，尼采看到：将特定的认识或解释确认为真理，将特定的预设和方法视为通达真理的途径，将真确立为认识的基本价值，在真理和非真理之间，在纯粹、严格的真理与不纯粹、不严格的真理之间，在真正的认识者或哲学家、科学家与虚假的、不严肃的认识者、假象的制造者（如艺术家）之间划定严格的界限，并且把区别变成等级，把不同变成价值差异，所有这些都最终体现了解释和认识背后之生命意志的特定要求和利益。

常识的看法，同时也是很多哲学理论的基本预设是：存在着独立于认识者的事实，并且这一事实可以为思想或认识所把握，即真理是可能的；认识者有可能超越他的欲望、情感作为一种纯粹的认识主体而存在，这构成知识、真理得以可能的一个根本重要的条件。但在尼采看来，一个这样的认识主体是不可能存在的，它必然只是一个错觉或假象，解释者永远都只能基于特定的生命基础上去解释，他无法逃离这个基础的支撑和支配。一种看似客观、价值中立的、纯粹的认识主体及其认识，仍是某种生命类型的生命的症候，尼采就是这样理解比如实证主义者和科学家的。

---

① ［德］尼采：《偶像的黄昏》，周国平译，光明日报出版社1996年版，第113页。

第四章　视角主义的解释观与对认识之解释 / 97

第三，如我们一再强调的，生命意志始终是处于斗争关系中的生命意志，因而，生命支配和支撑的解释也始终是处于这种斗争关系格局中的解释。解释不仅不是超然、客观、独立和公正的，实质上，它恰恰服从和服务于特定生命意志与他种意志的斗争，这是最根本意义上的"功用"，这使得解释本身成为一个症候，具有我们在上一章谈到的症候的一切特征，尤其是具有双重的意义结构。

这样，解释本身成为解释对象，对解释的解释同样是作为症候分析的解释。显然，这种对解释之解释不是一般意义上的反思，而是在一个新的视角，从而也是由一种不同的生命意志支配着的认识，并且，这种认识同样不可能是中立、客观、无功利的，而是支配这种解释的生命意志进攻、征服支配作为解释对象的那种解释之生命意志的手段。也因此，不存在哲学家所说的那种反思，因为思想向自己背后的每一步跳跃都必将是由生命意志支撑的跳跃，每一种看似自我反思式的跳跃都已立足在不同生命基础上的。没有自我反思，没有以自身为对象的凝视，只有不同意志支配和支撑的不同的视角或位置，只有不同视角上的对视，充满否定和敌意的对视。

我们看到，尼采对道德、宗教、艺术等的解释实际上正是对解释的解释，这些解释对象本身已经是解释，他对这些解释的解释不是客观中立的"科学"研究，而是立足于不同的生命和价值视角上对这些解释对象的透视，这种解释实质上是尼采立足的生命与价值同解释对象植根其中的生命和价值的斗争或结盟。解释是生命意志征服或结盟的一种形式与手段。

第四，视角主义并不隐含这样的意思：当我们从足够多的视角进行透视，对事物的理解将更为全面，更为"客观"。我们应当破除"视角"概念所引发的这种隐喻或联想：视角只是排列在事物周围的不同位置奠定的视角，这些不同位置上的透视指向同一个事实或事物的不同方面，不同位置、视角的交叠或综合将构成一幅完整的事实或事物的图景。这种看法预设了独立于视角的客观事实，视角只是从不同的方面把握这些事实。但实际上，并不存在这样的客观事实，每一个视角都构造了与之相应的事实，因而这些视角的整合或交叠并不构成一份关于事实的完整图景。这种观点还预设了人们自由转换视角和整合不同视角的可能性，但在尼采看来，这是过分乐观了，人并不自然拥有这种自由和能力，人基于何种视角通常不是自我自由选择的结果，而是种种他未曾意识到且难以抵拒的力量和条件的产物。当然，这不意味着，人注定不能从多个角度进行透视，只是想说明，这并非自由选择的结果，而通常是支配视角和解释的力量发生变化的结果。

当能够从不同的视角进行透视时，视角和解释的相对性，对象、事实、事物的非自立性、非自足性、被构成性更加鲜明地显现出来。我们需要再次提到尼采的"双重视角"，即从健康者的视角去看病弱的生命及其征象，以及病弱者眼中的世界，又从病弱者的视角去看健康生命及其征象，去看健康者眼中的世界。正是这种目光的交织和对视，诸种事实、事物、世界显现为被构成的事实、事物、世界，而不是自在自足、超越于人的事实、事物、世界，它的存在显现为相对于特定生命类型的存在和为了这一生命的存在。另一方面，解释本身的相对性、非自足性、非客观性显现出来，解释是为生命的存在而不是自为的。同时显现的还有，解释被生命支配，但被特定的、具体的生命意志所支配，这个生命只是生命斗争格局中的一个生命，是无限生命中的一个生命。解释的变化还常常提示支配性的生命意志的变化，显明它在时间维度上的短暂或有限，显明解释自我宣称的永恒、唯一、绝对、普遍不过是谎言、幻象或错谬，在哲学中存在太多这样的解释。视角主义与相对主义和怀疑主义相伴而行。

第四，我们看到，一切解释都是基于特定生命视角的解释，这一观念绝不仅仅具有认识论上的意义，它还有助于改造哲学家对自身角色和功能的理解，以及对哲学之功能的理解。在尼采看来，哲学家固然可以依旧创制形而上学、道德规范、美学信条等，但支配他和他的哲学活动的不应当再是求真理的意志，而是求生命上升、强化、扩展的意志，他不是服务于真理的实现，而是服务于生命的提升。他知道自己在编织谎言，但也知道谎言对生命的价值，他为了这种价值才说谎。他擅长通过语言的魔力去诱惑、战胜、征服，但他有良知，但这种良知超越通常的道德规范。这种哲学家是先知和民众的精神牧人。

还有另一种哲学家，这种哲学家的任务和使命不是编织有用的幻象，而是显明幻象，尤其是显明那些阻碍生命的幻象；破除偶像，尤其那些阻碍生命的偶像；破除偶像崇拜，显明偶像崇拜者生命的贫弱和从贫弱中滋生的种种心理毒草；他带着怀疑的目光打量事物和现象，打量一切自以为是的解释；他解释那些解释，揭露解释中隐藏的种种伪装；他穿透解释造就的面具，直抵解释最深的生命基础；他评定、估价这一生命和它造就或衍生的价值之价值。这种类型的哲学家弃绝了谎言、伪装和欺骗，支配他的是更深刻意义上的求真意志，当然，这种"真"不是普遍有效的知识所具的那种真，而是显明意义上的真，去蔽意义上的真。

对于第二种哲学家来说，生命植根于哪里，他就是哪个领域中的专家，生命衍生到哪里，他也是哪个领域的专家，所以他是生理学家和医生，他是疾病的诊断者，是症候学家，他同时也是一个心理学家、社会学家、历史学家、语言学家、人种学家，如此等等。他不是要借此成为一部活的百科全书，或为学术而学术、为知识而求知的博学者，而是为了跟踪生命意志在不同情境中的种种不同取向，跟踪生命意志不断衍生出的种种新的形式，评估这些取向和形式的意义与价值。

我们看到，尼采兼有这两种形象，一方面，他是冷静、无情的分析者，对解释进行解释，将哲学视为一种诊治活动，但不是像后世的分析哲学家那样诊治语言的疾病，而是诊治生命的疾病。另一方面，他自觉扮演先知和牧人的角色，意欲将人类引向更高的存在，因而有《查拉图斯特拉如是说》这样的文本，有永恒轮回这样的思想，有重估一切价值这样的哲学使命，有那种极富修辞性的表达方式。这两种形象在尼采那里相互交织，使他成为一个不同寻常的思想家。

总之，通过对视角主义解释观的分析，我们看到，尼采是基于一种根本的实践（或行动）维度或视角来理解"解释"的，这同修辞学的思想传统、马克思主义、实用主义、海德格尔的基础存在论、分析哲学中的日常语言学派有着深刻的可比之处。在这样的立场上，解释绝不仅仅是一种认知活动，实质上，它是行动或行动的一部分；解释与评价之间没有内在的鸿沟，实质上是一致的并统一于行动之中；对解释之理解不仅在于把握其认识产物的表面或字面意义，更在于把握深层的语用意义，尤其是作为解释者之意向的那种语用意义。更加不同寻常之处还在于，解释者意向意义上的意义也有表面意义与深层意义之分，有伪装意义和真正意义之分。在我们看来，这构成尼采解释观中最具创造性和影响深远的见识。此外，他向我们显示了，对解释之哲学反思同样以对解释进行解释的方式给出。这样，这种反思的真和客观性就不能从通常的认识论意义上理解和确证了，假如还存在真与客观性的话。

4.2　对认识之解释

在尼采那里，"解释"的概念并不对应于"认识"概念。一般来说，无论是在认识论的哲学意义上还是常识意义上，"认识"总是与"真"关联在一起的；作为一种精神活动，认识区别于情感、评价、意愿等。但在尼采那里，解释本质上是力与意志的工具、武器、征象与存在形式，解释与之具有本质和内在关联的不是真和真理，而是力与意志，并且是与他力处于斗争关系中的力与意志。此外，"解释"的所指是极为宽泛的，感知是一种解释，道德也是一种解释，艺术同样也是一种解释，作为解释，它们构造了"事实""价值""美"，从而赋予了现象或事物以"意义"。虽然存在上述不同，但不管如何，在尼采那里，认识都是解释的一种基本和典型形式，从而，对认识之解释同时构成对解释进行反思的一种重要形式。

学者一般在认识论的语境中来看待尼采对认识之解释，但在我们看来，其理论实质是解释学而非认识论的，在一种解释学的语境中把握它是更适宜的。与视角主义解释观一样，对认识之解释的理论性质是双重的，一方面它是尼采解释实践的一个样例，如同道德和艺术一样，认识现象也是尼采阐释的一个重要现象领域；另一方面，认识又是解释的一种典型形式，对认识之解释构成对解释之反思的一个重要样例，因而，它同时是二阶性的理论活动。区别在于，视角主义解释观更多凸显了反思的二阶性，而对认识解释将更多凸显反思的解释性。

4.2.1　对认识现象的阐释

笛卡儿开启了近代哲学的"认识论转向"，这种转向使与认识或知识相关的一系列问题成为重大的哲学问题。与这种转向相应，不仅认识论获得了相对本体论或形而上学而言的独立性，甚至本体论或形而上学问题的有效性检验及其解答都有赖于认识论问题的解决。这种转向甚至改造变了哲学的本质与任务，使哲学被等同于认识批判。毫无疑问，认识论转向产生了丰硕的哲学成果，但是，这种转向及其成果也受到了很多思想家的质疑和批判。在这些思想家中，尼采是非常重要的一位。尼采同样将认识作为一个重要的主题来思考，但他的理论基础、思路、提问方式与问题都根本不同于一般意义上的认识论，并且，他还深刻动摇了认识论的思维方式、基本设定及认识范畴的有效性。

在尼采那里，"认识"的意义较为宽泛。"认识"既指认识活动，也指认识活动的产物；既指认识能力，也指认识工具（如逻辑和基本的认识范畴）。由于认识与意识的内在关联，尼采对认识的分析还包括了对意识的分析。认识指称的这些内容其实都是统一的认识现象所包含的诸要素与条件，因而，认识含义的宽泛并非多义或歧义，它在不同语境中具体所指有所不同，只是表明在不同语境中尼采关注的侧重点有所不同而已。

与认识论不同，尼采对认识现象的阐释既不是其哲学体系的基础部分也不具有独立的意义，它只是整个权力意志形而上学规划的一部分，并且，对认识现象的阐释方式根本上取决于这种形而上学如何规定认识与权力意志的关系。所以，不可能绕开尼采的形而上学，即权力意志学说，来分析尼采对认识现象的阐释。尼采说，权力意志是我们能够向下达到的最终事实。对一切现象解释都能够并必然最终追溯至权力意志。在尼采的形而上学规划中，认识构成权力意志的主要形态之一，即认识现象被尼采视为权力意志的主要表现形式之一。因而，对认识现象的分析如同对任何其他现象的分析一样，都将是基于权力意志理论的分析，这种分析必然作为一种深度分析而达到权力意志这一最终根据。

尼采对认识现象的阐释散布于很多著作中，我们可以从中归纳出三个重要方面：对"意识"的阐释，对认识论"概念装置"的解构，基于生命类型的差异与对立对理性的分析。尼采基于三种基本的对立（个体内部诸本能与欲望的对立、作为"类"的人与自然的对立、两种基本生命类型的对立）来对认识现象进行阐释。之所以有这种区分，是因为在不同分析层面上权力意志或力的单元是不同的。三种对立关系指示着三种不断深入的分析层面。三种对立关系大体各自对应着对上述三方面的阐释内容，但原则上，一种认识现象都可以被层层深入地分析下去，只是在具体阐释时他强调了其中一种对立关系的构成作用。

尼采对"认识"的阐释首先落实在对"意识"的阐释上。关于意识，尼采持一种现象论的立场：

"近代哲学批判：错误的出发点。仿佛存在'意识事实'似的——并且仿佛在自我观察时不存在现象论似的。'意识'——被感知的表象、被感知的意志、被感知的感觉（这是我们唯一知道的东西）是多么表面的东西！我们的内心世界也是'现象'！

"我确认内心世界也具有现象性：我们意识到的一切，已经完全被整理、简化、图示化、解释过了，——内部'感知'的真实过程，思想、感觉、欲望之间以及主体与客体之间因果联系，对我们来说是绝对隐蔽的——也许是一种纯粹错觉。这个'假象的内心世界'与'外部'世界有着完全相同的形式与程序。我们绝对没有触及'事实'：快乐与不快乐乃是后来的、派生的知性现象——

"总之，被意识到的一切都是后果、结果——而绝不是原因；意识中前后相继的一切都是原子式的。可我们试图用相反的观点理解世界——仿佛除了思维、感觉、意愿，就没有什么东西发生着作用，没有什么东西是实在的了！——"①

---

① ［德］尼采：《偶像的黄昏》，周国平译，光明日报出版社1996年版，第107—109页。

尼采认为，近代认识论以"意识事实"作为出发点，但意识本身只是症候，作为症候，它只是其他力量和过程的结果，并且，这些力量和过程并未直接显现于意识之中。尼采的出发点不是意识和意识事实，而是躯体。躯体构成意识的基础。尼采说道：

"作为'统一'进入意识的一切业已极为复杂，我们始终只有一种'统一'的外观。躯体的显现是更丰富、更清晰，更易把握的现象：在方法论上在先，无须探问其终极意义。"①

尼采所说的"躯体"并非现代生理学意义上的作为"肉体"的躯体，而是作为本能与欲望的身体。对于本能和欲望也不应单纯从经验心理学的角度来理解，而应同时在形而上学的层面将之视为"人"这一存在者之强力意志的表征。躯体不是单一的本能或欲望，而是相互斗争的本能与欲望构成的关系体。相互钳制的斗争使得没有哪种本能可以持久地主宰躯体，故而形成躯体或本能世界的"寡头政治"。尼采说道：

"假设唯一主体也许并非必然；也许同样可以假设多个主体，其共同作用和冲突构成我们思维的基础，一般来说构成我们意识的基础？可以假设一种'细胞'的贵族政体，其中有着统治关系？可以假设某种 pares（相等物），它们彼此习于支配，善于命令？

"我的假设：主体是多元体。"②

由此，正是在躯体和生理层面，尼采获得一种新的"主体"观念，他说："躯体和生理的出发点：为什么？——我们获得了关于我们的主体统一性的方式的正确观念，即它是作为处于一个团体之顶端的主宰（不是作为'灵魂'或'生命力'），同时也获得了关于这个主宰依赖其子民的正确观念，关于等级秩序和分工之前提同时使得个别和整体成为可能的正确观念。正如同活生生的统一不断产生和消灭，'主体'并不永恒；正如同在服从和命令中也表现出冲突，生命之权力界限的确定是流动的……"③

---

① ［德］尼采：《偶像的黄昏》，周国平译，光明日报出版社1996年版，第115页。
② ［德］尼采：《偶像的黄昏》，周国平译，光明日报出版社1996年版，第115—116页。
③ ［德］尼采：《偶像的黄昏》，周国平译，光明日报出版社1996年版，第116页。

这样的新的主体观念构成意识现象的解释根据。基于这样的观念，尼采认为，意识只是结果、征象和工具。作为结果，它是本能欲望相互斗争的产物；作为征象，它以隐蔽的方式表现着这种斗争关系以及处于斗争关系中的本能力量的性质与强弱关系；作为工具，它是这种或那种力量运用于斗争之中借以增生自身的手段。意识乃是"症候"。与之相应，尼采认为，根本不存在所谓直接给予的意识材料，不存在自明的意识，不存在绝对的意识领域，作为近代认识论之基础的相反假定或信仰只是一种心理学与哲学幻象而已。他认为，过高估计意识，用它来构成同一性、本质，把意识作为可以实现的最高形式、最高类型的存在，乃是"巨大的失误"。这种失误内在包含在近代认识论的建构中。

我们再来看尼采对认识论"概念装置"的解构。尼采认为，人类在同外部世界的斗争中创制了诸认识范畴，使认识服务于生命的保存与提升，在他看来，这是作为认识的权力意志的生物学表征。由于这些范畴构成了近代认识论的"概念装置"，尼采对诸范畴的起源和功能的新解释同时是在解构这种"概念装置"，从而也是在颠覆近代认识论的基础和取消认识论问题的理论合法性。一般来说，近代认识论的出发点是认知主体的设定，主体被理解为理性、思维或心灵。但尼采说，这类认知主体不过只是虚构，并且，事情的实质与主体和客体无关，而是与人这种特定类型的动物本质关联着。这种设定之所以是一种虚构，是因为尼采认为，根本不存在这样的主体，构成思维真正基础的乃是本能欲望的相互作用。之所以会有这种虚构，一方面是因为人们假定行为一定是特定的行为者的产物，既然存在认知行为，就一定存在一个认知者；另一方面是因为，认知主体的设定能够在根本上服务于对知识之真理性的论证。实体与客体概念是主体概念的产物，它实质上不过是投射于外的主体概念，如果放弃了灵魂、主体的概念，实体概念就失去了前提。关于因果性，尼采认为，它既不是康德意义上的先天知性范畴，也不是现象的客观形式，而同样只是生命意志规整外部世界的必要认识手段。如他所说，我们除了用意图或原因，没有其他方式来解释一个事件。如何理解逻辑及诸逻辑范畴的本质呢？尼采认为，逻辑并不是真理或真理的标准，而只是更简洁和轻便的思维方式。这种思维方式设定等同的情况是存在的，而在一个不断生成流变的世界中，这种设定被尼采认为是一种"伪造"。支配这种设定的更深刻力量是"求相同的意志"，命令和统治的意志，即权力意志。逻辑产生的基础是本能和欲望，它是生命意志规整、掌控外部世界的工具，同时服务于人与人之间的相互理解和统治。形式、类、个体、法则、规律、必然性、目的等范畴都是同样性质的工具。尼采将逻辑与诸认识范畴都视为人之强力意志的表征和工具，这使得认识论的提问方式和问题都不再可能，甚至近代认识论意义上的"认识"本身都成为"一个错误的概念，一个我们没有权利提出的概念"。

最后，我们来看尼采基于生命类型的对立对理性的分析。尼采不仅从作为类的人与外部世界的对抗出发解释认识，同时还基于人与人的、基于生命状态间的差异和对立去思考认识现象。在尼采看来，认识不仅是一般意义上的"人"的认识，同时还是属于特定生命类型的人的认识，认识的意义和价值同时取决于认识者的生命类型。因而，为了更深刻地理解认识现象，还需要考虑生命类型的差异与对立。我们以尼采对苏格拉底的批判为例简要说明这一点。苏格拉底推动古希腊哲学实现了一种重大转折，他将对理性的诉求视为哲学的本质，并认为美德和幸福只能置于理性的基础上。但对于苏格拉底的基本观念，即理性＝美德＝幸福，尼采毫无敬意，并认为这是一个需要深入分析的"症候"。他追问：这一观念起源于什么样的体质？把理性提升至如此高度的生命属于什么类型？出于什么样的匮乏或混乱，生命如此依赖理性？依赖理性做什么？基于理性的美德到底是何种性质的美德？它肯定和否定什么？基于理性和美德的那种幸福又是何种性质的幸福？它对哪种类型的生命来说是一种幸福？依据尼采的分析，这一观念的提倡者苏格拉底本质上是一个颓废者，并代表着颓废的生命类型。颓废是指丧失自决定、自我支配的力量，内在的本能相互冲突并在冲突中变得虚弱，内在世界混乱并趋于分崩离析。作为颓废的生命的苏格拉底迫切需要理性来压制和克服内在的混乱，为此他赋予理性重大的价值，同时，在他身上，理性成为一种激情，甚至一种癫狂。把理性与美德、幸福等同起来，是在表达一种强烈而不可能实现的希望，也是对理性之颓废本质的伪装与升华。在苏格拉底及其代表的颓废者那里，理性不仅是无望的自我拯救的工具，同时还是攻击的武器，他们以理性对抗、压制、腐蚀、削弱上升的生命意志。对理性、真理、知识的信仰和渴求也是同样性质的"症候"，他们借此将生命的内在、虚弱和怨恨掩盖在理性的形式之下，并以这种形式为面具、麻醉剂和进攻或防卫的武器。

4.2.2 尼采对笛卡儿主义之批评

我们知道，尼采批评与拒斥"我思"的哲学建制，并将自己的思想与之相区别。近代认识论转向的根本和实质是将哲学思考的方向决定性转向"我思"。我们知道，这肇始于笛卡儿。对近代认识论及"我思"哲学建制的批评首先和主要是对笛卡儿的批评，这解释了为何在对认识现象的阐释中尼采不同寻常地频频提及笛卡儿。尼采对笛卡儿的批评集中三点，这三点都是围绕"我思故我在"这一基本命题的。对笛卡儿的批评同时也是对认识论和"我思"哲学建制的批评与拒斥。

第一点重要批评是，笛卡儿从意识出发是错误的。如上所说，尼采认为，任何意识现象都不是原本的"事实"，而是经过层层加工的结果，它们是某种简化、伪装或虚构；意识领域只是一个被更深层力量构成和支配的表层领域。因而，哲学不可以从意识出发或将地基奠定在意识的领域。

第二点批评是笛卡儿设定认知主体并盲信主体的反思能力。首先，尼采认为不存在认知主体；其次，尼采认为笛卡儿向认知主体的推理中包含一个基本错误，即他假定必然有一个"思者"来执行"思"的行为，因而，从"思"实际上无法推理出作为实体的"思者"或"我"。尼采还批评笛卡儿过于信赖反思能力。这种信赖实质上是笛卡儿方法之隐蔽的合法性基础。如果反思的有效性值得怀疑，那么笛卡儿的怀疑根本就无法推进下去，也根本无法保证不可怀疑的东西是否真的不可怀疑，从而也不可能为哲学寻找到任何稳定的基础或出发点。但尼采不仅不信任任何反思或直观能力，甚至认为，笛卡儿式的怀疑是一种更精致欺骗的手段："'我不想受骗'也许是一种更深层、更灵敏、更彻底的意志的手段，这种意志所希望的恰恰是反面，即欺骗自己。"

第三点批评是，笛卡儿重视思的活动但忽视了思的内容。对于笛卡儿而言，关乎意识与认识的基本实事是"我思什么"，其中，思的内容是可怀疑的，但思的活动却是直接明见、确定无疑的，因而，这个实事的核心在于"思"。正是经由"思"的无可怀疑，"我"之所"是"才被规定为"能思"，"我"才成为认识的主体。我们看到，在笛卡儿那里，思的内容被轻易跳过了，考虑到他的理论宗旨，即要构建知识大厦的绝对稳定的地基，这种跳过是必然的。但在尼采看来，被跳过的"思之内容"恰恰是最关键的。尼采认为，关乎意识的基本实事不能表述为"我思什么"，而应表述为"什么获得了特定的意识形式或被思的形式"。对于尼采来说，事物获得意识的形式并非任何本真的显现方式，而是一种结果、征兆、手段，即真正意义被掩蔽的"症候"。通过并唯有通过对"症候"的解释，才能发掘出构成并支配它的那些力量和力量关系，即发现真实之物。因此，必须紧紧抓住思的内容，并从这些内容出发进行阐释，并且，这样的阐释不仅发现了真实之物，同时还进一步展示出笛卡儿对"思"和"我"之理解上的错误。

上述批评显示，尼采与笛卡儿在"我思"问题上的差异是根本性的。它也显示出，作为解释学，尼采对认识的阐释根本不同于认识论。下面，我们从另一个方面再次确证这一点。我们的分析指向两者所确立的理论问题的差异。在认识现象的阐释中，尼采所确立问题根本不同于认识论。认识论问题包括：如何证明知识的可能性？如何在这一基础上阐明知识的性质与范围？何为知识的起源？更具体地说，感觉和理性在知识的获得中各自具有什么作用等。这些问题是笛卡儿、洛克、莱布尼茨、康德等人思考的重大问题，其中大多也是现代英美分析哲学、语言哲学所思考的基本问题，只是它们在以不同的方式处理这些问题。具体到对认识现象的阐释，尼采的问题则是：认识是谁的认识，是强者或生命强盛者的认识还是弱者或生命颓废者的认识？哪些力支配着特定的认识行为与其结果？这些力处于何种关系结构中？它们各自的性质是什么？这样的追问不是要获得纯粹的意识形式，不是要把握认识或认识对象的概念本质，也不是要探究认识有效性的经验与先天条件，而是要探究支配特定思想、观念、意识的力与意志及其性质，探究它们在起源处的差异、对立与等级，探究力与意志的历时性的流变。显而易见，就其性质而言，这些问题是解释学而非认识论性质的问题。这些问题不是围绕"真"而是围绕"意义"展开的。它们无关乎知识的条件、性质、范围与起源，而是关乎认识现象被掩蔽的深层意义。思想、观念、意识不是认识判断的对象，而是解释的对象；重要的不是确定它们的真值与真值条件，而是把握它们的意义与效能。这样，我们从另一个方面确证了：尼采对认识现象的阐释根本区别于认识论。同时，我们也进一步确证了这种阐释的解释学性质。

第五章　一个解释样例：《论道德的谱系》中尼采对道德的解释

尼采的解释学体现在他的解释实践中，这种解释实践遍布于尼采的著作中。我们一再谈到，道德、艺术、宗教、哲学等这些文化形式或集体意识形式构成尼采最重要的解释对象，相关的现象领域构成尼采解释学"焦点"性的对象领域，在对这些对象的解释中，尼采解释学的那些特征表达得最为充分，尼采解释学的思想成就也主要体现在对这些现象的解释中。我们不准备逐一阐述尼采对这些文化形式的解释，而仅仅以尼采对道德的阐释为例来展示我们上文刻画的尼采解释学的那些特征。道德现象和艺术现象是尼采用力最深的两个对象领域，在拙著《尼采论艺术》中，我已经较为详尽地分析了尼采对艺术的阐释，所以，在这里就以尼采的道德阐释为例。尼采对道德之阐释遍布他各个时期的著作中，但在《论道德的谱系》中所做的阐释最为深刻、系统，所以我仅通过对此书的解读展现尼采对道德现象的阐释，进而展现尼采解释学的那些关键特征。需要说明的是，我们主要解读此书的第一、第二章，没有涉及第三章的内容，因为对于前两章内容的解读已经可以较为充分地展示尼采之解释的那些关键特征了。

5.1　对道德之起源的追问

尼采哲学的革命性和巨大影响力很大程度上来源于他对道德，尤其是基督教道德深具破坏性的分析和评判，这一分析也在尼采哲学占据极为重要的地位。道德始终是尼采思考的一个根本主题，就像他自己所说的,"对我来说,似乎根本不存在着比道德问题更为值得认真对待的事物"①。对道德的解释构成尼采式解释的一个典范,通过分析尼采的道德解释,我们可以对尼采的解释实践以及在这一实践中蕴含的解释学思想有一个更直观的把握。

尼采对道德的解释广泛分布在其不同时期的著作中,几乎没有哪本著作不涉及对道德的分析与评价,但其中一本著作,即《论道德的谱系》,具有特别的价值,首先因为这部著作对道德的分析更为专门、系统、深入,此外,相比于其他论著中格言体的表达方式,尼采在这一著作中使用的散文体的表达方式使一种真正意义上的解释得以可能,而其他格言体著作中以格言为形式的表达还算不上是解释。正如他所说的,"一段十分深刻和真诚的格言是不能借以解读而'解密'的,它只是解释的开始,而解释尚需解释的艺术"②。在这种意义上,这部著作不仅是其他相关著作中关于道德之论述的深化、综合、系统化,更是对它们的解释,即那些格言的丰富、深刻的意义通过这一著作可以被理解和把握。当然,这里的"解释"不同于对道德的那种解释,它是一般意义上对词语之语义的解释,而不是对言说者之意图的解释。

上述两点赋予《论道德的谱系》一个独特而不可取代的价值。尼采对这部著作的自我评价也可以证明这种价值,在其自传中,他说,"就表现、目的和意想不到的技巧而言,构成这篇道德系谱的三个论文,也许是曾经写过的东西中最精彩的东西"③。我们主要通过对这部著作的解读来分析尼采的道德解释,并以之作为一个解释学样例来展示尼采解释学的那些特征。

我们首先看到,对道德之解释,在这种解释中对所确立的关乎道德的问题和提问方式,都发端于一种怀疑论的精神。《论道德的谱系》的第一句话便是:"我们没有自知之明,我们是认识者,但并不认识我们自身。"④ 这一段的最后一句是:"'每个人都是最不

---

① [德]尼采:《论道德的谱系》,谢地坤译,漓江出版社2000年版,第7页。
② [德]尼采:《论道德的谱系》,谢地坤译,漓江出版社2000年版,第8页
③ [德]尼采:《尼采文集》,刘崎等译,改革出版社1995年版,第89页
④ [德]尼采:《论道德的谱系》,谢地坤译,漓江出版社2000年版,第1页。

第五章 一个解释样例：《论道德的谱系》中尼采对道德的解释 / 111

懂自己的人'这一永恒的命题恰恰适用于我们，因此，我们对自身而言并不是'认识者'。"①

这是一种特殊类型的怀疑，他不是怀疑我们认识外在世界的可能性，甚至也不是悲观地怀疑我们认识自身内心世界的可能性，而是这样一种怀疑：怀疑我们已经形成的那些自我认知，怀疑它们是肤浅的、错谬的、自以为是的、虚假的认识，而不是真正的、深刻的认识。关于自我的道德认知构成这些自我认知的一种重要方面，因而，尼采又借以表达这样一种怀疑：怀疑我们一直以来对道德的各种理解都是肤浅的、虚假的和错谬的，怀疑我们对道德之价值的理解也是肤浅的、虚假和错谬的。正是这种怀疑引导着尼采一方面将这些自我认识本身作为解释的对象，另一方面重新确立关于道德的认识。怀疑是解释的引子。

对道德的新的思考通过这样的问题展开，即何为道德偏见的起源？在尼采那里，追问道德的起源实际上是在追问：人在什么条件下为自身构建了道德判断。这种对"条件"的追寻首先拒绝向基督教神学那样在"世界的背后"寻找善恶的原因，也拒绝像形而上学那样，离开经验材料，主要依靠思辨虚构、想象道德的起源和本质，而是通过深入那一"广阔的、遥远的和隐秘的道德王国"，通过转向"真实的道德史"来实现。对这种探讨而言，重要的是那些"原始文献"，即"人类道德史的全部丰富的、难以辨认的象形文字的文献"②，而那些同样旨在探讨道德之起源的英国心理学家（如尼采提到的保罗·李）由于未曾意识到和利用这些材料，不可能真正触及问题的实质。

在尼采看来，对道德之起源的探讨是解决另一个更为根本的问题，即道德之价值的一个手段或前提。道德价值问题是指，价值设定和价值判断本身具有什么价值？更具体地说，是指"迄今为止，它们是阻碍还是促进了人的发展？它们是不是生活困惑、贫困、退化的标志？或者与之相反，它们自身就显现恶生活的充实、力量和

---

① ［德］尼采：《论道德的谱系》，谢地坤译，漓江出版社2000年版，第1页。
② ［德］尼采：《论道德的谱系》，谢地坤译，漓江出版社2000年版，第7页。

意志，或者显现了生活的勇气、信心和未来"①？

但是，我们看到，只是在话语的层面，它们才显现为两个独立的问题，实际上，在对第一个问题，即道德起源问题的探讨中已经同时触及了第二个问题，尼采在回答第一个问题的同时也回答了第二个问题。原因不难理解，回答第一个问题时呈现的那些事实同时也正是回答第二个问题所需的那些事实，我们凭靠这些事实解答第一个问题的同时也解答了第二个问题。道德的价值问题固然是基于特定的价值立场形成的问题，但道德具有何种价值仍是由关乎道德的那些基本事实决定的，在阐明那些基本事实时，道德的价值自然就被判定了。此外，在尼采那里，事实与价值的区分只在一定限度和层面上才是成立的，超越那些层面，价值设定常常在先地引导对事实之构建和利用。这使得关乎道德的两个基本问题更加难以实际区分开来，它们总是以多种方式彼此交错叠合。

基于解释学的视角，对道德的解释之所以以对道德之起源的探讨为出发点和基本主题，还因为对起源的追寻有助于发现道德的更原本和真实的意义，而这一意义在道德发展的历史中被一再掩蔽、修改了。这里又涉及尼采对事物之历史的不同寻常的看法。尼采说道："一切长期存在的事物在其存在过程中都不断理性化了，以至于其非理性起源益发渺茫了。几乎所有关于起源的如实描述不都给我们一种荒谬和冒犯之感吗？实际上，悖反不正是好历史学家之能事吗？"② 显然，尼采不承认事物的发展必然是一个合理的并能为理性所把握的过程，无论它是何种意义上的理性。对这一历史的理性化（无论以历史学家的方式还是以哲学家的方式）都是在原本事实和原本意义上不断增加新的伪装，而尼采要做的则是相反的事情，即通过回到事物的起源把握这个原本和真实的意义，并从起源处重构这一意义被掩蔽、改造的历程，只有这一历程才构成事物的真正历史。

回到起源构成尼采解释实践的一个具有根本重要性的关键步

---

① ［德］尼采：《论道德的谱系》，谢地坤译，漓江出版社2000年版，第3页。
② ［德］尼采：《曙光》，田立年译，华东师范大学出版社2002年版，第43页。

第五章 一个解释样例：《论道德的谱系》中尼采对道德的解释 / 113

骤，不仅在对道德的解释中如此，对其他事物，诸如宗教、艺术、哲学的解释亦如此。当这些事物作为集体的意识形态时，起源通常在社会学和人类学的层面上被设定，当这些事物作为个体的精神形式时，起源通常在个体或社会心理学的层面上被设定，当涉及更抽象和更一般的精神形式，诸如基本的认识范畴和认知模式，起源通常在生物学的层面被设定。并且，所有这些层面不是相互隔绝，而是相互贯通的，解释总可以通过嵌入一个新的层面把握一种新的、更深或更普遍的意义。对起源的分析停留于哪一层面始终是权宜性的，或只是为了避免某种不必要的、过度的解释，但严格说来，一切已被设定的起源都仍有再次向后或向下推进的可能。

但是，这一点需要被再次强调：无论对起源的追溯和借此展开的解释在什么层面上进行，解释的核心和实质都是心理学式的，问题的焦点仍是本能、欲望、基本情感，即权力意志最直接的心理表征和存在形式及其变化，一切其他的层面之所以被设定，一切其他非心理性的因素被注意，归根结底是因为它们构成这些心理因素产生和变化的原因或条件（它们解释学上的意义在于能够更好地说明意志及其斗争），或者展示了意志的不同形态及意志间斗争的层面与范围。这是至关重要的，即只有本能、欲望，即权力意志的这些表征才具有解释的权利和能力，一切待解释的现象归根结底被视为权力意志的表征，视为"人化"现象，视为本能、欲望之征象和产物，而不是某种社会学实体、自然物质、生物学力量或规律的征象或结果，现象的本质或意义最终是用心理学的语言和权力意志的哲学话语来表达的，而不是用社会学、人类学或生物学的语言来表达的；事物的真正历史也是根据支配性的权力意志及其心理表征的变化加以确定的，而不是通过社会学、人类学或生物学意义上变化，后者的变化只在它参与塑造了权力意志的新形态和斗争场域，参与塑造了本能、欲望的形态和变化时才被注意到，才具有解释学上的意义与价值。在尼采那里，解释归根结底是心理学解释或以心理学解释为中心的解释。在《论道德的谱系》中我们会一再看到这一点。

回到起源不仅仅是回到起源，同时还是要重建起源与当下的关联,通过阐明这种关联,事物的历史得到显明。这种关联在事物的持存与表面变化中有其征象,但这种征象在尼采看来只是假象和伪装的堆积,真正的关联非但没有通过这些征象得到表现,反而被其掩蔽。在事物持存与变化的表面历史之下还隐藏着一种真实的历史。

回到起源作为一个重大的解释步骤,使得"历史"具有了重大的解释学意义。对事物的更完整说明不仅在于阐明原本意义,还在于阐明这一意义被掩蔽、修正甚至颠覆的整个过程。不仅是事物,而且是事物的表面的历史,即它在时间中的持存和变化也成为一个被解释项,穿越这一层面揭示真实的历史成为一个重要的解释学任务。解释不仅要把握起源处显现的原本意义,还要把握事物在持存的表面下隐藏的真实历史。

这一点使尼采哲学深刻区别于一般形而上学。由于这种非同寻常的历史意识,由于其哲学对这些历史意识的承认和尊重,事物的历史在尼采对事物的解释中占据了一个具有根本重要性的地位,这样被把握到的事物之本质更为深刻、丰富、鲜活、完整,而一般形而上学由于缺乏这种历史意识"而把到手的一切都变成木乃伊",它通过切割或舍弃历史所把握的"本质"与"意义",在尼采看来是如此肤浅、片面、贫乏、错谬和了无生气。

关于事物历史的这种见识使一般意义上的"历史"概念无法有效表达尼采的思想了,为了区别于后者,尤其为了区别与哲学家和历史学家那里被理性化了"历史"观念,尼采使用了"谱系学"概念来表达它独特的历史意识,将这部阐述道德之起源的著作名之为《论道德的谱系》。

5.2 善与恶、好与坏观念的起源与实质

我们转向《论道德的谱系》的第一章,即对好与坏、善与恶这些基本道德观念之起源的分析。尼采的这一分析是从批判对道德起源的功利主义解释开始的。在尼采看来,功利主义者关于善的解

第五章 一个解释样例：《论道德的谱系》中尼采对道德的解释 / 115

释是："人们最初是从无私行为的服务对象方面，也就是从其功利方面去赞扬这种行为，并称之为'善'；后来人们忘记了这种赞扬的起源，由于无私行为在习惯上总被赞扬为善，因此它干脆就被当作善，就好像这种行为本身就是善的一样。"① 在这一解释中，善或对善的判断源自服务对象，或那些从别人的行为中获得好处的人，是他们最初把自己从中受益的他人的行为称为善行，久而久之，无私被等同于善。在尼采看来，功利主义者是无法借此把握善的真正起源，这种解释既不符合历史的真实，也不符合心理的真实。我们不拟详述尼采对功利主义的批判，对我们而言，这不是一个谁对谁错的问题，而是由于基本理论预设的不同而产生的解释差异问题。我们只需明白，在更深刻的意义，尼采与功利主义者的区别在于，两种解释所预设的原初的人类关系形式，或善恶好坏观念在其中生成的那一情境是根本不同的。

尼采如何理解善恶观念最初植根其中的基本情境呢？这种情境既不是霍布斯意义上的自然状态，也不是卢梭意义上的自然状态，也不是一个已经有众多法律规范的文明社会，而是一个由统治阶层与被统治阶层构成的等级社会，但不是马克思意义上的阶级社会，而更像一个外来蛮族在以战争手段征服另一个民族后建构的国家形式，尼采当然没有详述这一社会或国家形态，但从他举的例子，我们大致可以如此构想这样的社会。

在这样的社会中，军事上的胜利者成为统治阶级，失败者成为被统治阶级，统治阶级在军事上的优势造就了政治—社会阶层意义上的优势，进而还形成话语和精神上的优势，相应地，失败者同时失去政治、社会、话语、精神或心理多重意义上的优势。联系欧洲的历史，这种设想并非没有根据，但毫无疑问，这样的图景是极为简单粗糙的，并且一种尼采式的浪漫主义深深渗透在他对统治阶级的描述中。不过，对我们阐发尼采的解释学来说，这是无足轻重的，我们关注的是解释的预设，而不是预设的历史的真实性。在尼采那里，统治者、主人与被统治者或奴隶的区别本质上是两种生命

---

① ［德］尼采：《论道德的谱系》，谢地坤译，漓江出版社2000年版，第10页。

类型的区别，而不是社会政治意义上的阶层差异，因而，具有实质重要性的其实是心理学上的真实，而不是政治或社会史意义上的真实，它无须成为关注的重点。

统治者—被统治者，或主人—奴隶的对立关系结构构成善恶好坏观念发生的原初情境，我们看到，在这样的情境中出现了我们可以粗略称为"话语权"的东西。并不是谁，或不是任何阶层都有说话的权力和权利，给事物命名、设定价值、发明和使用善恶好坏这些词语、规定何为善和好、规定何为恶与坏，这是只有统治者和主人才有权力和权利去做的事情，而被统治者和奴隶是没有这种"话语权"的，或者这种权力大大受限。这是由等级结构本身所决定的，在这种关系结构中，谁的道德、善恶、好坏观念得以可能首先依赖这个"谁"多大程度上获得了命名和设定价值的权力与权利。基于尼采的观点，功利主义者的失误首先在于对这种命名和言说的权利问题毫无意识，他们似乎以为设定善恶是谁都可以做的事情，以为人们从某种行为中受益就自然地把行为设定为善的。

在这里，我们看到尼采对道德之解释的一个重要特点：即便尼采的解释仍是一种"人化"的解释，但尼采并不是诉诸一般意义上的人，而是诉诸人的差异、斗争和等级。道德固然作为人的道德，并因此需要在人和人的生活中寻求一个解释或说明，但人的生活本身就是在一种对立和等级关系结构中发生和展开的，因而，人不仅仅是一般意义上的人，更是主人或奴隶、统治者或被统治者，道德不再是一般意义上的人的道德，而是主人的道德或奴隶的道德、统治者的道德或被统治者的道德。在对道德的解释中，更具实质性的问题是：这是谁的道德？这是谁设定的善与恶、好与坏？"这是谁的——？"这一问题形式不仅贯穿在对道德的解释中，同时也贯穿在对哲学、宗教、艺术等的解释中，这是尼采借以展开其解释活动的基本的追问形式。

显而易见，最初，只有主人和统治者有命名和设定价值的权力和权利，因此，应当在他们那里去寻找善恶好坏观念的起源。在这里，尼采又显现出他与功利主义者和达尔文主义者的不同。后两者认为，善恶好坏的观念与判断一定本质性地关联着利益或福祉，但

第五章 一个解释样例：《论道德的谱系》中尼采对道德的解释

尼采说："功利的观点恰恰在积极产生最高等级秩序的价值判断和突出等级的价值判断方面是极其陌生和不合时宜的。"① 对于主人、统治者等在社会阶级和精神上都处于优越地位的人来说，起支配作用的不是获得利益或功利的考虑，而是"等级差别的激情"，即一种努力彰显自己的优越性的激情，显示自己比那些奴隶和被统治者更高贵、更强健、更美的激情，区别于他们和高于他们的激情，不断创造区隔和强化区隔的激情。价值设定是统治者之权力意志的表达，由于统治者正处于强势地位，尚未在被统治者那里受到有力挑战，这种表达是一种更直接和充分的表达，其中的伪装和掩饰尚少。

善与恶、好与坏的观念和判断就是这种激情的产物和征象。在主人和统治者那里，善和好的就是我和我所具有的，恶和坏的就是不同于我和低于我的"你们"或"他们"所具有的，善与好、恶与坏就是一个标签和宣示。但不同于我们下面要谈的奴隶道德，在主人和统治者那里，善和好首先和根本上是他们彰显自身优势地位的方式，其次才是他们贬低、嘲弄和区别于低下阶层的方式。内在鼓动他们进行这种宣示的是一种强健昂扬的情绪，一种高度的自信，是权力意志的蓬勃生发。善恶的观念和判断是一种因充实而来的流溢，而不是源于某种匮乏和需求，因而它同功利和计算无关，功利主义者与达尔文主义者的思想方式和概念无法把握这种起源。

尼采从词源学上找到了上述论断的佐证。他说：

"用各种不同语言表达的'好'这个名称在词源学方面究竟有什么意义呢？这个问题道德提出为我指明了正确的道路；我在这里发现，这些名称统统都回归到同一个概念的转化上，——社会等级意义上的'高尚''高贵'等词汇到处都成为基本概念，由此就必然演化出'精神高尚''高贵'意义上的'好'，即'精神贵族''精神特权'意义上的'好'。一种演化总是与另一种演化并行发展的，那就是'平凡''俗气''低级'等词汇最终演变成'坏'

---

① ［德］尼采：《论道德的谱系》，谢地坤译，漓江出版社2000年版，第11页。

的概念。"①

尼采举出多个例子证明这一点。对尼采而言，这一点"似乎是对道德谱系的一个本质的洞见"②（只是由于当代的民主偏见，这一洞见才那么晚被发现）。这一洞见实质上就是，善与好最初就是高等阶级为自身张贴的精神标签，是其政治—社会优势的精神表征和这一优势在精神领域中的延伸。这一洞见类似马克思的相关论断：支配物质生产的阶级同时支配精神生产，在物质资料的生产中占据优势的阶级同时也在精神生产中拥有主导性的权力和权利。只是，在尼采那里，社会—政治意义上的统治阶级不是通过占有生产资料而是通过武力征服成为统治者。

在尼采看来，通过征服成为统治者的那群人代表了更强健的、上升中的生命类型。在他们那里，生命的压抑和阻碍更少，生命更蓬勃和旺盛，生命力量的表达更为直接和充分，生命达到的内在统一性更强。主人和统治者同时代表了一种价值理想或价值典范，其政治优势向精神领域中的延伸和作为结果的道德乃是这种更高等生命类型的表征，同时也是这种生命类型的上升和存在形式。因而，在主人和统治者的道德，或他们的善恶好坏观念和判断中，凝结着生命的更高可能性。这是尼采的一个基本论断，与此相关的另一个论断则关乎奴隶和被统治者的道德观念与判断。

我们看到，主人道德的可能性建立在统治者与被统治者之间的对立—等级关系结构之上，一旦这种关系结构发生变化，主人道德的地位也随之发生变化，不仅如此，当统治者逐渐在斗争中失去优势，善与恶、好与坏将以完全不同的方式设定，并被赋予完全不同的内容。

主人、统治者及其道德的逐渐失势，首先是因为在统治阶级内部，武士—贵族阶层在与僧侣—贵族阶层的斗争中逐渐失败。尼采一再强调这两个阶层的区分，一般来说，武士—贵族阶层代表着上升生命的类型，而僧侣—贵族阶层则代表衰弱的生命类型，前者通

---

① ［德］尼采：《论道德的谱系》，谢地坤译，漓江出版社2000年版，第12—13页。
② ［德］尼采：《论道德的谱系》，谢地坤译，漓江出版社2000年版，第12页。

第五章 一个解释样例:《论道德的谱系》中尼采对道德的解释 / 119

过武力取胜,后者则用种种精神伪装、狡计、魅惑、恐吓赢得畏惧、尊崇、胜利。在每个古代社会都存在这两个阶层的区分,并且,可以依据着哪个阶层占据统治地位来规定一个社会、民族的精神实质,比如,在尼采看来,犹太民族就是一个典型的僧侣化民族,而毁灭罗马帝国的蛮族则是典型的武士民族。尼采的划分当然是极为简单和粗糙的,其历史的真实性上也是可商榷的,但如果考虑到尼采思考的重点乃是道德作为何种生命类型的征象,这种简单粗糙就无足轻重了。阶层的划分主要仍是尼采在心理学上看到的生命类型之区分在社会—历史镜面上的投射。

无论武士还是僧侣阶层实质上都是在精神或生命类型的意义上,而不是在社会阶层的意义上被理解的。对于僧侣的心理学,尼采在诸多著作中都做了分析,总的来说,他认为僧侣的基本和主导性心理是怨恨,这种怨恨根源于身体的衰弱和因衰落而来的无能(当然在比如《论道德的谱系》的第三章,他也谈到僧侣的权力意志、僧侣精神中的某种强)。正是这一怨恨支配着僧侣阶层、僧侣民族与武士阶层、武士民族的斗争。在这种斗争中,武士贵族的"价值方程式"(善 = 高贵 = 权势 = 美丽 = 幸福 = 神圣)被深刻颠覆,现在,"唯有苦难者才是善人;唯有穷人、无能的人、下等人才是善人;唯有受苦受难的人、贫困的人、病人、丑陋的人,才是唯一虔诚的人,唯有笃信上帝的人,唯有他们才配享天堂的至乐。——相反,你们这些高贵者和当权者,永远是恶人、残酷的人、淫荡的人、贪婪的人、不信上帝的人,你们将永远遭受不幸,受到诅咒,并将罚入地狱"[①]!

在尼采看来,僧侣阶层确立这种新的价值判断乃是一次道德上的奴隶起义。我们首先需要明确,这种起义并不是奴隶和被统治者发起和推动的。奴隶和被统治者最初并没有获得道德上的话语权,即便在武士阶层趋向没落之时,也是如此。斗争首先在武士和僧侣阶层间展开,而在这种斗争中,僧侣利用奴隶或通过团结奴隶阶层加强自身,它声称站在奴隶和被统治者的立场上,因而奴隶和被统

---

① [德]尼采:《论道德的谱系》,谢地坤译,漓江出版社2000年版,第17—18页。

治者的存在和意志最初是通过僧侣来表达的。

僧侣及其代表的奴隶和被统治者并没有废弃善与恶、好与坏的观念，但根本地改造了这些观念，赋予了这些观念以完全相反的内容，而他们赋予的这些新的内容只是自身之所是。过去，主人将自身的存在宣示为善和好的，低下的等级则是恶和坏的，现在，僧侣和奴隶在逐渐获得优势时，同样将自身的存在宣示为善和好，将对立等级或阶层的存在宣示为恶和坏。但实质上，两者之间存在深刻的区别。如同尼采所说："一切高尚的道德来自一种凯旋般的自我肯定；而奴隶道德从一开始就对'外在''他人''非我'加以否定：这种否定就是奴隶的创造性行为。这种颠倒的价值目标的设定——其方向必然是向外，而不是反过来指向了自己——正好属于这种怨恨。奴隶道德的形成首先需要一个对立的外部环境，从生理学上讲，它需要外部的刺激才能粉墨登场，它的行为从根本上来说是一种反应。高尚的价值观方式正好是与此相反的情况：它的出台和成长都是自发的，它寻求其对立面，仅仅是为了自我欣赏，欢乐愉快地肯定自己。"[①] 显然，在尼采看来，主人和统治者创制善恶好坏的观念并赋予其内容，本质是生命提升、彰显自身的方式，但当奴隶和被统治者篡夺这种命名和判断的权力，使道德成为自身意志的表达时，道德的本质发生了根本的转变，现在，道德观念及道德判断成为衰弱的、下降的生命意志的征象，成为它的面具、麻醉剂、工具和武器。

在这场价值颠覆或"道德的奴隶起义"中包含着种种诡计、伪装、自我掩蔽。支配奴隶和被统治者的是一种深刻的因软弱而来的无能：无能于进攻、无能于施暴、无能于以光明正大的方式去复仇，如此等等。在尼采看来，他们的真正逻辑是"我们弱者确实软弱；只要我们不做任何我们尚未强壮得足以胜任的事情，这就是善"[②]。但是，这是一种令人难以忍受的事实，一种需要借助种种伪装加以掩盖的事实，其中一种重要的伪装方式就是给这种无能披

---

① [德]尼采：《论道德的谱系》，谢地坤译，漓江出版社2000年版，第20页。
② [德]尼采：《论道德的谱系》，谢地坤译，漓江出版社2000年版，第28页。

第五章 一个解释样例：《论道德的谱系》中尼采对道德的解释 / 121

上一种道德外衣。为要做到这一点，意志自由和道德主体的概念被发明出来，依据这种新的观念，弱者的软弱，即原本构成其本质的、"他的全部的、唯一的、不可或缺的、不可替代的真实性"，变成作为道德主体的奴隶和弱者自由选择的结果，成为一种行动、一种功绩。软弱成为一种价值、一种善、一种理想和目标，现在，"让我们不同于恶人，让我们成为善人！善人就是所有不施暴的人、不伤害他人的人、不进攻、不图报答、把报仇欲交给上帝的人，他们就像我们一样忍气吞声，避开一切邪恶，不贪图生活，像我们一样忍耐、恭顺和正直"①。

借助于种种心理诡计和道德伪装，不图报仇的无能成为善良，怯懦的卑贱成为恭顺，屈从于所仇恨对象的行为成为服从，弱者的非侵略性和消极成为忍耐；他们的悲惨处境成为上帝的一种选择和嘉奖，成为一种准备、考验、训练，成为未来将用永恒至乐来报偿的东西；对强者的斗争成为实现正义的斗争，弱者成为正义的，而强者成为不正义的。他们相信"末日的审判"，到那时正义必将得到完全的实现，这种实现表现为自己享受至乐至福，而敌人和强者接受种种煎熬折磨。在最终的审判到来之前，弱者在世间的一切忍耐成为信、望、爱，如此等等。②

我们还看到，尼采用强者与弱者、主人与奴隶间的价值之争来定义政治与历史。尼采意义上的政治是一种更深刻和宏大意义上的政治，它是两种生命类型之间的对立和战争，其中道德是主战场；历史通过两者间的斗争得到规定，历史不过就是这种战争的起源和发展，历史的阶段也依据这种战争发展的阶段而被界定，一些特定的民族、事件、人物都依据在这种战争中的立场、作用被估价，比如，犹太民族作为典型的衰败的类型，文艺复兴作为高贵价值观的复兴，宗教改革作为犹太价值的新的复活和发展，拿破仑作为高贵理想的化身，如此等等。③ 这里的历史当然也是极度简化的历史，

---

① ［德］尼采：《论道德的谱系》，谢地坤译，漓江出版社 2000 年版，第 28 页。
② ［德］尼采：《论道德的谱系》，谢地坤译，漓江出版社 2000 年版，第 28—30 页。
③ ［德］尼采：《论道德的谱系》，谢地坤译，漓江出版社 2000 年版，第 33—34 页。

其真实性也值得推敲，但在尼采眼中，唯有这种历史才是本质意义上的历史。这是哲学家而非历史学家眼中的历史，尼采借此表达一种关于历史的哲学观念，我们无须在细节的真实性上苛责他。

在《论道德的谱系》第一章的结尾，尼采谈到了他的一个愿望与设想，它关乎道德史的研究。尼采认为，真正意义上的道德史研究依赖各个领域中的学者通力合作，包括语言学家（尤其是词源学家）、生理学家和医学家、哲学家、历史学家和人种学家等，其中哲学家担任代言人和协调者。"历史性和人种学研究所认识到的所有善的规定、所有'你应当'的诫命，首先需要生理学的说明和诠释，然后无论如何需要心理学的解析，它们同样还需要接受医学方面的批判。"①

这种设想同尼采针对道德所设定的提问方式和问题密切相关，诸学科的分工合作是围绕这种提问方式和问题进行的，诸学科的地位和作用也依据这些问题来确定。我们已经谈到了尼采设定的基本问题，即这是谁的道德？这种道德具有何种价值？尼采的设想不仅仅是一个愿望，同时已经通过他对道德的分析得到了至少部分地实现。在对善恶好坏之起源的分析中，尼采同时从多个学科视域中审视道德现象，借助多种视角来构建关乎道德的完整事实，这一完整性在任何单一视角上都不可能呈现。

我们看到，这里的生理学、医学、心理学、社会学、人类学等不是作为自然或社会科学之分支意义上的生理学、医学、社会学等，尼采赋予它们特殊的意义。生理学是关于身体的科学研究，但在尼采那里，身体被作为欲望的基础或肉身方面来看待，因而，生理学实际上特指对欲望的身体基础或肉身方面的研究；医学也不是对一般意义上的疾病的研究，而是对尼采意义上的健康和疾病的研究；心理学也不是对单纯的意识现象的分解式分析，而是欲望的症候学，进而是身体的症候学，是健康和疾病的心理症候学。社会学、历史学、人类学也不是作为社会科学之分支意义上的社会学、历史学、人类学，而是以生命意志在社会、人类、历史等层面上具

---

① [德] 尼采：《论道德的谱系》，谢地坤译，漓江出版社2000年版，第35—36页。

第五章 一个解释样例:《论道德的谱系》中尼采对道德的解释 / 123

有的形态为解释对象的解释学。这样,在尼采那里,这几种学科实质上是内在相关的,它们的对象实质上是同一现象整体的不同方面或层面,而不是相互独立的不同现象或对象。在尼采那里,这个对象实质上就是生命或生命意志。生命是一种有深度的现象,它显示的外观常常并非真实与本质之物;它具有种种形态并在不同的层次上展现,并且生命的不同部分或层面间的关系也常常隐而不显。这样就需要打通不同的学科以把握生命现象的整体和实质,其中生理学—心理学—医学的联合至关重要,但同时还需历史性、人种学的视角,以便呈现生命现象的整体性在时间中的构成和变化;需要语言学的视角,以便通过它在语言符号中的凝结来把握业已逝去的生命现象;需要社会学的视角,以便把握生命意志在社会层面的表征和以社会为形态的生命意志;如此等等。

无论尼采如何倡导和实践多学科的联合,心理学都在尼采的解释中扮演一个最重要的角色。包括道德在内的任何分析对象作为生命的征象和存在形式,都必然是一种有根基的现象,在物质的形式下掩盖着心理或精神的征象,在心理或精神的表征之下又掩盖着身体的健康或衰弱,当下的健康或衰弱作为结果又蕴含着身体的历史,而历史又可以在不同层面或尺度上加以界定,如此等等。但是,这一现象整体的心理或精神部分是尼采关注的焦点,尼采的阐释主要集中在这一方面,他也主要是通过这一方面或层面去推定这一整体的更上和更下的层面。

然而,无论尼采对生命现象整体的其他方面或层面的分析如何粗陋,他所依赖的知识如何可疑,我们都要看到,尼采仍然借此提示了那个更大、更复杂的现象整体的存在,并要求对解释对象的完备解释必然最终要深入这个整体的所有层面或方面,并重建这些层面或方面间被掩蔽或扭曲的种种关联。这一根本的洞见所具有的启迪价值怎么高估都不为过。这是真正具有哲学意义的。每一种哲学的独特性和深度都最终体现在它如何规定现象的整体性或结构,解释对象的设定和解释都本质地依赖于这种设定,而解释又将最终显明这种整体性。这是一种深刻的"解释学循环"。

5.3 "罪孽""内疚"及其他

在《论道德的谱系》第二章，尼采对罪感、内疚感、责任感等的起源进行了分析，同样，这种分析同时也是对这种道德情感的解释和评价。

在基督教社会，罪感和内疚感构成基本的、主导性的道德情感，尼采要追问这些情感的历史起源。这一追问本身意味着什么呢？首先，意味着这些情感具有一个历史，并且这不是个体精神发展意义上的历史，而是一种社会学兼人种学意义上的群体情感史。罪感和内疚感是这一历史的产物，而由于这种历史远远超越个体生命时限的漫长历程，个体难以通过对自身精神发展的反思把握这种历史和它所塑造的道德情感的实质，对这一实质的把握需要一个更加宏大的视野。不仅如此，对这些道德情感之历史起源的追寻，同时显示出对任何个体道德反思的不信任，不仅因为个体反思的最大范围也只是个体的历史，更因为个体性反思的深度、前提都业已深深受制于这一历史所塑造的种种情感和偏见了。其次，对这种历史起源的探寻意味着一种深刻的怀疑，怀疑这些道德情感的本质和意义绝不像其表面显现的样子，必须通过回溯它的历史，即它生成的过程来检验这种表面看来的本质与意义。

回到起源处并不是回到某个原点，而是回到最基本的那些事实，事物、情感的历史在本质上是这些作为条件的基本事实的产物，这些基本事实在塑造这种事物或情感的过程中同时塑造了它们的本质与意义，以及这些本质、意义的持存或变化。在第二章，尼采就提供了这样一个以罪感和内疚感为对象的分析范例，这种分析实际上是在不断揭示，哪些基本事实以何种方式造就了这些道德情感。

5.3.1 第一个基本事实：人的残酷本能

我们看到的第一个具有至关重要意义的基本事实是，人是一种具有侵犯和残酷本能的动物。这是尼采心理学、人种学关于人的一个基本判断或基本设定。这种尼采称为"本能"的残忍一定程度上类似于弗洛伊德在其后期思想中谈到的"死亡本能",相似之处在于,尼采和弗洛伊德都主张侵犯、攻击、报复等作为这一本能的主要形式,并同样认可这一本能的基础性和对人类行为之影响的广泛性。但尼采完全不能承认弗洛伊德赋予这一本能的形而上学的和生物学的解释,依据这种解释,这一本能的实质在于它是一切生命回归无机状态的隐蔽努力。在尼采看来,恰恰相反,侵犯、攻击才是生命旺盛的征象,是生命扩展、提升自身的手段,是作为生命意志对所支配之物进行塑形并借以提升自身的基本、原始的方式。尼采说,看见他人受折磨让我们快乐,而亲自折磨他人让我们更快乐。生命从侵害、折磨其他生命中获得快乐,并且,在他看来,这种快乐更强烈、更深刻、更纯粹,这种快乐是生命真正的兴奋剂。

我们如何看待尼采的这些观点呢?尼采认为,只有我们先行悬置已有的道德尺度,才可能对他的观点有一种真正的理解和公正的评价。某种意义上,这一要求是正当的。他的观点中本就包含着对我们凭借的价值尺度的解释和评价,如果他所分析和批判的对象已经深深渗透在我们的道德、认识、习惯甚至身体中,我们如何可能公正地认识和评价他的观点呢?事实上,由于尼采表达方式的问题(如过分简单、武断、情绪化),我们要在他的观点中找毛病是很简单的,但如果我们首先尽可能悬隔我们的道德观点和情感,给予他一种善意的、同情式的理解,我们又不难发现其观点的丰富意义和深刻价值。

在我们看来,尼采借以表达了人类生活以至于生命世界的一个基本事实,在宗教和道德偏见的支配下,这一事实长久地被掩蔽或涂改、修饰,因而基于这一事实的人类行为和人的精神创造物也没有得到完整和深入的理解,这一事实对人类生活和在这种生活中产生、持存、消亡的种种行为、制度、规范可能产生的影响也从未成为认识的对象。尼采思想的一种重要意义在于他看到了这一事实,并将思考这一事实对人类生活可能产生的影响作为一个重要的认识任务。这一意义大到使我们完全有权利忽视其表达方式中包含的那些微不足道的问题。

反驳者可能会立刻提出异议：我们同样在人类生活中看见那么多的善意、自我牺牲、谦恭、顺从等，这如何解释呢？基于尼采的立场，这固然也是事实，但它们并不是基本事实，而是派生性的事实，作为派生性的事实，它或者是基本事实的转变和伪装形式，它是表层的、非根本的现象。如同尼采所说的，"普遍的情况必定是：一定数量的挑衅、恶意、阿谀就足以使人们，甚至最正直的人们，重视鲜血而忽视合理性"①。坚持理性、利他的道德需要持久不懈的努力，而侵犯、进攻、恶意、消灭某种东西的冲动只需要很小的刺激就能够被极大地激发出来，这不正是一个明证吗？从解释学的视角上看，基于尼采的设定，善意、谦恭、自我牺牲是需要解释的，它们是解释的对象，而不是解释的根据，或某种根本无须解释的东西。

在尼采那里，也如在弗洛伊德那里一样，一种水力学模式的隐喻支配着他关于这种本能的想象和规定。这种本能不像一种坚固的物，而像在不同情境下变化其形态的水，它可以表现为身体性的暴力行为，也可以表现为精神性的憎恨或怨恨，或像尼采所说的，延伸到最高的精神层面；它可以指向一个外在的对象，也可以指向自身。我们尤其需要注意的是，就像水有一种向下的自然流向，而比如向上是某种阻抗的结果一样，也存在着这种本能的自然的表达方式和指向，而其他方式和指向是某种外在阻抗的结果，因而在某种意义上是"非自然"的。

这种关于"自然"和"非自然"的区分是有意义的。我们看到，尼采为之辩护的那种侵犯本能主要是自然和原本意义上的侵犯，这种意义上的侵犯更直接地显现着生命的强力和意志。这种侵犯还没有被恶意或怨恨所支配，就像我们在打猎中对动物的侵害没有被恶意或怨恨所支配一样；这种侵犯甚至是无意识的，而不是经过了意识的反复琢磨，因而，它带着一种自发、随意、粗率的形式，在这种本能和行为之间还没有夹杂入太多的盘算、计量、道德情感；这种侵犯指向外部对象，而不是自身；这种侵犯直接伴有身

---

① ［德］尼采：《论道德的谱系》，谢地坤译，漓江出版社2000年版，第52页。

体的亢奋和情绪的激昂，而不像被怨恨支配时那样充满内心的阴霾，生命的力量、主动性、自由在这种侵犯中获得最大程度的激发；这种侵犯是无辜的，超越与善恶好坏的道德评判，它是生命的自然；这种侵犯点亮生活、点亮生命。那些"非自然"的侵犯则常常不是这样，它们常常是"自然"形式的侵犯在某种阻隔或压力下的转化形式，这种转化形式同时构成对侵犯本能的约束、压制或改造，其结果常常是，侵犯行为不再直接表达生命意志，甚至构成对生命意志的意志阻碍和压制，那些阻碍生命意志的因素夹杂入生命意志和行为之间，削弱它、减缓它或迫使它转向反对自己，或者这些因素逼迫又引导着这种本能以更曲折的、更精神化、道德化的方式宣泄自身，衍生出种种新的意志形式。尼采一方面惊叹于生命意志的这种奇观和无限可能性，一方面又惋惜、痛恨生命意志在种种非自然形式中的衰落和扭曲。

我们同时看到，在这种侵害的自然形式还未被扭曲的时代，即尼采所说的，"人类最凶恶的时代"，没有人因为残暴而羞愧，苦难也没有被当作反对存在的理由，甚至对于被施暴者也是如此，他们忍受痛苦的能力比今天的柔弱的人们强大得多，对于只能忍受的苦难，他们视之为命运的一部分。只有在犹太化或基督教化了的民族那里，苦难才开始成为反对存在的理由，被迫忍受的苦难才需要被赋予道德意义，比如作为获得拯救的手段；与此相应，侵犯才成为一种恶，一种羞耻，一种反生命的东西。

5.3.2 第二个基本事实：买卖关系的原始性

我们看到的第二个基本事实是：买主—卖主、债权人—债务人关系作为最古老、最原始的人际关系。这是尼采的一种极为独特的观点。他说：

"制定价格、衡量价值、设想和交换等价物——这些活动在一定程度上最先占据了人的原始思维，在某种意义上就是原始思维。最古老的敏锐的观察力就是在这里培养起来的，人的自豪的最初萌芽、人优越于其他动物的感觉，或许也同样诞生于此。我们的称谓'人'（manas）或许表达的正是这种自我感觉：人把自己成为衡量价值、评估和确认价值的存在物，是'自己就会计算的动物'。买与卖以及其心理活动，要比任何原始的社会组织形式和社团都古老，或者更确切地说，最初萌生的交换、契约、债务、权利、责任、协调等感觉由最不发达的个人权利的形式演变为最简单、最原始的公共社团（从它与相类似的社团而言），与此同时还形成了比较、衡量和计算权力的习惯。"①

他还说道："'任何事物都有其价格；一切东西都可以买断'，——这是正义的最古老、最纯朴的道德标准，是地球上一切'善良''公道''善的意志''客观性'的开端。"②

上述思想的深刻和独特性是不言而喻的，为了更好地理解上述观点，我们对尼采提到的交易关系进行分析。首先，我们需要明了，这种交易关系和由此形成的债权人—债务人关系一开始是在力量大致均等的个人之间建立起来的。力量均等，这是一个重要的前提，在力量不均等者，如强者与弱者、主人与奴隶之间，无须交易、承诺，或者无须公正的交易和对等的承诺，因为强者可以凭其强力掠夺或剥削弱者，弱者丧失自主性和立约、交易的资格。正是在力量均等的基础上，真正意义上的契约意识、责任意识、权利意识、公正意识才可能确立起来。当然，就像我们下面将要说明的，这种意识的确立是逐渐的、缓慢的，并且是依靠严酷的惩罚逐渐建立起来的。

建立在力量均等基础上的权利、正义根本不同于由弱者和奴隶在怨恨的支配下形成的那种权利意识和公正意识，后者企图"在正义的名义下美化复仇，就好像正义基本上只是受害感情的一种延续一样，而且还用复仇使逆反情绪在以后受到完全普遍的尊重"③。后一种价值设定是在怨恨的基础上发展出来的，它同时是怨恨发泄自身的方式或手段，而这种怨恨又源生于统治—被统治、主人—奴隶的等级关系结构和奴隶在此关系结构中的地位。更原本和真正意义上的正义不仅不同于这种弱者和奴隶借以复仇的正义，它恰恰是

---

① ［德］尼采：《论道德的谱系》，谢地坤译，漓江出版社2000年版，第48页。
② ［德］尼采：《论道德的谱系》，谢地坤译，漓江出版社2000年版，第48—49页。
③ ［德］尼采：《论道德的谱系》，谢地坤译，漓江出版社2000年版，第51页。

对后者的克服："正义精神占领的最后一块土地,就是逆反情感!"①

真正的正义精神恰恰是要克服怨恨和复仇。真正的公正意识必然在个体精神或心理的层面上包含尼采所说的"高贵、清澈、深邃、温和的目光所具有的公正客观性""更自由的目光,更友善的良心"。当然,这必定是漫长发展历史的结果。当这种正义精神以法律为载体时,正如尼采所说,"从历史来看,恰恰是地球上的法律提出了针对逆反情绪的斗争,部分地动用了自己的权利而主动和积极地向它们宣战,从而遏制了逆反情绪的膨胀,强制性地达到一种平衡"②,法律,或体现在法律中的公正精神的本质不是作为"力量综合体中的斗争之手段",而是作为"反对一切斗争的手段",正是通过对复仇(无论是弱者还是强者的)的克服,法律状态成为"创造更大的力量单位的手段"③。

但是,尼采还谈到,当弱者和奴隶在与强者和主人的斗争中逐渐获得优势,前者的权利和正义观念也逐渐占据上风并取代了后者之间通行的那种权利和正义观念,权利和正义的词语被保留下来,但被填入完全不同的内容;权利、正义和作为载体的法律、道德、政治都成为弱者和奴隶发泄怨恨和复仇的手段。此外,他们还虚构了权利和正义的起源以掩盖它的真正起源。

其次,尼采看到,这种债权人—债务人关系最初只是力量均等的个人间的关系,但随着原始社团的形成,这种关系扩展到社团与个人之间,成为两者间的基本关系,又进而演变为社团祖先与社团中的个人之间的基本关系,这种关系形式的进一步发展则又形成了神与人的债权—债务关系。我们首先来看这种性质的关系如何成为社团与个人间的基本关系。这种关系得以建立是由于社团提供给个人以保护,既是保护他免遭社团外部敌人的侵害,也是保护他免遭来自社团内部的不公正侵害,这些侵害在人类早期的历史上是如此常见,以至于接受了这种保护的个体等于欠了社团一笔需要用终生

---

① [德]尼采:《论道德的谱系》,谢地坤译,漓江出版社2000年版,第52页。
② [德]尼采:《论道德的谱系》,谢地坤译,漓江出版社2000年版,第52页。
③ [德]尼采:《论道德的谱系》,谢地坤译,漓江出版社2000年版,第53页。

偿还的巨债。个体对社会承担的各种义务实质上是还债，而他的权利主要是要求社团提供保护的权利。

　　这种与社团之间的权利—义务意识的培育经历了一个漫长的阶段，并且就像一切规范在人类生活中的成长一样，"需要用鲜血来浇灌"。最初，违约、不承担义务，甚至无义务意识应该是普遍的现象，而没有强大和具有足够凝聚力的社团对这种行为的惩罚必定是严酷的，只是随着力量的增强，个体的违约对其不再构成较大威胁时，社群施加的惩罚才变得缓和。"社团的实力和自我意识越增长，刑法就变得越温和，——债权人越是富有，他在一定程度上就越是人性化。"① 尼采甚至设想了这样一种可能性，即社团强大到可以无须惩罚它的伤害者和违约者，如同强壮的人无视身上的小小寄生虫一样，而到那时，"'一切都是可以偿还的、一切必须得到偿还'的正义就取消和终结了——如同地球上的一切善事一样，它的结束是自我扬弃"②。这种自我扬弃是真正意义上的宽宥，它是有力量者的特权和"权利的彼岸"，而不是弱者之无能的道德美化。

　　从社团与个体的关系中逐渐衍生出人与其祖先的关系。尼采认为，这种关系实质上同样是债权—债务关系。在原始的种族群体中，盛行这样一种信仰，"人们相信种族只有通过祖先的牺牲和功绩才得以延续，因此人们应当用牺牲和功绩来回报祖先"③。显然，在心理上，这是一种债务关系，而不是或主要不是一种情感关系。群体的延续使得这种债务持续增长，并且，"对祖先及其权势的畏惧和拖欠祖先之债务的意识必然随着种族本身权势增加而增加，种族本身越是获胜、独立、受人尊敬和让人敬仰，这种畏惧和意识就越多。……如果人们考虑这种粗浅的逻辑，其最后结果就是：不断增长的恐惧最终必将把最强大种族的祖先幻想为巨兽怪物，并把他们推回到一种令人毛骨悚然、不可思议的神化境地；祖先就必然最

---

① ［德］尼采：《论道德的谱系》，谢地坤译，漓江出版社2000年版，第50页。
② ［德］尼采：《论道德的谱系》，谢地坤译，漓江出版社2000年版，第50—51页。
③ ［德］尼采：《论道德的谱系》，谢地坤译，漓江出版社2000年版，第64页。

第五章 一个解释样例:《论道德的谱系》中尼采对道德的解释 / 131

后变成了神"①。这是尼采关于神之起源的设想,我们看到,其中的推理依据的实际上是一种心理的逻辑,这种设想把欠债意识和恐惧视为祖先神化的动力。

在尼采看来,神化祖先的事件发生在人类的远古时期,而在人类发展的中期,即高贵的种族形成和发展的时期,与祖先和神的这种债务关系已经取消了,因为他们已经偿还了这种债务,相应地,他们的神也"贵族化和高尚化"了,即神成为他们自身形象的投射,成为他们彰显自身自信的手段,而不再是只能卑微地、满怀恐惧地匍匐在其脚下的不可思议的怪物。然而,这不是事情的结束,在武士—贵族那里,欠债意识和对祖先与人的恐惧消失了,但尼采谈到,在被统治者和奴隶那里,这种意识并没有消失。由于屈从和模仿他的主人,奴隶同样接受和使用后者的善恶好坏的观念,也同样继承了主人的祖先崇拜和神灵崇拜,并对之进行切合自身需求的选择性吸收或改造。原本蕴含于神灵崇拜中的欠债意识和恐惧在武士—贵族中消失了,但在奴隶和弱者中保留下来,并随着奴隶的获胜而不断扩大其影响的范围。在尼采看来,作为奴隶和弱者之宗教的基督教将上帝作为最高和唯一神后,奴隶的欠债意识变得最深刻,而基督教的每一次扩张都是将这种深刻的欠债意识播撒到更多的灵魂中。

坦率地说,尼采的上述看法在历史学和人种学上的真实性是值得推敲的,但是,在我们看来,这种观点却具有深刻的心理上的真实性。尼采在历史学和人种学的宏大尺度上所展示的那些事件和历程实际上是心理性的事件和历程在历史界面上的投射,或者说,这里展现的历史实质上是心理或精神史。我们甚至可以设想:尼采是先在心理学上分析某种现象得以可能的心理条件之后,才去从历史学、人类学、人种学上去寻找这些心理条件产生或存在的凭证,并将历史理解为这些条件及其构成的待解释现象产生、发展的历史。如果没有现成的历史佐证,尼采从来不惮于想象或虚构历史,以支持其先在的心理学解释。对于我们阐明尼采的解释学而言,真正重

---

① [德]尼采:《论道德的谱系》,谢地坤译,漓江出版社2000年版,第65页。

要的正是这一点，它再次印证了心理学解释在尼采解释实践中的基础性和实质性意义。

再次，尼采看到，这种债权—债务关系中包含的残酷的因素。在原始社群中，一切事物都可以成为买卖的对象或某种质押品，一切东西都有可能被用来还债，比如，身体、自由、妻子、生命，尼采看到，在比如埃及这样的宗教社会，一个人的灵魂拯救、墓地的安宁都可以被抵押。这一方面是因为债务人要借此让人相信还债的许诺，保护自己诺言的诚恳与神圣，使自己记住还债的责任；[①] 另一方面也是由于我们上面提到的人的残忍的本能，即通过折磨他人，从他人的痛苦中获得快乐的本能。当债务人因不能还债必须出让这些抵押物时，债权人从中得到的不仅是什么实际的利益，而且是通过从他人身上剥夺这些抵押物产生的快感，更具体地说，是从剥夺这些抵押物给债务人造成的痛苦中享受到的快感。这种快感是一种高出别人、作为主人的快感，债权人凌驾于债务人，从债务人那里可以剥夺的东西越多、给债务人造就的痛苦越多，债权人的主人感就越强。

这样，我们看到，这一权利和义务观念的诞生地同样充满折磨、痛苦或尼采所说的"残酷的味道"。这种观念、这种意识原本地与权力意志和残酷本能密切交织，权利的范围和深度，以及相应的义务的范围和深度都是由权力意志和残酷本能的力度所决定的，这种意志和本能的要求越高，权利延伸的范围和深度就越大，相应地，债务人的义务的范围和深度就越大，甚至大到生命、自由和灵魂都必须作为抵押或用以还债。一切都能够用来还债，一切都必须用来还债，这是尼采所说的支配债权—债务关系，从而也是支配最原始、最基本人类关系的正义原则，显然，这一原则是用痛苦和鲜血培育而成的。

作为一种基本的人类关系，债权—债务关系在文明社会中的形式更加多样化了，也扩展到了更多的人类行为领域，而不仅仅局限于商品交易的领域。与此相关的那些意识和心理习惯，蕴含其中的

[①] ［德］尼采：《论道德的谱系》，谢地坤译，漓江出版社2000年版，第42页。

权利和义务观念、正义原则同样没有消失，只是在表现形式上更加复杂和多样化了。尤为重要的是，即便受到重重限制，债权—债务关系以及相关的意识、观念、原则并没有割断与权力意志和残酷本能的关联，而只是迫使这种关联变得更隐蔽，迫使残酷本能更为精神化和道德化，或迫使它部分地改变了方向和对象。这构成罪感和内疚感产生的一个重要基础和条件。

5.3.3 第三个基本事实：人是一种需要通过惩罚才能规整其思想与行为的动物

对于罪感和内疚感的产生来说，第三个相关的基本事实是：人是一种需要通过惩罚才可以规整其思想与行为的动物。

在第二章的第一节开篇，尼采就设定了这样一个反问："驯养一只可以许下诺言的动物——这岂不正是自然在涉及人的方面给自己提出的那种两难的任务吗？岂不正是人的真正问题之所在吗？"①这之所以成为一个"两难的任务"和"人的真正问题"是因为"遗忘"的存在。尼采不是像现代普通心理学那样，把遗忘仅仅作为一种认知心理现象来理解，而是从心理动力学的角度把它理解为一种"肯定的阻碍力"，一种积极的力量，"就像一个门卫，一个心理秩序，宁静和规矩的守护神"，"没有遗忘性，就没有幸福，没有快乐，没有希望，没有自豪，没有现实存在"②。如果没有遗忘，心灵会被数不清的各种印象所包围，会瘫痪掉。正是由于遗忘实际上是一种积极力量，许诺、记住诺言、承诺对人而言才成为一种艰难的事情，甚至成为一个奇迹。这一奇迹必须借助一种"意志记忆"，即"一种主动的、不愿失去印象的意愿，一种对某一次意欲的事情不断延续的意愿"，才能成就。正是这种意志使得"在原始的'我意欲''我将要做'与意志的真正爆发、意志行为之间就不可思议地塞进了一个充满陌生事物、环境，甚至意志行为的新世界，而在此时无须挣脱意志的长链"③。正是这种意志的不断发

---

① ［德］尼采：《论道德的谱系》，谢地坤译，漓江出版社2000年版，第37页。
② ［德］尼采：《论道德的谱系》，谢地坤译，漓江出版社2000年版，第37页。
③ ［德］尼采：《论道德的谱系》，谢地坤译，漓江出版社2000年版，第38页。

展使人学会区分了偶然与必然、原因与结果、当下与将来、手段与目的,并学会了计算和谋划,学会了许诺和承诺。人借此不仅使世界成为有规律的、必然的、可以理性把握的,同时也使得自己成为"可预算的、有规律的和必然的人"。

这种意志记忆又是如何产生的呢?尼采认为,唯有通过惩罚、暴力、痛苦,人才可能培育起这种意志记忆。他说:"'为了让某些东西留在记忆中,人们烙印它;只有不断引起疼痛的东西,才能留在记忆中'——这是地球上心理学的一条最古老(可以说也最长久)的定律。"① 正是借助于各种加之于人的折磨,人才学会记住某些事情,在意志与行为之间才可以填充一个新的世界。这些折磨的形式是多种多样的,可以是加之于身体的直接的暴力,可以是对灵魂的折磨,可以是苦行和禁欲主义。并且,随着文明程度的提升,折磨的形式愈加精神化,愈加隐蔽和复杂,也披上了更厚重的道德或美学外衣。

正是折磨和痛苦,造就了人的新的可能性。它使一种强健的、自主的、可以自我负责的人得以可能。在他们身上,"有一种真正的权力意志和自由意识","非同一般的责任特权的自豪认识,非同寻常的自由意识和支配自己和命运的意识,已经深入他身体的最深刻的部位,而且变成了他的本能,占据主导地位的本能。……这个独立自主的人会把它叫作他的良心"②。这种人是某种意义上更高等的人,是人的更高可能性的实现,他相比于其他无能于负责的、仍然屈从于自身动物性和直接性的人,他具有优越感和权力意识。良心最初就是这种人占据支配地位的责任感,这种责任感并不与自由冲突,它实质上是更高意义上的自由,一种通过征服自身直接的动物性而获得的自由,一种体现了人之更高可能性的自由。在他们那里,痛苦不再是削弱他、使他生病和衰败的东西,而是生命的兴奋剂,是生命将自身提升到更高水平的契机,是一种有待跨越的障碍,它激起的是跨越的冲动而不是恐惧和退缩。

---

① [德]尼采:《论道德的谱系》,谢地坤译,漓江出版社2000年版,第40页。
② [德]尼采:《论道德的谱系》,谢地坤译,漓江出版社2000年版,第39页。

但是，这只是痛苦和折磨所造就的人的一种可能性，而不是全部可能性。痛苦和折磨既可以造就自主的人、强大的人，但同样也可能造就生病的人，衰弱的人、满怀罪感和内疚的人，当然，不是仅仅是痛苦，还有上述的两个基本事实共同参与了这种人的创造。

5.3.4 内疚与罪感的起源

现在，我们可以谈论内疚和罪感的起源了。

首先，在尼采看来，这种起源不是一个漫长渐进过程的自然结果，或某种适应性的产物，而是"一种决裂、一次飞跃、一种强制，一种无法回避的厄运，既无法与之抗争，也不可能怨恨于它"[①]。更具体地说，它必然起源于一种突然的暴力。这里又涉及了尼采关于原始国家形式的设想。原始国家在尼采看来不可能是某种契约的产物，而必然是族群间暴力战争的结果。处于强势的一方是"一群黄头发的强盗，一个征服者和主人之族群，他们为战争而组织起来，并且有组织的力量；他们不加顾忌地把魔爪伸向那些或许在数量上占据优势，然而却没有组织形态、四处漫游的人民"[②]。尼采把这样的族群想象为一种具有充沛自然创造力的艺术家，他们随心所欲地构造国家形态，把作为被征服者的无定形的人民强行塞入这些国家形式中。当然，毫无疑问，这个过程是通过暴力和种种折磨才可能实现的。

在尼采关于这种国家形式的想象中，包含这样几个要点，通过暴力建立其统治—被统治关系；统治者的造型力量和意志；运用暴力使被征服者屈从于这种国家形式。这种想象固然可以部分地通过欧洲的历史来获得一些支持性证据，但其中仍不乏浪漫化的想象。但对于我们的目的而言，这不是重点，重点在于心理学上的真实性。

将被统治者纳入国家形式，同时即是取消他的主动性、他的自由，使其屈从于统治者的意志和要求。在借助极端的暴力和折磨来实现自身意志的过程中，发生了对罪感和内疚感的产生来说至关重

[①] ［德］尼采：《论道德的谱系》，谢地坤译，漓江出版社2000年版，第62页。
[②] ［德］尼采：《论道德的谱系》，谢地坤译，漓江出版社2000年版，第62页。

要的心理事件,即被统治者的残酷本能、主动性、权力意志的内向化,因为在极端暴力的威胁下,这些力量和倾向的自然指向(向外、向他人)被阻隔了,依据我们提到的那种关于本能的水力学隐喻,这种阻隔并没有使这些力量和倾向消失或枯竭,而是使其掉转了方向,指向内部、指向自身,就像被堵塞出口的水反向回流一样。在这里,"这种力量的造型和施暴的本质所释放的质料,只能是人自身,是人自己的全部的动物过去,而不是在那种更伟大、更吸引人注意的现象中的其他人。……这就不仅仅是隐秘的自我折磨,艺术家们的残忍,还是把自己当作一种忍受痛苦、艰苦抗争的质料而用条条框框加以束缚的嗜好,是乐于给自己打上意志、批判、矛盾、蔑视、强制等印记的乐趣,是自愿把自己的灵魂一分为二的阴森可怕却又饶有兴趣的工作。这个工作只是从制造痛苦的兴趣中为自己制造痛苦"①。

受到阻碍的向外的、向他人的侵犯和攻击的本能转而以自身为发泄的对象,并通过内向化的过程逐渐开掘出一个具有不断增加的深度和广度的内在精神世界。这一点构成尼采心理学中最富价值的洞见之一,日后,弗洛伊德用精神分析的语言重新表达了这种见识。我们看到,这一精神世界的基本结构是二元的,即内在分裂为一个批判性的自我和被批判的自我,一个作为虐待者的自我和作为被虐待者的自我,两者间持久的斗争和紧张关系成为基本和主导性的内部关系。正是在这种斗争中,动物性的欲望被削弱或被迫不断隐匿自身,或不断改变它的对象和方向,不断转变它的形式,不断被打上批判者加之于它的道德烙印,与此同时,自我压迫、自我折磨的力量抓住每一个机会、理由发泄自身,即制造加之于自己的痛苦,同时也在这一过程中塑造自身。

这是罪感和内疚感得以产生的基本内心态势,但在尼采看来,仅仅这一态势还不能形成罪感和内疚,它的形成还需要另一个重要条件,即我们上面所谈到的对神灵的崇拜。正是对神灵的崇拜为自我折磨的力量提供了一个理由、一种形式、一个座架。我们已经指

---

① [德]尼采:《论道德的谱系》,谢地坤译,漓江出版社2000年版,第63—64页。

第五章 一个解释样例：《论道德的谱系》中尼采对道德的解释

出，在对上帝或神的崇拜中包含着欠债意识，它实质上就是欠债意识的产物和形式之一，在这种欠债意识周围又环绕着种种义务、权利意识和那种残酷的正义意识。所有这些，在新的条件或征服所造就的那种内心态势中，都重新复活并从被压抑的残酷本能那里获得源源不断的新的能量供给，从而更加严酷、持久、稳固。现在，自我攻击、自我虐待在宗教信仰中获得其新的形式，攻击的本能被外化和道德化为上帝，自我折磨被外化和道德化为上帝对原罪的惩罚或救赎的手段，对上帝的欠债意识转变为罪感，良心反过来变成上帝的意志或诫命在心理上的表征，惩罚和自我折磨转变为良心对自身之恶的谴责，即内疚。这就是罪感和内疚感的起源，我们看到，只有通过上述两个方面的结合，它们才能产生。也正是通过基督教式的宗教信仰，内心斗争获得新的形式，现在斗争变成内心的上帝与魔鬼的斗争。

第二部分

尼采解释学所属的解释学类型

第六章　深层解释学

在导言部分，我们已经谈及了设定第二部分的理由，在此不再赘述。第二部分的重点是阐述尼采解释学所属的那种解释学类型，本章主要分析这一解释学的基本概念结构。力量、意志、斗争关系、伪装、症候、解释、意义等参与构成了这一概念结构，其中我们重点讨论症候和解释概念，对这两个概念的阐述将同时涉及其他概念。一方面，我们的概念分析是一种形式的、逻辑的分析，另一方面，我们的分析是对概念和概念结构所指称的实事的分析。第二个方面更为重要。某种意义上，我们在这里所说的"逻辑"更接近黑格尔那里的内容或实质逻辑，而不是形式逻辑。概念规定间的逻辑关联实质上是概念指向的实事内部的必然关联，我们只是通过后者才真正阐明前者的。

或者，更准确地说，在我们看来，在尼采、马克思、弗洛伊德思想的深层，某种模型或隐喻根本地支配和引导着他们对各自面对的现象领域的解释。我们认为，这一模型或隐喻的最简单形式是：两种对立的力量构成一种斗争关系格局，每种力量都以战胜和统治对方为目的，每一方的表现都带有伪装和自我掩蔽的特征。这种模型或隐喻就是我们这里所说的真正"实事"，他们共建共属的那一解释学的基本概念结构或概念装置实际上就是构建和表达这样的模型或隐喻的装置，概念间存在的逻辑关系本质上就是这个模型或隐喻的内在逻辑关系。

在我们看来，尼采解释学，以及它所属的那一解释学类型的思想实质就在于此，尼采、马克思、弗洛伊德在解释学上的家族相似性的思想根源也在于此，即他们接受同一种模型或隐喻的支配和引导。我们把这视为真正的谜底。

6.1 尼采解释学的归类难题

如何对我们业已阐述的尼采解释学进行归类呢？我们将看到，这是一个不易解决的难题。产生这一难题的原因是双重的，一方面是由于尼采解释学本身的独特性，另一方面是由于"解释学"是多义的，或存在差别极大的不同解释学进路和类型。我们先考虑第二个方面，这就需要追问和回答何为"解释学"？

何为"解释学"呢？正如潘德荣教授所说，这一问题只能从解释学的发展史中寻找答案。[1] 但从解释学的历史上我们找到的不是一个公认的答案，而是多种答案。在解释学发展史上，存在关于解释学的多种定义、理解解释学的多种向度、解释学发展的多种形态、多种问题和进路。我们不妨借鉴潘德荣教授的相关概括，确定在理解和定位尼采解释学时我们可以凭借的参照。

首先是定义问题。在《西方诠释学史》一书中，潘德荣教授列举了7种关于解释学的不同定义，其中既有着眼于方法论意义的定义，也有同时着眼于本体论和方法论意义的定义。潘教授还引述了帕尔默的看法，后者在《诠释学》一书中总结了解释学史上六种不同意义上的解释学，分别是：《圣经》注释的理论；一般的语文学方法论；所有的语言理解之科学；精神科学的方法论基础；存在和存在论的理解之现象学；既是恢复性的又是反偶像崇拜的诠释体系。[2] 每种意义上的解释学都对应着切入解释问题的一种进路。我们不难发现，即便存在历史和理论上的各种关联，这些进路仍然构成各自相互独立的进路。

其次是向度问题。解释学研究存在三种不同向度，分别是探求作者之原意的向度；分析文本之原意的向度；强调读者所接受之意义的向度。在解释学发展史上，《圣经》解释学和施莱尔马赫的一

---

[1] 潘德荣：《西方诠释学史》，北京大学出版社2016年版，第1页。
[2] 潘德荣：《西方诠释学史》，北京大学出版社2016年版，第4页。

般解释学是典型的主要采用第一种向度的解释学形态；代表第二种解释学向度的解释学家主要有贝蒂和利科，前者还制定了一套解释规则以保障文本原意之解释的有效性；伽达默尔的哲学解释学则代表了第三种解释学向度。① 但是，也如潘教授所说，这种概括"只是提供了不同的诠释学研究方向的大致线索或主要倾向，事实上，它们并不纯粹地限于某一方向。我认为，可将作者原意、文本原意与读者接受之意理解为诠释学的三大要素，它们是任何诠释学理论都必须正视的，只是侧重点不同而已。……在我看来，现代诠释学真正研究的诠释学三要素之间的关系，并从中找到一个支撑点，这个支撑点规定了某一诠释体系的特征"②。

最后是形态分类问题。潘教授首先引述了帕尔默在《诠释学》一文中的分类，后者将诠释学分为三种形态，即局部诠释学、一般诠释学、哲学诠释学。局部诠释学"是指任何原文注释或翻译的规则和方法论的诠释学。解释对象是法律、《圣经》、文学、梦境或其他形式的原文，其规则包括古代隐喻的解释体系、自文艺复兴以来的语言学和历史学的说明以及文本翻译的规则体系"③。一般诠释学的性质同样是方法论的，"目的是建立以连贯一致的理解的哲学为基础的普遍的理解方法论"④。一般诠释学的代表人物包括施莱尔马赫、狄尔泰、贝蒂、赫施等。而哲学解释学"本身不是诠释的方法论体系，而是对方法论、对理解中意识形态的作用以及不同形式的解释的范围和假定等的研究，属于诠释学的反思性'抽象'层次"⑤。它主要包括科学哲学、社会学哲学、人文学科的哲学解释学等。

潘教授还概述了一些德国哲学家提到的另一种划分方式，依据这种划分，解释学被分为技术诠释学、哲学诠释学和诠释哲学。技术诠释学关注的解释技术或艺术，还缺乏或不曾重视反思的维度，

---

① 潘德荣：《西方诠释学史》，北京大学出版社2016年版，第4—7页。
② 潘德荣：《西方诠释学史》，北京大学出版社2016年版，第7页。
③ 潘德荣：《西方诠释学史》，北京大学出版社2016年版，第9页。
④ 潘德荣：《西方诠释学史》，北京大学出版社2016年版，第9页。
⑤ 潘德荣：《西方诠释学史》，北京大学出版社2016年版，第9页。

而哲学解释学则着力探讨理解和解释的可能性与基础,反思或康德意义上的批判构成一个基本的维度,诠释哲学则被视为生命世界的现象学,但也包括了马克思主义的意识形态批判。①

通过以上概述,我们不难发现,当我们追问"何为解释学"时,我们无法通过解释学发展史获得一个普遍有效的、公认的解释学定义、向度或形态。解释学是多样化的,并且,很难以一种方式把这些不同形态和向度的解释学综合起来,即便我们看似实现了这种综合,比如给它一个极为宽泛的定义,这种综合由于相对忽视了解释学的多样性,相对忽视了每种形态的相对独立性和独特性,而变得得不偿失,并且,它能够多大程度上为大家共同认可也始终会是一个问题。

我们还看到,这里提到的定义、向度或形态只是代表不同的侧重点,实际上没有哪一位解释学家可以完全,并仅仅归之于某个向度或形态,通常,他的解释学思想总是会跨越多个向度和形态。因而,这种分类学固然有其意义,但在我们具体去分析某位思想家的解释学思想时,所具有的仅仅是参照性意义,它更是借此引导我们循着某些特定的方向或线索去进入这种解释学。并且,我们始终需要注意的是,解释学不是封闭的,每一种新的解释学向度或形态都在拓展着解释学的范围,或为解释学提供一种新的可能,但这些新的类型或向度却常常难以在已有的参照下得到明晰的界定。我们将看到,很大程度上,尼采解释学就属于这类情形。

参照上述定义、向度和形态,仍然有助于我们看到尼采解释学的侧重点。具体来说,尼采解释学更接近帕尔默所说的第六种意义上的解释学,即既是恢复性的又是反偶像崇拜的诠释体系;从向度上来看,尼采解释学更加侧重作者向度,待解释的对象实际上被纳入一个以作者为中心的现象整体中,从实质的意义上,一切解释对象都被理解为作者之生命意志的表征和存在形式,并最终通过回溯到作者之意志得到解释。

但从类型方面看,对尼采解释学的界定就不太容易了,它同时

---

① 潘德荣:《西方诠释学史》,北京大学出版社 2016 年版,第 10—13 页。

具有技术解释学、一般解释学、哲学解释学和解释哲学的特征。尼采解释学主要通过尼采的解释实践或解释活动表现出来，相应地，尼采极为关注对解释对象之解释的技术或艺术，关注方法，因而具有很强的技术解释学的特征；尼采解释学同时还具有哲学解释学的特征，即他还在反思或批判的维度上审视解释的性质、基础、条件、可能性、有效性、真理性等问题，尼采对这些问题的思考固然不构成其解释学思想的主体，但这部分思考在解释学、哲学甚至一般思想史的层面都产生了深远影响；尼采解释学还具有一般解释学的某些重要特征，我们将在下文看到，从解释对象上看，尼采解释学的解释对象都具有普遍性，解释对象的意义结构、解释的原则、方法、关键步骤，解释的形式和实质特征都具有普遍性，即它们不是仅仅适应于某些解释对象，而是原则上适用于一切解释对象；我们还看到，尼采解释学也在某种意义上作为生命世界的现象学而存在，尼采是基于生命的视角来透视诸种现象，主要借助心理学将现象或解释对象把握为生命意志的表征和存在形式，在此过程中通过破除种种伪装形式，显明现象或解释对象与生命意志的关联，显明现象和解释对象如何在生命意志造就的透镜中被构成。我们还将在本书第二部分看到，尼采解释学与马克思意识形态批判的家族相似，而后者也被视为诠释哲学的一个样例。总之，尼采解释学也在诸多方面具有诠释哲学的特征。

  尼采解释学在形态上的特征和性质的多重性反倒提醒我们，解释学的形态分类对我们理解和把握尼采解释学所具有的意义是有限的，我们仅仅能将这些分类视为一种参考、一种提示，因为它不足以充分体现尼采解释学的整体形态和性质。当我们参照不同路向和类型的解释学来标定尼采的解释学时，通常只是抓着了其中一个方面，甚至还是相对次要的方面。一种恰当、合理的归类应该同时能够体现尼采解释学的独特性和系统性，体现它的内在逻辑和关键特征。下面，我们尝试一种新的归类方式，看看是否可以满足这一要求。

6.2 深层解释学：一个概述

在一篇名为《尼采·弗洛伊德·马克思》的文章中，[1] 福柯谈到他的一个梦想："将来有一天可以汇编一本包容了自希腊语法家直到当今我们所能认识的所有解释技术的总集，一部解释技术的百科全书。"[2] 而且在这篇文章中，他做了这样一个在我们看来理论意义重大的论断：

"如果说西方思想在17和18世纪的发展已经将16世纪的这些解释技术悬置起来，如果说培根、笛卡儿对相似的批判在把它们放到括号里发挥了重要作用，19世纪，特别是马克思、尼采和弗洛伊德，再次为我们提出了一种新的解释的可能性，他们重新建立起一种解释学的可能性。"[3]

福柯接着又谈道：弗洛伊德、尼采与马克思通过他们的解释技术"将我们置身于一种总是折射回自身的解释任务中"；"他们改变了符号的性质，变更了通常可能用来解释符号的方式"；他们将深度理解为外在性；从他们开始，解释成为无限的；在他们那里，没有待解释的原始项，解释始终已经是对解释的解释，等等[4]。

显然，在福柯看来，存在着一种马克思、弗洛伊德和尼采三者共属的解释学，这一解释学首先是从解释技术与方法的层面上而言的解释学，它不同于比如伽达默尔的哲学解释学，甚至难以与之构成一种有意义的对话。在此方面，马克思、弗洛伊德、尼采具有深刻的家族相似性甚至同一性，通过对他们思想的深入探究和比较研究，这种新的解释学的轮廓将会渐渐明朗起来。

---

[1] 汪民安、陈礼国编：《尼采的幽灵》，社会科学文献出版社2001年版，第96—113页。

[2] 汪民安、陈礼国编：《尼采的幽灵》，社会科学文献出版社2001年版，第96页。

[3] 汪民安、陈礼国编：《尼采的幽灵》，社会科学文献出版社2001年版，第98—99页。

[4] 汪民安、陈礼国编：《尼采的幽灵》，社会科学文献出版社2001年版，第96—113页。

福柯的观点不是孤例,我们看到,另一位重要的法国思想家也持类似观点。不同于狄尔泰、海德格尔、伽达默尔等人,保罗·利科在定义解释学时,将对文本的解释视为最核心的规定性要素,而在他那里,文本是指"象征符号"(symbol)或"多义的符号"。象征符号是指"任何意指的结构,在这个结构中,一个直接的、原初的和字面的意义附加地指示另一个间接的、从属的、形象化的意义,后一种意义只有通过前一种意义才能被领悟。这种对双重意义上的表达进行限定便确切地构成了解释学领域"①。与之相关,"我打算赋予解释与象征符号一样的外延。我们将说,解释是思想的工作,这个工作在于对隐藏在表面意义中的意义加以辨读,在于展开包含在字面意指中的意指层次……哪里有多重意义,哪里就有解释,意义的多重性也正是在解释中变得明显起来"②。

按照保罗·利科的理解,作为解释对象的文本不是单义而是多义的符号,即它不仅有着表面的连贯一致的意义,同时还具有更深层的但被表面意义掩蔽的意义。解释就是透过表面的意义揭示深层的意义,而解释学就是在解释过程中发展起来的技术、规范和理论体系的综合。这种意义上的解释和解释学是"怀疑的训练",是揭露伪装、去除神秘、打破偶像、重建"真实"的理论实践。

有哪些思想或思想家可以代表这样的解释学呢?保罗·利科认为,马克思、尼采、弗洛伊德的思想是这种解释学最具代表性的三个示例。这三个人物"都扮演着怀疑的主角,扮演着面具的撕裂者",并且,这种怀疑深刻到使"整个哲学规划都被触及和受到质疑"③。在我们看来,这样的说法意在强调:这几位思想家都发现了看似自明现象的多重意义结构,并着力于不断深入地揭示现象的隐蔽意义,而这样的理论实践产生出一种新的思想类型,即保罗·

---

① [法]保罗·利科:《解释的冲突——解释学文选》,莫伟民译,商务印书馆2008年版,第13页。

② [法]保罗·利科:《解释的冲突——解释学文选》,莫伟民译,商务印书馆2008年版,第13页。

③ [法]保罗·利科:《解释的冲突——解释学文选》,莫伟民译,商务印书馆2008年版,第121页。

利科意义上的解释学。

　　从上述哲学家的论断中，我们看到一个具有关键意义的共识，即尼采、马克思、弗洛伊德之间存在解释学上的家族相似性，他们共建起一种新的解释学，他们各自的思想都构成这一解释学的一个重要样例。虽然严格说来，这几位哲学家关于这一新的解释学的理解并不完全相同，但我们认为，这更多是由于他们是在不同的语境或着眼于不同的方面而产生的差异，根本上，他们指向的是同一个东西。对于这样一种解释学，所有这些哲学家都没有进行详尽的阐释，而我们尝试进行这种工作。虽然我们对这一解释学的阐述也只是初步的，但我们相信，这可以解决尼采解释学的归类难题。通过归属于这一解释学，尼采解释学所有的关键的特征，它的概念结构和内在逻辑都能够更清晰地显现出来，而不是相反。此外，我们还将要更多"额外"的理论收益，比如，通过三位思想家思想的相互"映照"在每个人那里都发现我们之前未曾注意的某些重要方面或特征。

　　需要先给这一解释学一个名称。我们用"深层解释学"来称呼这种新的解释学。之所以使用"深层"一词，是因为在我们看来，三位思想家所各自构建的解释空间的最主要的形式特征就是深度性，或更具体地说，他们在"表层"与"深层"之间做了一种区分，这种"深度性"也使解释活动成为不断深化的解释活动；另一方面，"深层"还有着被掩盖、隐蔽的意味，从而解释活动同时是一种揭露、去蔽，而这一点尤其切合三位思想家对解释对象的分析。

　　本节主要是对这一深层解释学进行概述。我们主要从两个方面来对之做粗略的刻画，一是从形式的方面着眼，重点概述深层解释学的基本概念结构；二是概述深层解释学的主要解释对象和对象领域，它也是三位思想家共有的解释对象和对象领域。我们首先简述第一方面，但之前我们需要在"从形式方面的考察"与"从内容方面的考察"间做一权宜性的区分。

　　对一个理论体系的考察可以从内容和形式两个方面来进行。从内容方面的考察关注它的特定的解释对象或对象领域、基本的理论预设、具体的理论问题和理论观点、用以描述和解释现象的概念等；从形式方面的考察则关注作为解释的理论所构建的解释空间的形式特征；关注提问的方式与问题形式，而不是具体的问题；关注概念之间的逻辑关系，而非概念的所指；关注特定的解释方法与技术；关注解释活动的某些形式特征，比如，解释的方向、步骤、程序、深度，关注解释是否存在一个明确的起点和终点，或它是不是循环的、无限的，等等。从形式角度考察的这些方面存在着内在关联，这种关联甚至可以仅仅借助形式的考察而被确定。

从形式方面的考察可以相对独立地建构自己的问题和论证方式。结构主义和符号学事实上就是这样做的，它们区分形式与内容，而且使对形式的考察相对独立于对内容的考察，它们事实上已经为这种考察方式的合法性与理论效力做了很好的辩护与说明。但在这里，我们并不是从那样强的意义上区分形式与内容并坚持形式考察的优先性与独立性，我们主要是借此促动一种理论注意力的转移，并借此为思想体系间的比较提供一个基础。区分形式与内容是权宜性的。

从形式方面的考察有可能为思想间的比较研究提供一个新的基础，在这个基础上，那些看似根本不存在对话可能性的思想家却可能显现出思想上的某种根本的类同性，而如果仅仅关注于具体的思想内容，他们甚至是不可比较的，因为具体思想内容间的差异使比较的基础难以确定。在我们看来，福柯在对尼采、弗洛伊德、马克思这三位思想家进行比较时，就是从形式方面着眼的，而且这种比较决不仅仅是在解释的方法和技术层面上的比较。他有意忽略掉了三位思想家具体思想内容上的差异，而专注于解释系统与解释活动的某些典型的形式特征，也正因此，他才能说，尼采、弗洛伊德和马克思共同使得一门新的解释学得以可能。

同样，专注形式的考察方式对凸显我们所说的深层解释学而言是至关重要的。深层解释学首先是从形式的方面对理论进行考察的结果。当我们说，马克思、弗洛伊德、尼采共同分享一种解释学时，对这种解释学的规定首先是"形式的"。我们已经谈到，形式的考察有多个不同的关注点，但在这里，我们主要讨论基本的概念结构，这个结构是通过基本概念的语义—逻辑关系建构起来的。但我们需要说明的是，组成这一概念结构的那些基本概念本身已经是形式考察的产物了。比如，力和斗争关系这样的概念，在尼采、马克思、弗洛伊德各自的思想语境中，它们具体指称的可能是非常不同的东西，但在它们各自的思想语境中，那个被指称的东西所具有的理论功能、它与其他概念所指称的东西之间的关系却是一样的，并且正是这一点根本决定了他们解释学上的家族相似性。

在我们看来，症候、力、意志、斗争关系（或对立关系）、解释、意义等构成深层解释学的最重要概念，它们之间具有一种内在的彼此规定的关系：症候就是力的表现和存在形式，但由于力与其他的力处于斗争关系中，它的表现始终具有伪装的特征，从而症候也是伪装和扭曲的表现，也正因此，症候才需要解释；症候的意义是被掩蔽、隐藏在症候形式之下的，解释就是症候分析，就是发掘支配和构成症候的力以及力与力的关系；力正是症候的意义。

深层解释学首先关注的是力与力的斗争关系，力是与他力处于斗争关系中的力；其次，它基于这种斗争关系来理解力的"表现"，并从对立关系的普遍性推定"表现"作为症候的普遍性。深层解释学的解释活动正是基于这两点来展开的，解释活动的特征也是最终通过它们来说明的，由此获得说明的还有深层解释学本身。对于深层解释学的考察和说明是从形式方面着眼的：我们将"力"视为一个解释符码，仅仅关注力与症候的关系以及力与力之间的关系，并通过这种关系来说明力，而不是追问力的所指；同样，对立或斗争关系也是一个形式要素，我们考察关系本身和从关系出发去理解构成它的元素，而不关心依附于关系的具体内容；给予症候的规定，即伪装和扭曲的表现，一样是一个形式规定，从而，作为症候分析的解释的特征也是从形式方面被理解的；最后，深层解释学的所有关键概念之间是一种彼此规定的关系，而且这种关系还可以扩展到那些相对不重要的概念中去。

在我们看来，正是由这些概念构成的那一概念结构或概念装置在根本处支配和引导着尼采、马克思、弗洛伊德各自的解释活动。他们每个人当然都面对各自不同的对象领域，他们各自的理论也当然有着不同的理论概念，但我们所说的概念的理论功能和概念间的关系却可能是一样的。我们将在下一章揭示这一点，在这里，仅指出，上述概念结构正是三位思想家各自具有的用以解释世界的那一套概念结构的形式化。当然，这是大体的观照，不可能要求细节上的完全对应，并且，在具体的解释活动中，完全允许对这一概念结构进行种种修正、改造、限定。此外，每个思想家的思想都是丰富的，很难仅仅通过这种单一的概念结构来诠释其全部解释活动和理论产物，但我们仍然认为，它仍然构成三位思想家思想深层的核心结构，这些思想家思想的一些典型特征都可以通过这一结构获得说明，并且是对它们的系统说明。我们将在最后一章部分地展示这一点。

这样一种概念结构体现或决定了深层解释学可能具有的其他特征。比如，深层解释学可以被视为一种特殊的思想方式。与实体论的思想方式相比，它关注关系而不是实体，事件而不是事物，并认为事物只能在关系中去理解；与那些同样从关系出发思考事物的思想方式相比，它强调关系是对立、斗争、冲突的关系，而且强调这种关系具有普遍性；这样的概念结构决定了深层解释学可以确立什么样的提问方式和问题，以及注定无法确立什么样的提问方式和问题；深层解释学也因此成为一种特殊的解释活动，以及与这种解释活动相关的特殊解释原则、特殊解释方法、技术所构成的统一体；这一概念结构决定了解释活动是揭露和去蔽，深层解释学因此可以被视为意识形态批判的新样式；如此等等。同样，我们将在以下章节显示和证明这些。

再来谈一下第二个方面，即深层解释学主要的解释对象和对象领域。深层解释学绝不可能是无内容的，仅仅这些从形式的方面获得规定的关键词，以及它们所构成的"概念装置"什么也解释不了，它们甚至不能决定以什么作为解释对象。深层解释学不可能离开马克思、尼采、弗洛伊德各自的思想而独立存在，它实质上只是从解释学的视角，并从形式的方面所透视到的历史唯物主义、尼采哲学、古典精神分析理论本身，它只能以这些具体的形式存在着。

就解释对象和对象领域而言，弗洛伊德、尼采、马克思当然有所不同，但值得注意的是，他们都将思想、观念、意识和诸种意识形式作为解释对象，并且，他们对之所作的阐释绝不是它们各自理论中无足轻重的部分。在某种意义上，这种阐释甚至就是各自的理论本身。我们再考虑他们各自产生和共同产生的理论效应时，还必须考虑到这一点。

尤为重要的是，我们在尼采、弗洛伊德和马克思那里都看到，艺术、宗教、道德、哲学被并置在一起，并作为解释对象。这种并置不是一种无原则的排列，而是意味着：它们在三位思想家各自的诠释体系中处于同一个层面，具有共同的理论地位。我们将看到，这是指，它们都处于相对某种深层而言的表层，而且它们构成的表层与深层的关系不是彼此外在的关系，而是内在的、支配与被支配、构成与被构成的关系，表层是深层的表现，而且是深层的伪装、扭曲或颠倒的表现。这种关系不是本质与表象的关系，深层不是表层的本质，因为内在于深层的是一种对立关系，而不是某个单一的本质，作为表现的表层现象也不是一般意义上的表象，而是症候。深层对表层的制约和表层对深层的依从性都显现为一种新的形式。内在于深层的对立关系以及由它支配的深层与表层的对立关系在三位思想家那里是同构的，这一点决定了他们对马克思称为"意识形态"的诸意识形式的阐释也具有大致相同的形式，他们的提问方式与问题形式具有本质的类同性。

在我们看来，他们围绕思想、观念、意识所确立的已经不再是认识论性质的问题，而是解释学性质的问题，即他们不再追问思想、观念、意识是否为真，而是追问思想、观念、意识的"意义"；围绕思想、观念、意识所进行的理论活动不是一种证实或证伪，而是解释，即对其意义的揭示，而且，解释活动是从表层进入深层，发掘构成和支配着特定思想、观念、意识的特定的力与力量关系。

他们围绕思想、观念、意识所展开的这些理论活动都同他们实质上将思想、观念、意识视为症候这一点紧密相关。什么是"症候"呢？"症候"就是对立关系中的力伪装和扭曲的表现。这一看似简单的规定包含着丰富的内容。正是"症候"概念内在地包含着表层与深层的区分，以及表层事件或关系与深层事件或关系之间所具有的内在的构成与被构成关系或转化关系；正是症候的特征决定了围绕思想、观念、意识所能建构的问题形式，决定了围绕它们所展开的解释活动的一般特征。

他们也不是一般性地追问思想、观念、意识的本质。在他们看来，思想、观念、意识的本质不是由它们具有抽象的思想、观念、意识形式来规定的，而是由占据特定的思想、观念、意识的特定的力所决定的，并且，由于支配着它的力不是自足、单一或永恒的，它的本质也不是单一、永恒的本质，而是多重的、复合的意义。因此，他们拒绝"什么是思想？""什么是观念？""什么是意识？"这样的形而上学的问题形式，而是针对具体的思想、观念、意识追问"哪一个？"的问题，即追问：哪一个或哪一些特定的力支配着特定的思想、观念与意识？哪种意志占有了它？哪一个被特定的思想、观念或意识所表现与彰显，而哪一个又被隐匿？使这种问题得以可能的前提仍是，他们将思想、观念、意识的本质理解为它的意义，而意义就是占据它们的力，以及内在于力的意志。

"哪一个？"的问题形式与一种多元主义的立场相关。多元主义事实上并不否定本质，而只是否定本质的单一性与超历史性。基于这种多元主义立场，对于思想、观念、意识的追问不是要获得它们的单一、永恒的本质，不是要获得纯粹的思想、观念与意识形式，并利用它来综合和解释具体的思想、观念与意识，而是深入它们的具体内容之中，去探究在特定的时刻支配与占有它们的力与意志，以及力与意志的流变。

他们不仅追问思想、观念、意识的意义，还追问思想、观念、意识对特定材料或内容的扭曲方式。支配着思想、观念、意识的力量不仅借它们表现自身，同时借它们伪装自身，而这种伪装又是通过思想、观念、意识对特定内容的加工来实现的，支配性的力量正是隐藏在这些伪装形式之下，因此，对它的揭示必须同时是对伪装和扭曲方式的揭示。

总之，我们将深层解释学视为上述两个方面的结合。它具有支配和引导解释活动的特定概念装置，后者引导着解释者将某些事物和现象视为解释学对象，引导着解释沿着特定的方向、步骤行进，使解释必然具有某些特征，引导着解释者关于解释对象确立其某种特定的提问方式和问题形式，并使作为诠释体系的理论必然具有某些特定的形式特征。我们并不是仅仅从形式的方面，还从典型和关键的解释对象这一方面来理解和规定深层解释学。我们将深层解释学视为一种对思想、观念、意识的新的解释范式，一种重新理解思想、观念、意识本性的方式。我们将看到，相较于大部分哲学理解和常识性的理解方式，这种理解方式具有颠覆性。

最后，需要说明一点：深层解释学对思想、观念、意识的解释表现为马克思、尼采、弗洛伊德各自对思想、观念、意识的解释，相应地，我们在文中对思想、观念、意识的阐释始终是以三位思想家各自作出的阐释为样例，并始终关注他们的阐释在形式方面的种种类同性。这是说明深层解释学和它如何将对思想、观念、意识进行解释的有效方式。

在本章的以下两节，我们将分别对"症候"和"解释"概念阐明。通过这种阐明我们将进一步充实上述对深层解释学的概述。

6.3 症候

对症候概念的说明是从其产生方式入手的。在我们看来，症候产生于一种对立关系。马克思、弗洛伊德和尼采都强调了不同力量间的对立或斗争关系，并通过这一对立关系来说明处于关系中的特定力量表现自身的方式，在他们看来，表现始终具有伪装、掩蔽或扭曲的特征。我们正是基于他们各自对这一点的说明，给予症候概念一个形式化的规定，并由此出发对症候做进一步的说明。

6.3.1 症候与斗争关系

"症候"作为深层解释学的核心概念，在马克思、尼采、弗洛伊德那里是从一系列对立与斗争关系出发得到规定的。马克思、尼采、弗洛伊德三位思想家的一个根本的共同点就是基于力量的对立与斗争关系来解释作为力量之表现的现象，并且他们认为存在着不同层次的对立关系，这些不同层次的对立关系之间也存在着支配与被支配、构成与被构成的关系，具有构成和支配作用的对立关系比被构成和被支配的对立关系更为基础、深刻和有力。这一点在马克思和弗洛伊德那里尤其明显。

尼采看到的世界是一个诸力相互斗争的混沌世界，弗洛伊德看到的心理世界也是本能相互斗争的世界，而马克思看到的历史是阶级斗争的历史，社会是被阶级斗争分裂开的社会。对立、冲突、斗争在三位思想家那里都被视为基本的事实，症候正是从作为基本事实的对立关系中产生出来的。我们首先从尼采对力与力的对立关系的分析开始。

在尼采那里，力、意志、强力意志构成最基本的解释符码。强力意志是存在者的基本特征；力是尼采所说的"终极和唯一的现实"；而"意志与其他行为不同，它是我们一切行为、情感和思想关键的和本原性的例证"①。这三者之间的关系是：意志是内在于力的意志，意志就是力要获得更多的力的意志，是求强力的意志，而且是求特定性质的强力的意志，从而力同时就是强力意志。

但是在严格的意义上，力不是终极和唯一的现实，因为力与意志的本性就是去支配，力与意志都是在支配和被支配时才成为自身。只有力可以支配，也只有力才可以被支配；只有意志可以统治，也只有意志才能屈从。没有孤立存在的力与意志，如同没有静止的力与意志，力与意志以及强力意志都只是在斗争中才成为自身，并改变自身的。在这里，我们不妨利用德勒兹关于尼采哲学的相关解释进行说明。

德勒兹这样谈论尼采的身体概念："什么是身体？我们不准备把它界定为各种力相互竞争的战场，即多元的力相互争夺的营养媒介……每一种力与其他的力相关，它要么服从其他的力，要么支配其他的力。界定身体的正是这种支配力与被支配力之间的关系。每一种力都构成一个身体——无论化学的、生物的、社会的，还是政治的身

---

① ［法］德勒兹：《尼采与哲学》，周颖、刘玉宇译，社会科学文献出版社 2001 年版，第 141 页。

体。任何两种不平衡的力,只要形成关系,就构成一个身体。"①

这样的身体,无论是从化学的、生物的角度,还是从社会的、政治的角度考察的身体,都是力与力相互斗争的关系体,而只有这样的关系体才构成为一个真正的分析单元。力只能存在于这样或那样的支配—被支配的关系体中,并在其中获得它的质:"在身体中,高等的支配力被称为能动力,低等的被支配力被称为反动力。"② 能动与反动正是表现力与力之间关系的本原性质,这种性质是由支配力与被支配力的差异所决定的。质被尼采理解为量差。在这种斗争的关系中,不仅支配与被支配的力都各自获得了能动与反动的性质,而且这种性质上的差异同时构成等级:"我们把这种由量差决定的能动或反动力的性质差异称为等级体系。"③

与这种差异相应的是,内在于力的意志也具有肯定与否定的两种性质,它们分别内在于能动的力与反动的力之中:"因此,相对力的两种类型或质,权力意志也有两副面孔、两种质,即有两种终极的、流动的性格,它们比由它们而派生的诸力的性格更深刻。因为权力意志使能动的诸力去肯定,去肯定它们自身固有的差异:在能动的诸力之中,肯定是最初的,否定仅仅是后果,作为收益的追加部分。与此相反,反动的诸力的性格首先是与它们所不是的东西对立,是给别的东西划定界限:在反动的诸力之中,否定是最初的,由于否定,反动的诸力才达到貌似肯定的地步。所以肯定和否定是权力意志的质,就像能动和反动是诸力的质一样。"④

能动的力主动追求强力,它侵吞、占有、征服和支配,它创造,它聚集和释放;而反动力被动接受、消极、惰性以至奴性。但同时,反动的力并不在被支配和由之而来的服从中自我消失或瓦解,而是仍然保有自己的力量。服从不是放弃斗争,而常常只是斗

---

① [法]德勒兹:《尼采与哲学》,周颖、刘玉宇译,社会科学文献出版社2001年版,第59页。
② [法]德勒兹:《尼采与哲学》,周颖、刘玉宇译,社会科学文献出版社2001年版,第60页。
③ [法]德勒兹:《尼采与哲学》,周颖、刘玉宇译,社会科学文献出版社2001年版,第60页。
④ [法]德勒兹:《解读尼采》,张唤民译,百花文艺出版社2000年版,第37页。

争的更隐蔽形式或服务于更隐蔽的斗争，因而力的斗争不是在支配与被支配的关系形成之后终止的，而是以新的形式存在。并且，在尼采看来，最终获胜的常常不是能动的力，而是反动的力，在《论道德的谱系》一书中他探讨了反动的力如何在人的世界中获胜。但是尼采也说，获胜的反动力并不因此改变它的性质，即它并不因此具有能动性，它们的聚集并不构成一种新的质，因为反动的力借以获胜的方式是"分解、分离能动力及其所能"，这种分解意味着腐蚀、削弱力的能动性及其自我肯定的意志，通过这样的方式所获得的胜利不会提高反动力的品级，改变它反动的性质。为了能以这种方式取胜，这种力恰恰必须深化和加强反动的性质，必须更深地怨恨并使怨恨具有分解的力量，它的意志必须成为更彻底的否定的意志，它的所有自我肯定必须同时是对自己的对立面和支配者更彻底的否定。

我们在尼采那里看到黑格尔"主奴辩证法"的另一个版本，但是，尼采将黑格尔的"主人"一样视为奴隶，黑格尔的主奴关系在尼采看来只是奴隶之间的关系，因为主人的意志仍然是一种否定的意志，而且主人自动丧失了他的能动性。另一个不同于黑格尔之处在于，尼采那里的反动力并不因胜利而获得能动的品质，内在于反动力的意志仍然是否定的意志，这种否定的意志是一种被动的、反应性的意志，它只是借否定来自我肯定，这种肯定始终具有夸张和虚假的特征，或者，它的所有自我肯定都具有否定的性质。因而，尼采看到的奴隶仍是奴隶，主人与奴隶之间的斗争固然是一个动态的过程，但这一过程并不使斗争的性质升华，这种斗争的发展仅在于不断深化、扩展和改变自己的样式。在黑格尔看见辩证法的地方，尼采则看见"重复"。

正是从这种基本的斗争关系中，症候产生出来。尼采用症候这一概念来指称反动力和否定意志的各种表现，比如，意识在尼采看来几乎总是弱者对强者的意识，因为弱者不得不提防强者，从而意识形式本身就已经是虚弱的征象，即一个症候；再如，尼采在《论道德的谱系》中将基督教的爱视为一种症候，这只是因为这种爱是从一种怨恨中生长出来的，而且是这种怨恨借以表达自身的方式，从而它是戴着肯定假面的否定意志的表现，而这种否定意志又只有在能动力与反动力的斗争关系中才能被理解。

最初处于被支配地位的反动力并没有放弃斗争，而是以隐蔽的方式斗争，而且由于它在斗争关系中所处的不利地位，它的表现始终带有伪装的性质，它借以获胜的手段，比如，虚构、神秘化、歪曲等，也具有隐蔽的性质。反动力的表现同时是对自身的隐藏，而且这种表现不能不服从和服务于斗争，因为对它而言，存在起来就是去不断地否定，不断地斗争。

我们把这种在斗争中的反动力为了斗争而做的伪装与扭曲的表现称为症候。大多数时候，尼采也正是在这种意义上使用症候概念，但是尼采同时还使用一种广义上的症候概念，这种意义上的症候是力与意志的表征，无论这意志是肯定的还是否定的、力是能动的还是反动的。这种广义上的症候概念事实上失掉了狭义上的症候所具有的价值评判意味，但它仍然指力的伪装与扭曲的表现，因为"伪装"在尼采看来是强力意志的基本特征，而且，"随着存在等级的提高，伪装也相应增加"①。

尼采一再谈到那个所谓"真实的世界"："只有一个世界，这个世界虚伪、残酷、矛盾、有诱惑力、无意义……这样一个世界是真实的世界，为了战胜这样的现实和这样的'真理'，也就是说为了生存，我们需要谎言。"② 这不仅是《悲剧的诞生》一书的一个基本主题，而且是整个尼采哲学的一个基本主题。尼采把生命同时理解为使自身得以可能的谎言与伪装，形而上学、道德、宗教、科学、艺术在《悲剧的诞生》中都被视为谎言的不同形式，在《权力意志》中，尼采将真理视为使生存得以可能的迷误，是在一个根本伪误的世界中将伪误加以乘方，而不是消除这种伪误。

在一个诸力相互斗争的世界中，力的伪装是一个普遍现象。在这种斗争中，不存在力的任何自发的表现和为表现的表现，任何一种表现都服从和服务于斗争，作为症候而存在是表现的唯一存在形

---

① ［德］尼采：《偶像的黄昏》，周国平译，光明日报出版社1996年版，第141页。
② ［德］尼采：《偶像的黄昏》，周国平译，光明日报出版社1996年版，第229页。

式，因而症候具有普遍性。也正是在这里，我们看到为何"解释"概念在尼采哲学中具有那样重要的理论地位和功能，这不仅因为，尼采将解释视为力以自己为中心去透视和作用于其他力的方式，视为斗争的方式，从而消解了这一概念与"真理"概念的内在关联（或者，使"真理"屈从于"解释"，而不是相反），更在于，尼采所描述的力与力的斗争关系的根本性与普遍性使得解释成为必需。作为这种斗争之产物的症候正是需要加以解释的，为要解释它，需要一门精致的解释艺术，解释必须深入构成症候的每一种斗争关系中，细致地探究构成斗争关系的力如何伪装和扭曲地表现自身，如何歪曲地理解它的对手。解释必须追问产生这种情况的具体动因和条件是什么，这种伪装和歪曲服务于何种目的，这种目的的性质如何界定，最后，如何估价那种症候以及以症候为表现的力与力的关系。

在尼采那里，症候作为伪装和扭曲的表现从力的斗争关系中产生出来，在弗洛伊德那里，症候同样是从力的相互斗争中产生出来，同样作为伪装与扭曲的表现而存在。

古典精神分析作为一种解释学科学发端于对癔病症候的解释，弗洛伊德在其解释中发现了产生症候的心理机制，他称之为"压抑"。之后，他又发现了这一机制在心理生活中的普遍存在，它构成所有精神神经症症候得以产生的最基本心理机制，压抑因而成为古典精神分析的一个核心概念，如弗洛伊德所说，它是古典精神分析的基石。

压抑概念蕴含着力与力相互斗争的观念，压抑是一种力对另一种力的压抑，而症候的本质就在于它是被压抑的力量被迫作出的伪装和扭曲的表现，并且，伪装与扭曲的程度取决于斗争双方的力量关系。由于这种关系是不断变化的，症候的形式也在不断变化着。

古典精神分析始终将它的关注点集中在心理力量的斗争关系上，弗洛伊德认为症候只能通过深入一种或多种斗争关系才可能被阐释。古典精神分析的所有深化和扩展都在于不断深入地探索构成冲突关系的心理力量的起源与性质，这种冲突关系本身的起源；探索使冲突得以可能的动因与条件；探索冲突关系的发展变化及其影响因素；等等。与之相应，症候的意义也在这种深化和扩展中不断深化和丰富。

我们把尼采、弗洛伊德和马克思视为深层解释学的三个代表性思想家，这意味着这一思想方式为他们所共有，也意味着马克思如同弗洛伊德和尼采一样，将现象和表现理解为症候，并且在一种基本的冲突关系中考察它的起源和构成。马克思并没有像尼采和弗洛伊德那样，使用症候这一概念，但这并不妨碍我们将马克思视为一个症候分析家，甚至将历史唯物主义理解为关乎思想、观念、意识的深层解释学。因为症候概念是由它的产生方式规定着，只要在马克思那里我们发现现象或表现从某种基本的冲突关系中产生出来，并具有伪装和扭曲的特征，我们就发现了症候。

在《德意志意识形态》中，马克思谈到了阶级斗争，显而易见，一个阶级对另一个阶级的统治与被统治关系是一种冲突、斗争关系。在阶级社会，这种关系是一个社会内部最基本的社会关系，阶级社会发展变化的历史也被理解为阶级斗争的力量和斗争形式发展变化的历史，比如生产力的发展变化只是这一历史的背景或深层条件。这一点在《共产党宣言》中获得更明确的表述。这些都充分表明马克思同弗洛伊德和尼采一样，将对立关系的存在视为一种基本事实。

在马克思看来，思想、观念、意识不是独立自主的存在，而是深植于上述对立关系中，并作为其中一份的工具。他说："统治阶级的思想在每个时代都是占统治地位的思想。这就是说，一个阶级是社会上占统治地位的物质力量，同时也是社会上占统治地位的精神力量，支配着物质生产资料的阶级，同时也支配着精神生产的资料。那些没有精神生产资料的人的思想，一般的是隶属这个阶级的，占统治地位的思想不过是占统治地位的物质关系在观念上的表现，换言之，不过是以思想的形式表现出来的占统治地位的物质关系。"[①]

在思想或观念中，这种占统治地位的物质关系是被如实显现的

---

① ［日］广松涉编注：《文献学语境中的〈德意志意识形态〉》，彭曦译，南京大学出版社2005年版，第66页。

吗？恰恰相反，它被马克思理解为颠倒的表现、伪装的表现、扭曲的表现，作为这种表现的思想、观念、意识被马克思视为怪影、幻象、幽灵、谬误、空想，等等，我们在《德意志意识形态》中几乎处处都可以看到马克思这样的说法。

进一步的问题是，这种颠倒、伪装和扭曲仅仅是一个纯粹的意识问题吗？是思想固有的特征吗？不是，马克思认为这一点同阶级立场和阶级利益紧密相关。思想不是纯粹的反映和表现，而是被特定的阶级立场和利益构成与支配着，并服务于阶级统治，服务于统治与被统治关系的再生产。

马克思用"意识形态"这一概念来标示以道德、宗教、艺术、哲学等形式存在的意识形式的这一性质。但事实上，不仅这些体系化的思想、观念具有意识形态性，而且日常思想、日常观念同样具有意识形态性，在这两者之间，马克思并没有设定本质的差异。

从深层解释学的立场上，马克思从思想、观念体系中读出的意识形态性就是症候性，意识形态正是症候，因为它从一种对立关系中生长出来，并且作为伪装和扭曲的表现存在着。从深层解释学的立场上，《资本论》中马克思在不同语境中对相应现象或事物的分析同样具有症候分析的性质。在下面，我们还要谈到这一点。

尼采和弗洛伊德都明确提出症候这一概念，并且将它作为一个关键概念，因为正是症候使解释成为必要，而且使解释成为一种"深层"解释，一种揭露伪装、重建被扭曲之物和被扭曲过程的精致艺术。作为强力意志之形态和发展学说的尼采心理学，以及被弗洛伊德称为"深层心理学"的古典精神分析，正是这种阐释艺术的结晶。马克思虽未明确使用这一概念，但依据我们对这一概念的规定，马克思实质上是将作为解释对象的现象视为症候的。

把待解释的现象称为症候，这绝不仅仅是一个名称上的变化，在这一名称变化的背后，我们事实上发现了一种理解观念、思想、意识的新的思想方式，这种思想方式将斗争视为一个基本的和普遍的事实，将斗争关系和处于斗争关系中的力作为真正的考察对象；现象不再被认为是单一本质的表现，表现不再是纯粹、自足的表现和为表现的表现，而是在斗争中和服务于斗争的表现，被表现之物不是将自身表现给静观的认知者，而是作用于它的对立方或应答来自于对立方的作用；将表现视为被表现之物存在起来的方式，而存在起来就即是斗争和否定。

只有症候概念，而不是"现象"或"表现"概念才切合这种思想方式，这种思想方式事实上是将症候视作现象与表现的真正存在形式，即现象同时已经是一种伪装，表现同时已经是一种扭曲、掩蔽和隐藏。我们所谓深层解释学根本性地关联于这种思想方式，它是与这思想方式相适应的理解观念本性的"解释学"，代表着一种揭示观念、思想、意识本性的新型解释原则与解释方式。

6.3.2 对症候概念的进一步分析

我们已经从作为深层解释学范例的尼采哲学、古典精神分析和历史唯物主义中各自抽取出一种对立关系，认为症候正是源自这种关系，通过对这种对立关系的考察，我们获得了症候的一个形式规定，即它是伪装和被扭曲的表现。现在，我们尝试对这个已获得的形式规定做一分析，从中推导出关于症候的更进一步的说明。

第一，症候是有意义的。说症候是有意义的，这甚至是一种同义反复，症候就是有意义的症候。症候作为有意义的症候是被先行设定的，正是这种设定使得解释得以必要和可能，但某种意义上，这种设定本身已经是一种解释的一部分，是解释的开始，而不是解释的前提。比如，弗洛伊德为释梦迈出的第一个步骤就是认定梦是有意义的，而且是一种心理意义。当然，先行设定的这个意义需要在解释活动中显明或澄清，并且随着解释的深化，这一意义也不断深化和丰富。尼采那里的情形也是如此，我们已经谈到了支配和引导设定解释对象的决定性先见，这种先见同时引导着尼采设定了解释对象作为有意义的症候，并且，随着解释对象和被解释项的每一次转换，对象之意义也不断深化和丰富。马克思同样如此。

第二，症候的意义是被掩蔽的意义。症候的意义正是力，但力始终处于同其他力的斗争关系之中，力的表现同时是伪装与扭曲的表现，这样，意义同时就是被掩蔽的意义。在这里，存在着一种形式上的悖反：一方面，力必然表现自身，因为表现就是使自身存在起来；另一方面，力始终需要伪装和掩蔽自身。这两个方面都同力与力的斗争相关，构成了这种悖反的斗争，同时构成了症候，并使症候在形式上自相悖反。症候不仅是力表现自身的方式，同时也是伪装和掩蔽自身的方式，因此，意义在症候之中，但又被症候所掩蔽。深层解释学对于任何呈现于表面的意义有一种深深的不信任，同样，它也不信任呈现于表面的无意义，两者都可能是对真正意义的掩盖，或意义借以伪装自身的形式。

第三，症候的意义不是单纯的。所谓意义的单纯性是指症候仅仅作为单一的力量表现自身的方式。显而易见，症候的意义不是单纯的。我们可以从两个层面来谈：其一，没有自在、单一、纯粹、自足的力，力的看似单一的性质也是在与他力的关系中获得的，因而受制于这种关系，它看似纯粹自主的表现其实已经是对这种关系和参与构成关系的其他力的表现。其二，占据和支配症候的常常不是一种力，而是相互斗争的两种力，甚至一个复杂的力群。很可能两种力都借同一种症候表现自身，所以每一种力都无法获得充分的表现，从而，症候成为一种妥协的产物，一种折中替代物。古典精神分析面对的许多症候都具有类似的特征。

我们在这里谈到的仅仅是一对对立关系中的力，但通常存在着不同层次上的多种对立关系，或者，进入斗争关系的力量是多元的，在这些情形下，症候的意义就更不单纯。此外，我们不仅可以在一种共时的分析中发现这种不单纯，在一种历时和动态的分析中，症候意义的不单纯甚至更加明显。力是活跃的力，是流而不是实体，力的关系也不是静态的关系，在一种力量无法支配症候时，另一种力就可能占据和支配它，从而症候的意义也会发生变化。三位思想家都考虑到了这一点。

第四，症候作为功能性的表现。在力的相互斗争中，表现不是被表现之物将自身呈送给与己无关的认知者，表现就是去斗争，就是执着地存在起来，就是借否定自己的对立面肯定自身。不存在为了表现的表现，而只存在为了斗争的表现。

作为一种表现的症候因此是功能性的。它固然是一个产物，但这个产物不是一种惰性的、纯粹被动的存在，而是作为工具、武器、面具存在着。也因此，产生一种症候同时是产生一种新的斗争形式，新的征服与抵抗的形式，力的新的存在形式。力的斗争不是作为僵死的形式凝固在症候之中，而是在症候中和通过症候继续展开。

第五，症候的非自主性。表现始终是被表现之物的表现，是被表现之物存在的形式，这样，表现没有相对于被表现之物而言的自主性。但是，作为症候的表现却获得了自主性的假面，而且，这种自主性的假面是一种具有普遍性的伪装形式。比如，宗教、道德、艺术，这些被马克思称为意识形态，被尼采和弗洛伊德称为"幻象"的意识形式，本质上是一种症候性的存在，但它们却获得自主性的外观，这种自主性表现在它们似乎具有属于自主的、自足的力量，具有自在的本质和独立的历史。对症候之非自主性的揭示（或对症候之自主性幻象的破除），尤其是对思想、观念、意识之非自主性的揭示，构成深层解释学最富创见的理论实践之一，我们将在最后一章更详细地探讨它。

第六，症候不是一般意义上的现象，意义也不是一般意义上的本质。对症候不能以如下这种常见的思想模式来把握。这种思想模式使表现等同于现象，使意义等同于本质；而且，本质只是某一个事物的单一本质，现象也只是表现某个单一本质的现象；现象固然不是直接表现本质，但也不是本质的掩盖与扭曲，不是假相与幻象；现象看似对本质的掩盖与扭曲、现象似乎以假相和幻象的形式存在，这一点不能由认识的对象来说明，而只能由认知者来说明，问题不在于对象，而是由于认知者将自身的主观错误投射向认识对象。这样的思想模式难以将现象理解为症候，难以想象意义的自我伪装与自我扭曲，更加难以想象现象作为症候的普遍性。无论是在哲学还是日常理解的层面，这种思想模式都是广泛存在的。

严格来说，深层解释学并没有抛弃现象—本质的理解模式，症候—意义模式仍属于现象—本质模式的一个变种，尤其是如果我们在更宽泛的意义上使用现象与本质二词的话。但是，在此我们更需要强调的是，深层解释学根本革新了对现象、本质以及现象与本质间关系的理解。这种革新得以可能的条件是多重的，但其中最为重要的是将力量间的斗争关系作为基本或终极的关系类型，将现象视为力与意志的表现，使伪装成为事物存在的常态，从而也使误解而不是理解成为认知的常态。

第七，症候的意义是支配症候的力内在具有的意志。对于深层解释学而言，症候的意义正是支配和占据着它的力，但更准确地说，是内在于力的意志。在尼采、弗洛伊德、马克思那里，这里的力和意志之所指当然是不同的，但这不是重点。我们认为，深层解释学的几位代表性思想家同样持有这样一种思想方式：将待解释的现象或事物视为人类行动的相关物或产物，或者，在与作为行动者及其意图的关联中来领会和规定现象之所是，将行动者的意志或意图视为现象或事物之意义。对我们每个人来说，这当然都不是一种陌生的思想方式，我们就是以这种方式领会和开显生活世界的。这几位思想家不同寻常之处在于，他们向我们揭示了，在现象和现象世界的更深层，存在着我们通常没有意识到的更深刻的意义，它与我们习知的意义不同甚至相反，而它才是现象真正的意义。但是，无论如何，现象之意义仍被理解为意志或意图，并且最终将是人可以理解性地把握住的属人的意志或意图。

我们的确在弗洛伊德、马克思，甚至在尼采那里都看到一种模仿科学建立的说明性的解释框架和相应的一套概念，比如弗洛伊德的力能学概念体系。马克思亦要使历史唯物主义成为一门科学，尼采在《论道德的谱系》中也倡导和践行了多种科学解释。但基于解释学的视角，我们认为，这些都是非本质的，并仅具次要意义。核心和关键之处仍在于，最为根本的解释学框架仍是一种实践或行动的框架，最终要把握的仍是属人的意志或意图，其他种种科学说明根本上是为了显明行动、行动者及其意志或意图的种种因果条件，对于把握这些条件而言，理解的方法通常是不够的或不适用的。但在我们看来，三位思想家最核心和重要的思想成就不在这一方面，而在于理解性把握现象之隐含意义的方面，说明性的科学解释是服务于这一方面的，虽然，这种说明性的科学解释亦有其独立的意义和价值。在他们那里，解释学的意旨和与之相应的那种思想方式、概念结构是更为根本的，而那套科学话语则不是。

上述论断并不是因为我们基于解释学的视角来看待他们的思

想，实际上，是他们的思想本身昭示了这一点。我们一再谈到，根本上，他们都是基于行动或实践的角度，利用与之相应的思想方式和概念装置来把握现象的。此外，在一个更基础的层面，我们看到，他们各自的思想实践从来就不是一种单纯的理论研究，不是对现象的单纯认知。在三位思想家那里，解释与评价、理论与实践、事实与价值不可分割地交织着。他们的解释活动固然有相对独立的一面，但根本上服务于各自特定的实践意旨，在尼采那里，这种意旨是人的提升，在弗洛伊德那里，是对病患的医治，在马克思那里，是无产阶级革命。虽然我们无法完全清晰地看到这些实践意旨如何具体影响到理论的建构（这同样需要一种细致缜密的深层解释学分析才能实现），但毫无疑问，这种影响是存在的，并且是深刻而全面的。

在三位思想家那里，各自有着一种对于人发出的特定行动呼求，或者关于"应当如何"的要求、命令、劝导或建议，这些呼求或劝导分别对应着他们各自的根本实践意旨。从修辞学的角度看，他们都意在说服特定的人或人群去做特定的事情，而他们的认知和理论根本上都服务于说服效果的达成。我们需要注意到，在三位思想家那里，这种说服活动并不是外在于，而是内在于解释实践以及理论的建构。之所以能够"内在于"，关键就在于，在他们的解释和理论建构中，真正的核心是对意志或意图之把握。在尼采那里，唯有揭示出道德背后的怨恨，才能评价、鞭策、要求，如果仅仅做一种说明性的解释，就无法内在地引入这些评价和呼求；在弗洛伊德那里，也是这样，精神分析的最终理论焦点仍在欲望和意图上；在马克思那里，阶级意志而不是生产力才是真正的理论焦点。只有将理论焦点最终会聚在意志或意图之上，并且它最终是人可以理解性地把握的那种意志或意图，评价和对行动的呼求才可能内在于解释或认识活动本身。当然，这意味着，他们至少部分地接受或预设了自愿和自主行动者的概念。没有这样的概念，对特定行动者发出的行动呼求就是荒谬的。但我们也将看到，在关于人的观念中，他们都对自主自愿的行动者观念进行了强硬的限制。

总之，根本上，他们仍是着眼于这个由行动者构成的意义世界，他们的根本理论关切仍是解析这个意义世界，并通过语言与行动介入这个世界，为这个世界创造新的意义，一切科学的或看似科学的说明性解释实际上都服务于此。正是这一点根本上决定了我们所确立的解释学视角的恰切性，当然，也决定了症候的意义在于意志或意图。

6.3.3 症候的普遍性

症候的普遍性是指深层解释学理论视野中呈现的现象普遍作为症候而存在，即普遍以伪装、幻象、自我掩蔽的形式存在。症候的普遍性根源于对立关系的基础性或终极性，一切现象最终都将被视为对立关系的产物和表征。我们看到，在马克思、尼采与弗洛伊德那里，各自理论视野中呈现的现象普遍作为症候而存在。在第一部分，我们已经谈到尼采解释学中症候的普遍性，在此仅做简述。

尼采说："一切事件，一切运动，一切生成，都是度量关系和力量关系的确定，都是斗争！"[1] 力是唯一的和终极的现实，这同时意味着，力与力的斗争关系是唯一和终极的现实。对尼采而言，"真正的世界"只是诸力相互斗争的世界，即便是力的联合也服务于更大范围和更高层次上的斗争，而且联合始终是有张力的联合，因而并不构成对斗争关系的真正否定。正是诸力的斗争作为终极的现实，使任何表现都始终是伪装或歪曲的形式，从而都是症候，这样，症候成为普遍性的存在。

在德勒兹看来，尼采的哲学首先是一种症候学，或它首先以症候学的形式存在，尼采对现象的解释首先在于将现象理解为症候。将现象理解为症候已经是一种解释，因为设定解释的对象、把现象理解为需要解释的对象，已经是从特定解释系统出发而做出的解释，即便这还只是解释的起点。首先以症候学形式存在的尼采哲学表现出对现象的深深的不信任，它不认为现象的意义或本质可以不经挖掘而自行显现于现象中；他不认为现象具有一种意义和一个本质；他不相信诸现象间的相关性构成一种解释，反倒将造就相关性的认识活动视为一种症候。在尼采那里，普遍的怀疑对应于症候的

---

[1] ［德］尼采：《偶像的黄昏》，周国平译，光明日报出版社1996年版，第149页。

普遍性。

在弗洛伊德那里，我们一样看见症候存在的普遍性，它同样根源于对立与冲突关系的普遍性、基础性。

古典精神分析发端于对神经症的解释与治疗。在对癔病性遗忘的分析中，弗洛伊德发现了这样一种基本的心理事实，即最初在意识中的思想、观念、情感、愿望因被压抑而成为无意识的，但仍保有它的力量，并对心理和身体产生种种隐蔽影响。基于对压抑的力量及被压抑性力量之起源和条件的更深入分析，弗洛伊德提出了"动力无意识"的概念，并看到意识与无意识之间的一种基本对立。此后，弗洛伊德又建构起本能理论，尤其性欲发展理论，并在对性欲发展过程的分析中发现了俄狄浦斯情结，后者被视作最基本的神经症病因学结构。在其思想发展的中期，弗洛伊德对其本能理论做了一个重要修正，即以生本能与死亡本能的对立取代了自我本能与性本能的对立，这样的替代使得弗洛伊德在一个宽广得多的生物学基础上深入思考人类活动的心理动力之根源。

在这样的发展历程中，古典精神分析从身心医学的一个小小分支发展为一种人类心理学，并进而成为一种"介于哲学与医学之间的一个知识领域"。弗洛伊德宣称自己没有要使精神分析成为一种世界观的企图，但是它的确在朝着那个方向前进，至少可被称为一种"文化哲学"或"社会哲学"。而弗洛伊德的一些后继者，比如布朗，在《生与死的对抗》一书中明确地把精神分析发展成一种世界观；在《群氓的时代》一书中，作者亦认为，弗洛伊德构建了一种可以与马克思的历史唯物主义相抗衡的社会—历史理论。

古典精神分析的这种发展同时伴生两种相互关联的理论进展，一是解释对象的领域的不断扩大，一是理论基础的不断拓宽。当弗洛伊德以生本能与死亡本能再次拓宽精神分析的基础后，他甚至声称，所有的生命现象都是生本能与死亡本能相互斗争的产物与表现。从而，被取消的不仅是所谓正常人与神经症患者的界限，理论上，人这个种类与其他生命种类的界限也被取消了。实质上，解释基础的不断拓宽是弗洛伊德将早已发现的神经症的心理冲突不断深化，不断在更深的，也更宽广的层面寻找构成这种冲突的条件。与之相应，神经症不再是一种特殊的和偶发的现象，而具有了普遍性与必然性。所谓正常人与神经症患者之间的实质性差别已不存在，因为同样的精神结构、同样的冲突关系既支配着神经症患者也支配着所谓正常人，从而他们之间只有患病程度上的差别。或者，所谓正常人不过是以被社会认可的方式转化和相对满足了被压抑的本能欲望而已，也因此，那些"正常的"、被社会认可的方式只是某种更为普遍的神经症形式而已，文明正是在这种意义上被解释为症候。

解释对象领域的不断扩张，事实上也使症候不断获得它的普遍性，因为基于在更深刻也更宽泛的对立，更宽广领域中现象被解释为症候。但症候的普遍性不仅意味着这种范围的扩展，它更意味着呈现于精神分析视野中的现象都具有症候式的存在。古典精神分析在对立中，而且在不断深化的对立中来考察心理现象已经是在将考察的对象解释为症候，而且，古典精神分析的决定论又强化了这一点。

弗洛伊德建立的解释系统具有决定论的形式。在力能学的基础上建构精神分析，不仅在于为心理学提供一个科学基础，更在于使心理系统成为相对闭合的系统，从而使心理现象成为被严格决定的。从解释学的视角上，任何心理现象因而都是有意义的，都是需要解释和能够加以解释的，而解释首先意味着将之解释为症候。

在马克思那里，我们同样看到对立关系的普遍性。在《共产党宣言》中，马克思把历史理解为阶级对抗的历史，阶级对立和冲突内在于社会并割裂社会。生产力与生产关系之间的矛盾支配和构成着阶级矛盾，而阶级矛盾又支配和构成着比如民族间的对抗、国家间的对抗，甚至性别之间的对抗。在马克思那里，对立和冲突的普遍性同样带来了症候的普遍性，也像在弗洛伊德那里一样，这一点为一种决定论所加强，即使这种决定论不是机械和严格的决定论。这种决定论将社会视为一个整体，而层层对立关系构成的结构成为这一整体的骨架，其中深层的对立关系构成和支配着表层的对立关系，而阶级冲突则构成马克思理论观照的焦点所在。

总之，只要将对立、冲突、斗争关系设定为基本或终极的关系类型，只要对立关系结构中意志的冲突关系成为理论的焦点，理论视野中呈现的诸种现象将必然同时作为症候而存在。当然，考虑到具体理论和解释的复杂性，这种说法还常常需要做些限定、补充、修正或调整。

6.4 解释

解释是通过解释活动来加以说明的。深层解释学的解释正是对症候的分析，即对构成症候的力与力量关系以及力的伪装和扭曲形式的分析。解释反向地重建症候被构成的过程。由于关乎症候的最重要问题集中在相互关联的两个方面，即症候的意义是什么，与意义何以具有症候的形式，相应地，解释既作为深层解释，又作为对症候的形式分析而存在，即作为症候分析的解释不断深入地挖掘症候的意义，同时致力于说明意义为何能以症候的形式表现自身。

6.4.1 症候与解释的动态关系

我们首先在一个一般性的层面上，通过着眼于解释对象与解释的关系来说明深层解释学的解释活动。为了凸显深层解释学之解释对象意义结构的特殊性，我们在下文中直接以"症候"来指代"解释对象"。

我们已经谈到，深层解释学的症候概念与解释概念是相互规定着的，症候就是待解释的现象，而解释就是症候分析。症候的特征决定了使用什么样的解释技术与方法，沿着什么样的方向去解释，以及解释停留在什么样的深度上，等等。倘若我们将特定的深层解释学样例，比如古典精神分析，视为静态的理论体系，对症候和解释的规定事实上具有同义反复的性质，是在用产物来替代性地说明构成这种产物的理论活动，从而这样的说明无力揭示症候与解释间存在的动态的复杂关系，这种关系从来都是消失于，而不是显现于已经作为产物的理论体系中。因此，我们应该从动态的方面来理解症候与解释的关系。

在一个作为产物的相对静止的理论体系中，被确定为症候的现象是已经被降伏了的症候，是已经被宣布为谎言的谎言，被宣布为幻象的幻象，但被这样宣布之后，它们其实已经不再具有谎言和幻象具有的那些功能或作用了。这里的症候就像是被捉住而且已经被宣判了的犯人，人们只看见犯人和对他的宣判，但却未看到他如何被捉住，如何被审讯，以及依据什么对之宣判的。同样，症候还未被解释时，就像一个未被捉住的嫌疑犯，解释像是一个调查、怀疑、跟踪、试探、抓捕的复杂过程，甚至症候之被识别为症候已经是解释的一部分，而不是先行于解释和使之必要的前提。而且，症候之被确定为症候也不是一劳永逸的，因为症候始终反抗着，不仅反抗着对它所作的标定，而且在被标定之后重新伪装自己，转换它的形式，使解释自以为已经牢牢抓住的东西变成一个空壳。

解释的过程在本质上是一种确定症候之为症候的过程，就像对一个罪犯，只有在抓捕、审讯和宣判之后，他才真正成为一个罪犯，而不仅仅是一个嫌疑犯。而且，就像一个罪犯可以上诉、自我辩解，判决因而可能失效一样，一种解释也始终无法彻底降伏一种症候，症候与解释间的张力始终存在，而这使得解释成为原则上无限的，成为不断深化、不断跃出自身的解释。

根本而言，这是因为，症候从不是静态的、死的对象，不是在消极地等待着解释逼近和分析它。症候的本质在于它始终只是作为隐伏其下的力的症候，比如在弗洛伊德那里，阻抗现象已经再明白不过地表现了那种参与构成症候的抑制性力量是如何逃避解释的。对症候的解释，实质上是解释作为一种力量作用于支配和构成症候的另一种活跃的力量，解释以之为对象的症候不过是力的面具。对症候的解释本质上是力与力的斗争，而且支配着解释的力不是在任何时候都能战胜支配着症候的力。

无论是在弗洛伊德还是尼采和马克思那里，解释活动都不是一种静观，不是一般意义上的理论活动。实际上，三位思想家都是以战斗的心态和姿态来面对解释对象的。解释者不是中立的、超然于解释对象的认知主体，解释是一种战斗，是解释者作为一种力量与隐藏在症候背后的力量的较量。解释不是静观，而是一种行动。

此外，需要注意的是，在三位思想家那里，解释活动都不仅仅是通过语言来进行的，解释是一种更复杂得多、调动起更多精神力量的活动，言说只是对这一活动的有限部分。并且，当以语言形式表达或描述解释活动时，很多或许更具实质性的东西都隐没不见了。在尼采那里尤其如此，格言体的表达方式使这种情形更为突出，在尼采的表达中，我们很多时候看到的只是以断言形式表达的解释的结果，而复杂的解释过程则隐没了，只是在如《论道德的谱系》这样的较为系统的文本中，我们才能瞥见解释的过程，但仍然不是全部解释活动与过程。

6.4.2 解释作为一种深层解释

作为症候分析的解释是一种深层解释，因为，症候与占据和支配它的力以及力与力的关系不是处于同一个层面上，借助于一种地形学隐喻，它们之间是表层与深层的关系，对症候的解释就意味着沿着表层进入深层；此外，支配着症候的力及力的关系通常并不构成终极的深层，它们同样为更基本的条件、关系所构成和支配，因而，解释必须沿着这个已发现的深层继续深入。

古典精神分析最明确地表现了这一点。弗洛伊德将古典精神分析称为"深层心理学"，在这里，"深层"的提法显然关联着意识与无意识关系的地形学隐喻。意识性是一个重要的尺度，尤其在古典精神分析理论发展的早期，解释是将无意识的观念、动机、情感提升至意识的层面。但严格地说，层次并不是存在于意识与无意识之间，而是存在于症候和支配着它的情感、动机、愿望之间，存在于症候的内在冲突关系与意识力量和无意识力量的冲突关系之间。当弗洛伊德发现超我以及它与本我的冲突关系之后，这一点就变得更加明确，此时，甚至意识与无意识的对立已不再能说明什么了。更具实质性和更准确的说法是，古典精神分析的解释并不是从意识深入无意识，而是从症候深入占据它的力量以及这种力量与压抑性力量的冲突关系。解释之所以深入无意识，并不是因为它相对意识成为一个深层，而是因为占据症候的力及其运作都是无意识的，并且正是这一点决定了无意识相对意识成为一个深层，而不是相反。

无意识不是一个平面，而是具有自己的深度，这种深度得以形成，一方面是由于被压抑力量与压抑性力量的冲突使前者被排斥出意识领域；另一方面是由于被压抑力量与压抑力量的冲突关系也是被构成的。压抑性力量与被压抑性力量有其起源，而且它们的冲突关系已经包含在起源处的某种冲突关系中了，相对于那种业已表层化并进入意识的冲突关系，它们构成另一个深层。这种层次关系构成无意识领域内部的深度性，而且，这种深度在某种意义上是无限的，因为对精神分析而言，并不存在严格意义上的起源或开端，总是可以为起源寻找起源，为开端寻找开端。

古典精神分析的每一次理论扩展与深化都是在增加无意识的深度，从而是在增加解释的深度，因为每一次的扩展与深化都是为已经成为解释根据的东西设定更深的根据，为已经确定的力和力的关系建构更基本的前提。

我们看到，精神分析对当下症候的解释决不仅仅止于探究近期发生的相关事件，而且是认为，必须要用更早发展阶段（尤其童年期）发生的事件来说明近期事件为何能够引发症候。通常，这些早期事件发生在本能发展的某个关键阶段，它对这种发展产生了阻抑，并留下一个"敏感点"，引发个体对这一发展阶段的心理固置，由于这种固置，本能在未来的发展受到挫折时，更容易退行到这个阶段。围绕着这个"敏感点"团聚起一群未被满足的愿望，以及与之相关的观念、情感等，它们的综合体就是一个"情结"。典型的情结是俄狄浦斯情结，它支配着神经症的产生。但是这一情结是一个具有普遍性的情结，它不能完全通过个体的心理生活史来给予说明，这样，问题就不是在个体心理学的领域内所能解决的了，弗洛伊德因此进入了史前史和生物学的领域来说明俄狄浦斯情结的起源。众所周知，这关联着原始游牧部落与"种系遗传物"的理论假设，我们不再赘述。

解释的深化在这里表现为解释沿着时间维度的不断退行，从当下退行到童年，从个体童年退行到人类的史前史，原则上还可以不断退行下去。潜意识并不是能量的完全自由的流动，本能的无约束的翻腾，并不是由之而来的一团混沌，恰恰相反，它已经是一种动态的结构，是历史事件的沉淀，是构成那些事件的力量以及力量间的对立关系的积淀，这样的构成过程早在人类史前时期就已开始了。

对于古典精神分析而言，已发生的事件（尤其是重复出现并具有重要心理意义的事件）并没有消失而是沉积下来，它的力量也并没有消散，而是时刻以新的形式显现出来。历史（尤其是种系水平上的历史）支配与构成着当下，当下本质上不是与历史不同的东西，而是历史在当下的表现，它与历史不是外在的关系而是内在关系，但这种内在关系也不是某种继承和发展关系，而是表现和被表现的关系。它们是一体的，当下只是历史的征象，历史本质上就是重复。也因此，古典精神分析对任何当下事件的深层解释都是沿着时间维度排布相互对立的力量，使时间在先的对立关系成为其后对立关系的条件，或更准确地说，它的转化形式。

还必须强调对立关系，严格地说，古典精神分析的解释不是为已经发现的力寻找作为条件或基础的更基本的力，而是为已经发现的对立关系寻找更基本的支配和构成关系。而且，一个层面上的对立关系与更深层面上的对立关系的关系是一种内在的表现与被表现关系，前者并不是作为外在于后者的关系而被支配的，恰恰相反，它实质上是后者的转化形式，并在这种意义上被后者支配着。也因此，某种意义上，古典精神分析沿着时间维度所排布的那些对立关系实质上只是一种对立关系，对立关系转化为不同形式的动力来自于内在于对立关系的张力。

基于深层解释学的立场，正是我们提到的这种关系形式才是最值得关注的。我们可以将古典精神分析的力能学基础理解为这种关系形式借以投影其上的唯物主义界面，将古典精神分析在史前史和生物学领域内的探索理解为这种关系形式向历史之镜的投射。在解释学视角上，这一理论的说明性科学框架仅具次要意义，不是我们关注的重点。

我们已经看到，弗洛伊德如何使精神分析的解释几乎无限地深化下去，在尼采那里，我们一样可以看到，解释作为深层解释而存在，而且，解释原则上可以无限地深化下去。

"力"这一概念是尼采哲学的一个基本概念，但从解释学的视角上，尼采的"力"可以被理解为标示解释根据的解释符码，这是"力"这一概念所具有的最重要解释学功能。当尼采说，一个事物的意义与本质是由占据它的力来说明时，实际上就是表明了这一点。当尼采说，一定量的力就是一定量的情感与欲念时，它并不是借心理学来解释力，而是借以说，情感与欲念构成另一些东西，比如思想、观念的解释根据，构成它的意义。在对每一个特定现象的分析中，力都有具体的所指，而它指称的都是构成那一现象的条件与根据。但当对这个条件与根据加以解释时，尼采一样谈到支配它们的力，比如，对于特定的思想而言，特定的情感与欲念可能是一种构成性和支配性的力，是对这一思想作出解释的根据，是解释的相对终点；当对情感作出解释时，尼采又谈论支配和构成着它的力，比如身体；当谈论身体时，又存在构成和支配着身体的力，比如特定的生命状态，身体的状态不是这一生命状态的原因，而是它的表现与产物。

尼采使用"力"这一概念的方式，使得它具有了深化和不断深化解释活动的功能。它的使用本身已经先行显示一个更深的解释层面的存在，症候与力的对立同时是一种沿着深度之维的对立，作为症候分析的解释同时对构成症候的力与力的关系的分析。但是，由于力和力与力的关系本身仍然可能成为更基本的力量关系的征象，这样，前者同样需要加以解释而不构成解释的终点。存在着症候的症候，因而存在着对解释依据的解释，而且解释在原则上是无限的，解释的终点始终只是一个相对的终点。在尼采那里，解释从哪里开始和在哪里终止是权宜性的，而不是完全由他的解释原则决定。

在马克思那里，经济基础与上层建筑作为一种地形学隐喻，已经显示了马克思借以构建的解释空间的深度特征，以及与之相应的解释活动的深度性。上层建筑，尤其作为思想上层建筑的意识形态，被视为解释的对象而非其他对象的解释根据，意识形态是被意识到的内容在意识中的歪曲或颠倒的反映。思想、观念、意识以及作为意识形态的意识诸形式作为症候而存在，它不具有自主性，而是被物质生产关系及其支配的阶级关系所构成和支配，因而对它的解释需要不断深入这样的层面寻找构成和支配性的力量与关系。

在《资本论》以及《哲学的贫困》中，马克思使用了典型的结构分析方法。一种社会经济形态是被当作一个整体来考察的，这个整体是由诸对立关系所构成的整体，而且这些关系之间存在着支配与被支配、构成与被构成的关系。比如，我们可以看到，劳动与资本的对立关系，如何构成和支配着内在于商品的交换价值和使用价值的对立关系。在这里，商品具有了症候的形式，物成为商品是诸种关系层层支配的结果。商品作为最简单的经济学范畴，却在对资本主义生产关系的分析中获得最丰富的规定性，而对作为症候的商品的分析意味着层层深入地挖掘构成和支配着它的诸关系。

在马克思那里，也像在弗洛伊德那里一样，一个层面上的对立关系与更深层面上的对立关系的关系是一种内在的表现与被表现关系，前者并不是作为外在于后者的关系而被支配的，恰恰相反，它实质上是后者的转化形式，并在这种意义上被后者支配着。而且，对立关系转化为不同形式的动力同样来自于内在于对立关系的张力，也正是因为这种张力，表现和转化同时是伪装和掩盖。

作为症候分析的解释是一种深层解释，这种解释常被误解为一种还原论的解释，解释被认为是将一种性质的事物、事件或关系还原为另一种性质的事物、事件或关系。但实质上，症候作为一种表现并不是独立和外在于被表现之物，而只是它的存在形式，或这一存在的扩展；解释从一个分析层面不断深入另一个分析层面，但这些分析层面不是彼此外在的关系，而是内在的支配与被支配、构成与被构成的关系，是表现与被表现的关系。

在弗洛伊德和马克思那里，可以明确地看到，关系之关系如何构成为一个整体或结构，看到解释如何只是在这一个整体或结构中不断深化，而且只是在这一个整体或结构中获得它的连续性。在尼采那里，我们无法明确看到这样作为关系之关系的整体的存在，但这一点是显而易见的，即某些事物或关系构成和支配另一种事物或关系，从而，前者成为后者的解释根据。

因而，在这种意义上，作为症候分析的解释不是一种外部解释，对症候的解释始终是一种内部解释。同样因此，解释从一种关系追溯到另一种关系，从一个层面深入另一个层面，并不造成解释的断裂，而恰恰是解释的连续性得以建立起来的方式。我们之所以将弗洛伊德、尼采与马克思的解释误解为外部解释、还原性的解释以及内在断裂的解释，根本而言，是我们无反思地先行设定了一些事物、事件或关系与另一些事物、事件或关系的质的差别。比如，基于身与心的对立与性质差异，我们就无法理解弗洛伊德对转换性歇斯底里症候的分析；基于物质关系与精神关系，自然与社会的二分法，就会误将历史唯物主义理解为还原论和外部解释；基于理性与非理性的对立与性质差异，就容易误解尼采对形而上学的批判性解释，如此等等。但这三位思想家的深刻和具有启发意义之处正在于在被认为异质的事物、事件或关系之间看见质的同一性，在于将对立的一方解释为另一方的表现，更准确地说，解释为症候。

6.4.3 解释作为对症候形式的分析

对症候的解释不仅在于不断深入地挖掘它的意义，同时在于不断追问和解答这样的问题：症候何以具有了症候的形式？换言之，深层解释学不仅探究症候的意义，还对症候形式本身进行追问。这两个方面事实上是一个解释过程的两个侧面，对于深层解释学而言，后者甚至是更重要的。

我们首先以弗洛伊德对于梦的阐释为例来说明这一点。对于古典精神分析而言，对梦的解释事实上是对构成梦的各种动因、条件、活动与过程的分析。被压抑的欲望与压抑性力量的冲突是产生梦的动因，梦的一切伪装本质上都是被压抑的愿望逃避检查作用的方式。弗洛伊德不仅关注这种冲突，以及作为梦的内核与意义的潜意识愿望，他同时也关注，甚至更加关注梦的伪装形式，关注隐梦与显梦内容的各种关联方式，关注梦运作的各种机制，因为正是这些构成了梦的形式。而且，弗洛伊德在对梦的阐释中所发现的潜意识的各种运作机制不仅支配着梦的生成，同时支配着神经症症候的生成，甚至支配着包括宗教、艺术、道德在内的各种文明成果的产生。从而，"对文化产品进行的精神分析学解释并不企图阐明本能，或者甚至是隐蔽的幼儿期冲突，而是去发现这种支配着欲望的伪装的歪曲结构和变形法则"[①]。"精神分析学的特殊主体是研究歪

[①] [法]保罗·利科主编：《哲学主要趋向》，李幼蒸、徐奕春译，商务印书馆2004年版，第261页。

曲的形式，换句话说，精神分析学解释的本质就在于欲望语义学与歪曲句法学之间的关系。"①

古典精神分析不仅是一种欲望语义学，还是一种歪曲句法学，即，它不仅关注欲望，而且关注与欲望的变形相关的各种潜意识运作方式、程序与歪曲结构。从深层解释学的立场上，作为一种歪曲句法学的精神分析更加值得关注，"重要的不是有关欲望的论断，而是有关那些可能作为移位、压缩、二次修正、无意识表现等类现象的程序的论断"②。

基于解释学的立场，我们同样重视精神分析作为歪曲句法学这一方面，并认为这一方面不仅是对精神分析之"欲望语义学"的补充，而且是对它的论证。欲望始终是自我伪装的欲望，变形的欲望，我们只能看伪装形式存在的欲望，而看不见欲望本身。精神分析只能从这些伪装形式出发进行分析。借助对伪装形式的艰苦破译，通过在这一过程中使自身成为一种歪曲句法学，精神分析才能确定那个"欲望本身"，这一过程同时亦是对欲望存在并作为现象之意义这一点的论证。

精神分析使得"症候何以获得症候的形式？"成为一个至关重要的问题（我们把这一问题简称为"症候形式问题"），而在齐泽克看来，这个问题同样也是马克思的问题。在《意识形态的崇高客体》一书中，他开篇便以"马克思、弗洛伊德：形式之分析"为标题指示了这一点。

齐泽克引述了拉康的看法，即发明了症候这一概念的不是别人，而是马克思，他接着问道："如果马克思真的清晰阐明过'征兆'（它与'症候'是同一个英文词'symptom'的不同译法）这一概念，使其发挥它在弗洛伊德精神分析理论中所发挥的作用，那么，我们必须就这一遭遇在认识论上的'可能性条件'问题进行康德式的扪心自问？马克思在其对商品世界的分析中，是如何创造

---

① ［法］保罗·利科主编：《哲学主要趋向》，李幼蒸、徐奕春译，商务印书馆2004年版，第262页。
② ［法］保罗·利科主编：《哲学主要趋向》，李幼蒸、徐奕春译，商务印书馆2004年版，第261页。

出这个同样适用于分析梦和歇斯底里现象的概念的?"① 而答案是:"马克思的阐释程序和弗洛伊德的阐释程序,更确切些说,马克思对商品的分析与弗洛伊德对梦的解析,二者之间存在着基本的同宗同源关系,在这种情形下,关键在于避免对假定隐藏在形式后面的'内容'的完全崇拜式迷恋:通过分析要揭穿的'秘密'不是被形式(商品的形式,梦的形式)隐藏起来的内容,而是这种形式自身的秘密。"② 因此,对于弗洛伊德而言,真正的问题是:"为什么潜在梦思呈现为这样一种形式?为什么它转换成梦的形式?"③ 对马克思而言,真正的问题是:"为什么劳动采取了商品价值的形式?为什么在其产品中它只能以商品形式强化其社会品格?"④

弗洛伊德对梦的分析与对梦之本质的揭示,马克思对商品的分析和对商品本质的揭示,事实上是借助于建构起这样的症候形式问题来推进的,对他们而言,恰恰是症候形式问题才构成恰当的和实质性的问题。

马克思说:"价值量由劳动时间决定是一个隐藏在商品价值表面运动后面的秘密。这个秘密的发现消除了劳动产品的价值量纯粹是偶然决定的这种假象,但是决没有消除这种决定所采取的物的形式。"⑤ 对于马克思而言,也如同对弗洛伊德而言,存在两种相关的"秘密",即"意义"的秘密和"形式"的秘密,在似乎偶然不可解的表现下发现意义(在梦中发现欲望,在商品中发现劳动),揭穿了"意义"的秘密,但并没有揭穿"形式"的秘密。马克思正是在这种意义上批评了古典政治经济学对商品本质的理解:它发现了商品之中的人类劳动,但并没有揭示为何人类劳动采取了

---

① [斯洛文尼亚]齐泽克:《意识形态的崇高客体》,季广茂译,中央编译出版社2002年版,第15页。
② [斯洛文尼亚]齐泽克:《意识形态的崇高客体》,季广茂译,中央编译出版社2002年版,第15页。
③ [斯洛文尼亚]齐泽克:《意识形态的崇高客体》,季广茂译,中央编译出版社2002年版,第15页。
④ [斯洛文尼亚]齐泽克:《意识形态的崇高客体》,季广茂译,中央编译出版社2002年版,第15页。
⑤ [德]马克思:《资本论》(第一卷),人民出版社2018年版,第92—93页。

商品这一形式。而要回答这样的问题就要深入资本主义经济形态之中发现和说明一种矛盾关系如何转化为另一种矛盾关系，因此，必须把这种转换机制本身做一个相对独立的分析对象。正是通过这种转换机制，人类劳动才能够并必然以商品形式表现自身。

如同梦是弗洛伊德眼中的症候，商品是马克思眼中的症候，但在马克思那里，不仅仅有商品才是症候，事实上，任何一种拜物教都具有症候性。资本和货币同样也是症候，对于它们，金钱何以具有资本或货币的形式也成为实质性的问题。不仅如此，任何一种幻象、颠倒、扭曲，即对"真实存在的关系"的变形，都可能是症候，对它们的解释不仅要揭示其意义（如特定的阶级利益），更在于揭示为何意义以这种形式表现自身。解释必须同时对作为幻象、颠倒和扭曲的"形式"本身发问，而且只是在这之后才能确定现象之为症候，确定形式之为症候的形式。

在尼采那里，解释同样表现为对症候形式的解析，前文已经谈及，在此不再赘述。

深层解释学的解释并不仅仅具上述两种特征。尼采之解释具有的其他某些特征同样也是马克思和弗洛伊德之解释所具有的特征，但毫无疑问，解释的深度性和解释作为伪装形式的破除是最关键的两个共同特征，所以我们只谈到了它们。

第七章　作为症候的思想、观念、意识

　　深层解释学将思想、观念、意识作为解释的对象，而将"非思想性"的"现实"视为解释根据；思想、观念、意识构成一个"表层"，它们只能借助于"深层"的事实或关系来被解释。深层解释学所说的"现实"首先是一个标示解释根据的解释符码，重要的不是它的所指或内容，而是它与思想、观念、意识之间的关系，正是这种关系说明了思想、观念、意识的本性。这是我们在第一节所要谈及的主要内容，它构成深层解释学对思想、观念、意识进行解释的前提。

　　在本章的第二节，我们对作为解释对象的思想、观念、意识与作为解释根据的"现实"之间的关系做更具体的分析，这种分析的过程实质上正是将思想、观念、意识解释为症候的过程。我们首先讨论的是意识问题。意识问题同我们的论题紧密相关，在我们看来，尼采、弗洛伊德与马克思是以大致相同的方式思考这一问题的：一方面，他们都从某种发生学的角度追问意识之起源问题，设定这一问题本身已经是在弱化意识的自主性；另一方面，他们都关注意识内容，并将意识内容理解为一种产物，认为构建这种产物的力量与过程都不在意识之内，因此，对意识内容的解释必须借助意识之外的存在，这样，对于理解意识而言，意识之外的存在与意识内容的关系成为真正重要的问题。

　　深层解释学将思想、观念、意识视为人的思想、观念、意识，并认为，只能从人出发去理解它们，而不能从它们出发去理解人。但是，人并不因此构成最终的解释根据，因为深层解释学同样将人视为特定关系的产物和承载者，人是什么也只能通过构成和支配着人的关系来说明，人同样是一个症候。人固然不能作为对思想、观念、意识作出解释的最终根据，但是对人的考察却有助于揭示这样的根据。

深层解释学将思想、观念、意识视为一种产物，为了说明这种产物的本性必须说明与之相关的三种关系，即"现实"内部的对立关系，思想、观念、意识与"现实"的关系，以及思想、观念、意识的"内容"与它的"材料"的关系。这三种关系之间又存在着构成与被构成、支配与被支配的关系。正是内在于"现实"的对立关系使得处于对立关系中的力伪装和歪曲地表现自身，思想、观念、意识正是这样的表现方式之一，而这样的表现是通过将特定的材料进行加工的方式来实现的。要说明思想、观念、意识与"现实"的关系，必须说明"现实"内部的关系以及思想、观念、意识与其材料之间的关联方式，正是"现实"内部的对立关系构成和支配着思想与"现实"的关系，以及思想对现实关系的歪曲表达。揭示了这三种关系，以及它们之间的关系，事实上就是论证了思想、观念、意识的症候性。这是我们在第二节所要论述的主要内容，我们同样以马克思、尼采、弗洛伊德各自的阐释为样例来进行这种论证。

7.1 作为解释对象的思想、观念、意识与作为解释根据的"现实"

7.1.1 作为解释对象的思想、观念、意识

在《德意志意识形态》中，我们看到马克思将思想、观念、意识这三个概念做了一种并置，这种并置意味着什么？又依据什么将它们并置？结合这种并置出现的具体语境，我们可以看到，思想、观念与意识相对于经济基础或物质生产关系处于完全不同的层面，而且正是相对于那种更基本的层面，它们才处于一个层面上。从深层解释学的视角上看，这意味着它们具有相同的理论地位与功能。在马克思那里，这种层次间的关系是内在的构成与被构成、支配与被支配的关系，相对而言处于表层的现象或事实必须借助于更深层次上的现象或事实来解释，正是因此，思想、观念与意识的并

置，而且是在最"表层"的并置，同时意味着它们只可能作为解释对象而存在。对它们的解释所依据的是同一种性质的事实，它们具有同一个解释根据，只能就它们做同一种形式的追问和设定同一种性质的问题。

思想、观念与意识的并置并不意味着这三个词不具有语义上的差别和指称上的差别；相反，没有丝毫差异的概念不会被并置。但是，并置同时说明差异只被并置者视为一个次等重要的事实，甚至在特定的语境中可以被合法地忽视的事实，即便它始终就是事实。我们不应指责马克思混淆了思想、观念与意识，忽视了严整的哲学体系与日常观念间的差别，反而，我们从马克思对这一差别的忽视之中读出这种差别的次要性，读出马克思所透视到的，比如，哲学体系与日常观念之间质的同一性。我们甚至可以论证这种"混淆"或"忽视"在《德意志意识形态》以至马克思的整个思想语境中的必要性与必然性，论证它所蕴含的重大的理论意义，其中一个重要方面就在于它使思想、观念、意识共同成为解释的对象而不是解释的根据。这是马克思对新黑格尔主义以至整个形而上学传统进行批判的基点，是作为一种阐释的历史唯物主义最基本的原则之一。对马克思而言，去批判就是首先使那个批判对象成为一个被解释的对象，而且基于新的解释原则对之重新做出解释，是将它自以为的根据颠倒为一个产物，将它自以为的深度抹平为一个表面。马克思对新黑格尔主义者的批判就在于他不仅仅反对它们的论断，并提出相反的新的论断，更在于他重新解释了他的对手的论断，即将这种论断解释为症候。

在《德意志意识形态》中，我们还看到具有同样性质的另一种并置，即宗教、道德、哲学、艺术等的并置。马克思用一个词即"意识形态"来统称它们。当一位思想家用一个词来称呼原本用几个词来指称的那些事实或现象时，这就意味着这个思想家将这些事实或现象视为具有同一种性质的事实或现象，意味着对它们将做同一种性质的解释，意味着这个思想家首先关注的是这些事实间的某种同一性而不是差异性。使用一个新的词，常常意味着建立一种新的同一性。

在尼采和弗洛伊德那里，我们一样看到艺术、宗教、道德、哲学等的并置。

尼采将马克思称之为意识形态的诸意识形式规定为强力意志的诸形态，并经常使用"幻象"来称呼那些意识形式。在《论道德的谱系》中，他甚至将科学也视为禁欲主义的新形式，从而在科学、哲学、道德之间看到一种共同的本质。同样，在弗洛伊德那里，我们也发现了这种并置，他事实上将马克思用意识形态指称的意识诸形式视为症候，而且像尼采一样，用"幻象"来称呼它们。

我们在尼采和弗洛伊德那里没有看见思想、观念、意识的并置，但是意识诸形式的并置已经提示了，思想、观念、意识在弗洛伊德和尼采那里也如在马克思那里一样，作为一个思想单元而存在。重要的不是在话语的层面上看到这种并置，而是确认它们与另一个层面的事实或关系存在差异并对立着，重要的是这种对立与马克思的上层建筑与经济基础间的对立具有相同的形式与实质，即那个与之对立的东西支配和构成思想、观念、意识，并作为对它们进行解释的根据而位于某个隐喻意义上的理论"深层"。在这种意义上，在尼采和弗洛伊德那里，同样存在思想、观念、意识的这种富有深意的并置。

7.1.2 作为解释根据的"现实"

在马克思那里，作为思想、观念、意识之解释的根据是"现实"。

"现实"（Actuality）是历史唯物主义的基本概念之一。通过将理论着眼点置于"现实之物"上，马克思批判并克服了以新黑格尔主义为代表的"观念主义"。站在解释学的立场，马克思对一切有待解释的现象的阐释，即对其掩蔽意义的揭示，都是通过（并只能通过）对"现实"之结构的深入分析来实现的。当以思想为解释对象时，这样的分析正是对思想与现实之关系的揭示。马克思如何规定这一概念呢？在我们看来，他依循对"现实"的一般规定，把"现实"看作"非思想性的存在"；在一般的规定前提下，马克思在深层的意义上将"现实"规定为"具体整体"。

一般来说，"现实"是指并非幻想或思想的产物，并非纯粹的思想存在。这种意义上的现实之物对立于"思想""表象"等,指独立于并外在于思想的客观实存。"现实"既可指个别、具体的存在物,也可指存在物的全部或整体。[①] 马克思接受了现实内涵的一般规定。正如他自己谈到的那样:"我们开始要谈的前提并不是任意想出的,不是教条,而是一些只有在臆想中才能撇开的现实前提。这是一些现实的个人,是他们的活动和他们的物质生活条件,包括他们已有的和由他们自己的活动创造出来的物质生活条件。因此,这些前提可以用纯粹经验的方法来确认。"[②]"这里所说的个人不是他们自己或别人想象中的那种个人,而是现实中的个人,也就是说,这些个人是从事活动的,进行物质生产的,因而是在一定物质的、不受他们任意支配的界限、前提和条件下活动着的。"[③]

在这些具有重要理论意义的段落中,"现实"首先应被理解为"非思想性的存在"。"现实的"即为"非思想性的"和"非想象的"同义语。但是,仅仅这样理解是不够的。我们看到,马克思所提到的"现实的个人"不仅仅区别于"假想的、想象的人",同时还是在特定的物质需求推动并在特定的物质条件制约下从事物质资料生产的人;"现实的活动"首先和主要指物质资料的生产活动;"历史的现实前提"则指从事物质资料生产的人及其活动产物。这说明在马克思那里,除了一般规定外,"现实"还有进一步的规定。在我们看来,这种更深入的规定在哲学史上亦有很深的渊源。具体说,它与亚里士多德和黑格尔对"现实"概念的规定一脉相承。

在亚里士多德那里,"现实"(actuality)和"实现"(actualisation)被交替使用。两者都对应于"潜能"(potency),"都是指不同种类的潜能的满足或实现。在亚里士多德对本体变化的讨论

[①] [德]布鲁格编著:《西洋哲学辞典》,项退结译,(台湾)先知出版社1975年版,第33—34页。

[②] 马克思、恩格斯:《马克思恩格斯选集》(第1卷),人民出版社2012年版,第146页。

[③] 马克思、恩格斯:《马克思恩格斯选集》(第1卷),人民出版社2012年版,第151页。

中，现实或实现等同于形式，有时等同于质料和形式的组合物，即已经赋予形式以质料的事物。"① "现实"是潜能经由"活动"（activity）的"实现"。黑格尔认为："现实是本质和实存或内部和外部所直接形成的统一。现实事物的表现就是现实事物本身，所以现实事物在表现中同样还是本质的东西，而且只有在具有直接的、外部的实存时，才是本质的东西。"② 显而易见，亚里士多德和黑格尔关于"现实"概念的规定内在相通。他们都认为：现实之物不是直接的实存之物，而是实现其"潜能"或符合其"本质"的实存之物；现实作为"实现"是某种"活动"或"运动"的结果。

亚里士多德和黑格尔对"现实"的理解深刻影响了马克思。马克思也同样认为现实之物不是直接给予的实存之物或实存之物的集合，而是符合或实现其"本质"的实存之物，并且，"实现"乃是一个动态的过程。但是，马克思与亚里士多德和黑格尔的区别也非常明显。马克思并没有把"本质"理解为"实体""形式"或一物区别于他物的内在规定性，而是理解为构成事物并与事物一体的"关系"，并且，这种关系不是思想范畴间的辩证关系，而是实存力量间的对立关系。

对于马克思来说，事物本身就是被掩盖起来的社会关系。比如，作为劳动者的人、商品、资本、货币、机器，实质上都是特定社会—经济关系的构成物。只有在特定的社会—经济关系中，它们才是其自身。不仅如此，构成事物的关系也是被更深刻的关系所构成。更为重要的是，事物与关系的关系是内在而非外在的，关系之间的关系也是内在而非外在的。这意味着什么呢？从存有的方面来看，事物的本质并不限于构成并支配它的直接关系，而是同时包含支配着关系的关系。因而，事物真正和完全的本质乃是诸种关系构成的"整体"。从认识的方面看，任何被直接给予的事物只是一个马克思所说的处于"混沌整体"中的"混沌表象"。只有深入分析

---

① ［英］尼古拉斯·布宁、余纪元编著：《西方哲学英汉对照辞典》，人民出版社2001年版，第22页。

② ［德］黑格尔：《逻辑学》（哲学全书·第一部分），梁志学译，人民出版社2002年版，第263—264页。

这个表象所掩盖的诸种关系之后,事物才获得清晰的规定,直接的实存之物才能成为现实之物。同时,这个整体成为一个"具有许多规定和关系的丰富的总体",从而成为"具体整体"。从静态的方面看,"具体整体"是一种"内在关系结构",我们谈到的"历史唯物主义理论架构"实质上对应着这个关系结构;从动态的方面看,"具体整体"是一个"社会过程",是通过"现实的人"的"现实的活动"(物质资料生产)而实现的"自我设定、自我生产和再生产的总体"。[1]

原则上,作为"具体整体"的现实是历史唯物主义真正和唯一的研究对象。诸层面的现象与现实的关系必然是内在于整体的部分或环节与整体的关系,对这种关系的分析也必然是沿着深度之维的整体分析。这意味着,当我们得到这样的现实概念时,思想与现实之关系问题才获得一个得以展开的理论平台,并真正地、完整地呈现出来。但在展开和分析这一问题之前,我们需要简要分析马克思的对"本质"和"现象"的看法中蕴含的解释学意义。

马克思仍然坚持本质与现象的区分和内在联系,并认为这是一切科学(包括作为"历史科学"的历史唯物主义)得以可能的前提条件。但如上所述,"本质"已经不是内在的、自在的形式,而是实存力量的对立关系,进而是作为"现实"的对立关系整体。与此相应,"现象"的意义结构也不同于亚里士多德或黑格尔理解的现象之意义结构。现象固然仍是表现本质的现象,但同时亦是对本质的掩蔽。我们同样以《资本论》中马克思对诸经济学范畴的分析为例来说明这一点。

资本、货币、商品、机器、劳动者、资本家实质上都是特定社会经济关系的完成形态。但正如马克思所说:"在表面上呈现出来的经济关系的完成形态,在这种关系的现实存在中,从而在这种关系的承担者和代理人试图借以说明这种关系时所持有的观念中,是和这种关系的内在的、本质的,但是隐藏着的核心形态以及与之相

---

[1] [匈]卢卡奇:《历史与阶级意识》,杜章智等译,商务印书馆1996年版,第65页。

适应的概念大不相同的，并且事实上是颠倒的和相反的。"① 这就是说，作为本质的关系与物结合并作为物而出现，但物的形态却又是对关系的颠倒和掩蔽。这种颠倒和掩蔽不是出于个人性的动机，而是根源于构成性关系的对立性质。

不仅物与构成性关系的关系是这样，关系之间的关系也是如此。因而，当我们从解释学的视角去看时，不仅物成为症候，构成物的关系也成为症候，而现实这个整体则成为症候的层级结构。在这一结构中，上一层级的现象都是下一层级现象伪装的表现形式。这与我们通过分析历史唯物主义理论构架得到的结论一致。这种一致不是偶然的，因为"现实"之结构与以"现实"为认识对象的理论之结构具有必然的同构性。

基于上述分析，历史唯物主义中思想与现实的关系就会以新的面貌展现出来。思想与现实的关系直接表现为部分与整体的关系。这无须赘言。需要强调的是：由于这种关系的内在性，我们仅仅能在语言和意识中才能将两者加以分离。并且，这种分离的合法性仅在于它能使思想和现实的规定更为具体和丰富。这意味着，在马克思看来，如果隐含地将两者关系先行确立为外在关系，任何关于两者关系的设问方式和问题都是错误的。

当从解释学的角度去审视这种"部分—整体"关系时，我们看到，它实质上正是解释对象和解释根据的关系。由于整体内部关系的对立性质，作为部分的"思想"成为待解释的症候，而整体（现实）作为思想"真正意义"的隐蔽源泉成为解释的根据；两者之间的关系不是"反映—被反映"关系，而是被层层掩蔽和扭曲了的"表现—被表现"关系。这意味着：思想与现实关系的性质不是认识论性质而是解释学性质的。马克思分析这种关系的目的不是追问思想是否为真，而是追问思想的隐含意义；分析不是对思想的证实或证伪，而是对思想隐含意义的阐释。

从解释学的视角上看，现实、事实都只是理论建构的产物，是特定的解释活动的产物。重要的不是对之检验与证实，而是，一方

---

① 马克思：《资本论》（第三卷），人民出版社 2018 年版，第 231 页。

第七章 作为症候的思想、观念、意识 / 189

面在理论中寻找作为思想范畴的"现实"与其他概念间的关系，另一方面，在解释者用"现实"指称的事实或关系与所谓"非现实的"事实或关系之间寻找关系。在这两个方面，我们都能在马克思那里发现一种支配与被支配、构成与被构成的关系。

在尼采那里，什么是"现实"呢？尼采说，权力意志是唯一和最终的现实，他又说，"我们的生命感和强力感的等级为我们提供了衡量'存在''现实''不存在'的尺度"①。在这里，我们同样看到，尼采所谓"现实"同经验主义认识论毫无关系。"真正的世界"被尼采理解为一个诸力相互作用的混沌整体，呈现给感官和知性的世界恰是感官与知性的产物，从而只是特定的力与意志的征象，一个被体验为真实的幻象。在尼采那里，"现实"正是具有支配和构成作用的力与力的关系本身，它与作为力与意志之表现的症候相对立，并作为它产生的基础。

在尼采那里，认识作为这样的症候而存在。同时作为症候而存在的还有道德、艺术、宗教、科学、哲学，等等，它们被尼采视为强力意志的诸种形态。我们在强力意志与其诸形态之间所发现的关系同马克思在经济基础与上层建筑间所发现的关系具有一种基本的同构性，两者同样是一种支配与被支配、构成与被构成的关系，同样是一种内部关系，被支配和被构成的一方同样作为另一方的表现，或更准确地说，作为症候而存在。在这里，我们发现"现实"与"非现实"的幻象的关系不是一种认识论性质的关系，这里不涉及真与假、正确与谬误的区分。从深层解释学的视角上，它只是解释根据与解释对象的关系，力与症候的关系，被表现之物与其表现的关系。因此，我们关于"现实"和"幻象"所能建构的问题也不是认识论性质的问题，而是解释学性质的问题。

也正是基于深层解释学的立场，我们将"现实"概念，无论它在马克思与尼采那里各自指称什么，理解为一个标示解释根据与解释深度的关键性的解释符码。这样，所谓"现实的"，就是具有支配与构成力量的，就是能够产生某种效能的。正是这种效能和产

---

① ［德］尼采：《偶像的黄昏》，周国平译，光明日报出版社1996年版，第113页。

生这种效能的力量才是评定现实性的真正尺度,而且,"现实"只是对被这种力量作用与支配的东西而言才具有现实性。因此,在马克思那里如同在尼采那里一样,现实与现实性需要借助力与力的关系,借助于这种关系的表现与效能来加以确认。说一个事物、事件或关系是现实的,就是在说,它具有某种性质的支配与构成力量,另外的一些事物、事件或关系作为它的效能而存在。

倘若这样,我们也理解了弗洛伊德为何用一整套力能学的术语来表述古典精神分析,理解了他为何要将古典精神分析奠定于这种18世纪的唯物主义基础之上了。逻辑实证主义者将会指责这种力能学是根本不可检验的,指出古典精神分析根本不是弗洛伊德自称的"心理科学"。这样的指责是有道理的,但基于深层解释学的立场,这一指责也是不得要领的。在这一立场上,古典精神分析本就不应被视为一门科学,而是一种对精神事件的解释学,保罗·利科称之为"反思解释学",伽达默尔称之为"怀疑解释学",而哈贝马斯称之为"深层解释学"。这种理解精神分析的方式,豁免了逻辑实证主义强加给它的"证实"的理论义务,并使我们对古典精神分析的唯物主义基础,即它的力能学,做另一种解读。依据这种解读,力与能量的概念只是作为古典精神分析的基本的解释符码而存在,重要的不是这些概念指称了什么,而是这些概念同其他概念之间的关系、这种关系所表征的诸事实间的关系,以及这两种关系之间的关系。而且,依据这种理解,弗洛伊德为精神分析奠定一个唯物主义基础的理论动机无非只是在构建属于精神分析的"现实",力与能量正是表达这种"现实"的最基本词汇。

如此一来,我们又使弗洛伊德与尼采、马克思站到了一起,并在他们那里看到一种在解释学上具有重要意义的类同。

7.2 思想、观念、意识的症候性

7.2.1 意识与意识内容

我们首先看一下尼采如何理解意识。意识何以发生呢?尼采说:"只有当意识有用之时,意识才存在,毫无疑问,一切感官直觉都彻底渗透着价值判断(有用或有害——从而接受或拒绝)。"①

"根本说来,人们并未弄错意识的作用,它是我们同产生出意识的'外部世界'的关系。"显而易见,在尼采看来,意识的发生是通过意识的作用来加以说明的。

在尼采看来,意识活动,不仅是意识到某物,而且在意识中对特定意识内容所进行的种种加工,都已经是一种结果,这首先因为意识相对躯体表现为一种征象:"躯体的现象是更丰富、更清晰、更容易把握的现象:在方法论上优先,无须探问其终极意义。"②

在尼采那里,躯体是生理—心理的统一体,其实质是"被共同喂养的欲望"。在尼采看来,躯体构成了意识的基础,当他追问意识的基础时说:"假设唯一的主体也许并非必然,也许同时可以假设多个主体,其共同作用和冲突构成了我们思维的基础,一般来说,也构成了我们意识的基础。"③

"涉及躯体总体作用时,探寻以及照料、预谋都并不进入我们的意识,就像精神的储备过程也不进入我们的意识一样,不容置疑,在这方面有一个最高当局,一个大权在握的委员会,各种主要情欲在那里投票做出决定……人们常常把意识本身看作总的感知中枢和最高当局,其实它只是一种传达手段,它在交往中产生,并且与交往利益相关……'交往'在这里也被理解为外部世界的作用以及我们必然做出的反映,同样也被理解为我们对外部世界的作用。意识不是领导,而是领导的一个器官。"④

意识基于躯体,只是一种征象,但它通过阐释建构一个内在世界。它从行动推断出行动的主体以及这一主体的意图与意志;它从思想活动推断出思想的主体与思想主体的求真意志;它在观念与观念之间建立联系;它区分本质与现象;它设定动机、目的、因果性;它发明和使用逻辑。意识建构这个内在世界,并使之具有深度

---

① 尼采:《偶像的黄昏》,周国平译,光明日报出版社 1996 年版,第 113 页。
② 尼采:《偶像的黄昏》,周国平译,光明日报出版社 1996 年版,第 120 页。
③ 尼采:《偶像的黄昏》,周国平译,光明日报出版社 1996 年版,第 115 页。
④ 尼采:《偶像的黄昏》,周国平译,光明日报出版社 1996 年版,第 132 页。

和广度；它认为这一世界正是唯一存在的内在世界，甚至就是世界本身，它是存在和唯一的存在。

在尼采看来，这不仅是一种普遍的心理学幻象，同时也是一种普遍的哲学幻象。他认为，使意识得以扩展的力量根本不在意识之内，这种扩展只是另一种扩展的表现；意识世界的深度是虚假的，意识是一个平面，事实之间的深度之维上的关联只是在一个平面上的关联而已，而且使它们在意识之中被关联起来的力量不在意识之内，这种关联的意义、目的与价值也被意识所歪曲；诸事实或伪事实在意识世界中沿着某种深度之维的排布实质上只是在一个平面上的铺展，意识之内的深度不过是意识与外在于它的关系或事实间所构成的真正深度在意识平面上的投影，是意识平面的无限自我折叠所形成的褶皱，而且，促发折叠的力量、目的、意义都不在意识之中。

尼采进而使抽象认识论的各种设定都成为征象。抽象认识论的出发点是主体与客体的对立，主体是精神、理性、思维、意志、心灵，但是尼采说，"既不存在精神，也不存在理性、思维、意识、意志、心灵、真理，这一切都是无用的虚构，事情无关乎主体与客体，而是关乎一种特定类型的动物"①。

主体是一种设定，而且如果一定要谈主体，也必须谈论一个躯体内的多个主体，"其共同作用和冲突构成了我们思维的基础"，"不存在主体原子，一个主体的范围不断扩大和缩小，该系统的中心点不断移动，如果它不能组织所占据的量，它就一分为二"②。

尼采又说："实体概念是主体概念的产物，而非相反！如果我们放弃了灵魂、主体，实体也就完全没有了前提"③，"'实在'、'存在'、概念是我们的'主体'感觉派生的"④，同时，"主体，我们从自身出发解释，以至于把自我当成实体，当成一切行为的原

---

① 尼采：《偶像的黄昏》，周国平译，光明日报出版社1996年版，第110页。
② 尼采：《偶像的黄昏》，周国平译，光明日报出版社1996年版，第175页。
③ 尼采：《偶像的黄昏》，周国平译，光明日报出版社1996年版，第113页。
④ 尼采：《偶像的黄昏》，周国平译，光明日报出版社1996年版，第114页。

第七章 作为症候的思想、观念、意识 / 193

因,当成行为者"①。

显而易见,尼采这种理解主体与实体的方式已经使得认识论问题在他那里完全丧失了合法性。

理性和逻辑又是如何产生的呢?尼采认为,逻辑是在"欲望的土壤"中产生的,它作为一种等量化、消平的结果,服务于传达和统治,"求相同的意志就是求强力的意志"。尼采又说:"在理性、逻辑范畴的形成中,需要起着决定作用,不是认识的需要,而是归纳、图解的需要,为了彼此传达,为了计算……这里起作用的并非一种现在的'理念'……理性之中的乃是结果而非原因。"②

"范畴仅仅在它们是我们的生命条件的意义上才是真理","主观定律(这里指矛盾律)是一种生物学定律",逻辑不包含真理的标准,而是对应当被看作真实的东西的命令,"逻辑是一个命令,并非命令人认识真实,而是命令人设置和整理一个世界,这世界对我们应当意味是真实的"③。

逻辑是掌握现实世界的尝试,形式、类、规律、理念、目的的设定同样服务于这一点。

尼采还认为,设定实体与主体,意志与意图服务于对"原因"的说明,这些概念依附于"原因"观念。主体的设定是为了区分行为与行为者,而且将行为者设定为行为的原因;意图是解释的根据,"'因为什么'这个问题问的始终是'为了什么'"④。而且,"我们之所以异常坚定地相信因果性,并非因为世界依次发生的牢固习惯,而是因为我们除了用意图来解释一个事件之外,无能以其他方式来解释一个事件"⑤。

尼采对因果性的理解直接决定了他对目的论和决定论的批判立场,必然性被尼采认为是解释的结果而不是事实,目的和意义也同样是被解释入事物之中的。康德关于现象与物自体的设定在尼采看

---

① 尼采:《偶像的黄昏》,周国平译,光明日报出版社1996年版,第114页。
② 尼采:《偶像的黄昏》,周国平译,光明日报出版社1996年版,第113页。
③ 尼采:《偶像的黄昏》,周国平译,光明日报出版社1996年版,第125页。
④ 尼采:《偶像的黄昏》,周国平译,光明日报出版社1996年版,第143页。
⑤ 尼采:《偶像的黄昏》,周国平译,光明日报出版社1996年版,第143页。

来也因此是一种虚构，"首先，不存在'自在的'事实情况，相反，总要先将一个意义置入，借此，才可能有一个事实情况，'这是什么'的问题得以成立的前提是已经存在着从另一立场上对'实质'或'本质'与'意义'的设定，而这已经是一种解释，真正的问题形式始终是'这对于我们是什么（对于我们，对于一切生命等等）'"①。

但是同样不能追问"是谁在解释？"，因为"解释本身作为强力意志的一种形式为作为一种情绪冲动的此在（但不是作为存在，而是作为过程、生成）所拥有"②，物的客观性只是它在主观事物的内部一定程度的差异，物的质上的多样性在于主观之物将量的差异感受为质，而这种感受方式取决于生存条件，尼采说，"我们把涉及我们生存可能性的重大关系感受为质"③。

将认识视为强力意志的一种形态，事实上就是使认识论问题在新的透视中失去合法性。尼采将构成认识论问题的那个"概念装置"完全拆解开，而且将拆解开的部分消融在强力意志概念之中，它们不过只是强力意志的表现和工具而已。上述考察都是在一种人类中心主义的立场上进行。尼采思考"认识"的方式带有实用主义倾向，同时康德的影响也是显而易见的。

"价值"取代"真理"在尼采哲学中获得某种中心地位，它同样在尼采的认识论（如果可以谈论尼采的认识论的话）中占据中心位置。围绕"认识之功用"建立起的问题取代了围绕"认识之真理性"所建构的问题。尼采事实上取消了真理问题的合法性，或者他解构了这种问题，因为他先行解构了使这种问题得以成立和具有意义的理论座架或概念装置。

尼采思考认识的方式基于强力意志学说，基于尼采将力与意志作为其哲学的最高原则。一切活动、现象、事实、物都是力与力之间关系的表征，而且是彼此对抗的力之关系的表征，特定的内容呈

---

① 尼采：《偶像的黄昏》，周国平译，光明日报出版社1996年版，第151页。
② 尼采：《偶像的黄昏》，周国平译，光明日报出版社1996年版，第152页。
③ 尼采：《偶像的黄昏》，周国平译，光明日报出版社1996年版，第155页。

现于意识之中或具有思想的形式同样已经是一个结果,一种征象,认识为自身设定的一些条件、根据、工具、目标同样已经是一种产物,一种征象。

在《作为认识的强力意志》中,尼采主要在一种人类中心主义的立场上从生物学的方面思考逻辑、主体与客体的设定、因果性、判断、科学方法以及求真意志。尼采倾向于认为,人类在同相对不变的外部世界的斗争中创制了这些范畴,使认识服务于生命的保存与提升。借助于意识到的对象,人不是意识到作为一个个体的自我,还意识到人类,但是尼采同样说过,"类"也是一个虚构,人类作为一个力量中心、一个力的单元,进而作为一种立场或视角,是权宜性的,它仅代表尼采思考认识问题的一个方面。

尼采不仅谈论作为类的人同其他生命种类、同外在于它的自然的对抗,他同时还谈到了人与人之间的对抗,以及人的内部世界中各种本能的彼此对抗,尼采尤其谈到了两种基本的生命状态,即上升与下降生命状态的对立,以及强者与弱者的对立。由于尼采将认识视为人的认识,认识必须通过人去说明,这样,尼采就不仅仅基于人类中心主义的立场,同时他还基于人的对立关系去思考人的认识。我们在前文已经谈到这一点,在此不再赘述。

弗洛伊德对意识的考察首先是从生物学或种系发生的层面上来探寻意识的起源。在《超越快乐原则》一书中弗洛伊德这样说道:"让我们以有机体可能具有的最简单的形式来描述一个有生命的机体,把它设想为某物体身上的一个末的囊。这个囊对刺激很敏感,它那朝向外部世界的表面将正是从这种特定的位置上被分化,并且成为一个接受刺激的器官。"[①] 正是这个朝向外部世界的表面在以后发展为意识系统。这个表面具有什么样的功能呢?在弗洛伊德看来,它具有接受外部刺激的功能,但同时,"由于这个世界充满着极强烈的能量……对于有生命的机体来说,防御刺激较之感受刺激

[①] [奥]弗洛伊德:《弗洛伊德后期著作选》,林尘等译,上海译文出版社1986年版,第26页。

几乎是最重要的功能"①。因而这个表面同时是囊的保护层,而它是通过将自身变成无机化来实现这种功能的。使外部世界的能量"只能以原先强度的极小一部分进入这个保护层之下的有生命的表层",它像一个触角,"对外部世界做试探性的触碰"②。

意识的起源和功能与意识系统的位置,以及在意识系统中发生的兴奋过程的特征有着特定的关系。意识的起源和功能决定了意识系统处于"内部与外部之间","它应该被转向外部世界,并包裹其他精神系统";而且,由于这个表层变得无机化,"发生在这个表层中的兴奋过程所循走的路径不同于在更深层次中的兴奋过程所循走的路径"③。由于存在着两种精神能量的贯注方式,即自由流动的能量贯注和约束性的能量贯注(它的功能是对涌入心理器官的能量进行结合,使其保持相对稳定的状态),所以,在意识系统中,不仅能量兴奋循走的路径不同于潜意识系统,而且能量贯注的方式也不同于潜意识系统。

在《超越唯乐原则》一书中论述意识之起源和功能的段落间,我们几乎是意外地看到弗洛伊德提及了康德:"作为对精神分析理论发现的成果,我们今天已经有可能对康德的下述原理展开讨论:时间和空间是思想的必然形式。"④ 他如何讨论这一原理呢?弗洛伊德将康德的时间与空间的直观纯形式理解为知觉—意识系统对外部世界的作用方式,这种作用方式服务于对外部刺激的抵御和为有机体提供保护。在这里,重要的不仅是他对康德的直观纯形式作了某种实用主义的解释,更在于他认为时间与空间的观念不能应用于无意识领域。

我们从弗洛伊德关于意识之起源和功能的论述中可以看到,意

---

① [奥] 弗洛伊德:《弗洛伊德后期著作选》,林尘等译,上海译文出版社 1986 年版,第 28 页。
② [奥] 弗洛伊德:《弗洛伊德后期著作选》,林尘等译,上海译文出版社 1986 年版,第 27 页。
③ [奥] 弗洛伊德:《弗洛伊德后期著作选》,林尘等译,上海译文出版社 1986 年版,第 26 页。
④ [奥] 弗洛伊德:《弗洛伊德后期著作选》,林尘等译,上海译文出版社 1986 年版,第 28 页。

第七章　作为症候的思想、观念、意识　/　197

识作为心理系统的一部分是一个派生物，它源自机体与外部世界的紧张关系，服务于机体对外部刺激的防御。意识系统所获得的只是一种相对的独立性，始终必须在它与其他心理系统的关系，以及整个机体与外部世界的关系中来理解它。

在弗洛伊德那里，"意识"被用来描述特定的内容呈现于意识中这一事实。但是这种呈现已经是一个结果，而什么样的力量以何种方式产生了这样的结果却不被意识到。而且，当专注于在意识中呈现的内容时就会发现，曾经呈现于意识中的某些内容可能不再呈现，或者相反，原本不在意识中的内容被意识到。内容在意识与潜意识系统间的流动可能带来意识内容的这种变化，但是它显然不能完全解释这一点，而且倘若只是那样，这种变化甚至是不需要解释的，因为在弗洛伊德看来，这种作为潜意识的无意识只是一种描述意义上的无意识，它的本意就只是"潜伏的，而能够变成意识的"。

古典精神分析通过引入一种"动力"无意识的概念来解释这种变化："我们发现——也就是说，我们不得不这样想——有非常之强有力的心理过程或观念存在着（这里，数量的或经济的因素首次成为要考虑的问题），虽然它们并不是意识，但却能够在心理生活中产生普通观念所产生的一切结果（包括那些本身能变成意识的观念所产生的结果）……精神分析在这一点上断言：这样的观念之所以不能变成意识，是因为有某种力量与之对抗，否则它们就能够变成意识，随后必将显示出它们与其他为人们所公认的心理要素间的差异是多么微小。"[①] 精神分析对这一点的证明是："在精神分析的技术中，已经找到了一种方法可以消除那种对抗力量从而使前述的那些观念成为意识。"[②]

通过引入动力无意识的概念，弗洛伊德将"意识到"视为一种被动的活动。在作为一种活动来理解时，"意识"一词始终被弗

[①] ［奥］弗洛伊德：《弗洛伊德后期著作选》，林尘等译，上海译文出版社1986年版，第161—162页。
[②] ［奥］弗洛伊德：《弗洛伊德后期著作选》，林尘等译，上海译文出版社1986年版，第162页。

洛伊德在被动的意义上使用着①。正是在这里，我们看到意识与无意识的辩证关系：在意识之中呈现的内容作为一种肯定，必须借助对使它进入无意识的力量的否定来实现，这里的肯定即否定之否定，是一种活动与过程，是一种斗争。意识与无意识的这种辩证关系正是我们已经提到的压抑性力量与被压抑性力量的对抗关系的表现。

也正是因此，不仅呈现于意识之中是一种活动和过程，而且"不呈现"于意识之中也是一种活动与过程，因而，不仅特定内容在意识中的呈现是有意义的，而且这些内容的不呈现也是有意义的，甚至更有意义。进而，遗忘、无知、忽视、错误、无能、迷信也都是有意义的事件，在《日常生活的病理心理学》一书，弗洛伊德提供了大量例子来说明这一点。

意识首先就是被意识到的内容，只有这些内容才是解释唯一的出发点。即使要谈论遗忘也是借助于曾在意识中的内容来谈论它，而且倘若不进入那个一度被遗忘的内容就无法理解对它的遗忘。在意识中的内容作为最终的产物恰恰正是解释由之出发的地方，解释的过程同它被构成的过程正好相反。

马克思并没有首先考察意识，他是在考察了"原初的历史的关系的四个关系，四个方面"之后才"发现人有意识，但不是纯粹的意识"②。

语言是意识的物质外壳，而且语言和意识是在交往中和为了交往的需要而产生，"因此，意识是社会的产物，而且只要人们存在着，它就仍然是这种产物"③。由于意识是社会交往的产物，它才能够随着这种交往的发展从所谓"畜群意识"发展为人的意识，而且，随着"真正的分工"，即物质劳动与精神劳动的分工，意

---

① ［奥］弗洛伊德：《弗洛伊德后期著作选》，林尘等译，上海译文出版社1986年版，第161页。
② ［日］广松涉编注：《文献学语境中的〈德意志意识形态〉》，彭曦译，南京大学出版社2005年版，第27页。
③ ［日］广松涉编注：《文献学语境中的〈德意志意识形态〉》，彭曦译，南京大学出版社2005年版，第28页。

识才能"现实地去想象：它是和现存实践的意识不同的某种东西……从这时候起，意识才能摆脱世界而去构造纯粹的理论、神学、哲学、道德等等"①。

我们看到，在《德意志意识形态》中，马克思首先从历史发生学的角度来透视意识问题，这种考察意识的方式同尼采和弗洛伊德基于生物学立场的考察本质上是同一种性质的考察，即都是对意识之起源的经验研究。三位思想家使意识的起源成为一个问题，而且在人与自然以及人与人的关系中考察它的起源与功能。这里的关键不在于尼采、弗洛伊德、马克思如何回答这些问题，这些答案是否"科学"，是否需要加以补充，而在于他们设定了这样的问题。此一问题的设定显示了他们与意识哲学、观念论的根本理论分野。

另一个更有意义的类同点是，他们都重点关注被意识到的内容。借助于被思的内容去理解"思"与"我"，而且将"我思什么"这一意识事件视为一种表现或症候，这一点是他们在意识问题上的基本立场。

在《作为认识的强力意志》中，尼采对抽象认识论的一个重要批评是：它不重视认识的内容。在谈到逻辑的起源时，尼采说，使用逻辑的人未能从逻辑适用其上的内容中去思考逻辑的本质与起源；在谈到"作为认识的判断"时，判断者没有考察将什么样的内容视为对与错；在谈到笛卡儿的"我思"时，尼采批评笛卡儿没有重点考虑思的内容，而在尼采看来，恰恰是思的内容规定着思与我，必须深入那一内容中去思考"思"的本质与"我"的本质，思考它们得以存在的条件。

在意识之内的原初事实不是我思，而是思什么，后者才构成一个相对完整的意识事件，而且，只有那个"什么"，即思的内容才构成真正的指示线索。对"我思什么"这一意识事件的分析显示，即使在意识之内，它也不是原初的事件，因为不存在"我思"之"我"，不存在思的主体，被思的内容也不是作为对象而存在。思

---

① [日]广松涉编注：《文献学语境中的〈德意志意识形态〉》，彭曦译，南京大学出版社2005年版，第30页。

的活动以及与之相关的内容，这一内容在思想活动中的变化，不能借助于引入"我"作为一个主体而纳入主谓逻辑中去理解，不能纳入作用者—被作用者的因果图示中来理解。

"谁意识到什么"不是一个意识事件的正确表达，在尼采那里，它只是一个同主谓逻辑和语法有关的歪曲表达，同认识论先行设定的主体、实体、意识、意图、因果性概念有关，只有基于这些设定才能生产出这样的表达式。基于不同的理由，马克思和弗洛伊德同样认为"谁意识到什么"不是一个意识事件的正确表达。三位思想家也都认为：事实上，没有谁意识到什么，只有某些内容获得了意识的形式，而且，它能够获得这样的形式，是一个有意义的、需要进行解释的征象，而解释需要从意识内容开始，但最终将在意识领域之外寻找解释根据或这一征象得以可能的条件。意识之内的存在绝不是终极和唯一的存在，他们对意识的考察事实上已经先行将意识加以相对化，已经先行设定了意识之外的存在。对他们而言，对意识内容的考察决不仅仅应停留在意识之内，也不在意识之内寻找特定的意识内容存在和如此存在的原因，相反，这种考察始终同时是对意识之外的存在及其与意识内容之关系的考察。

从"我思"出发的哲学忽视"内容"，因为从内容出发无法确定一个"不可怀疑"的起点，无法确立"思"与"我"的自明性，无法确立"我思"的哲学建制及"我思"在哲学上的根本性。但马克思、尼采、弗洛伊德他们恰恰专注于意识内容，并将之作为一个有意义的指示线索来展开对意识现象和意识本身的解释。在这里，意识透明性的预设被弃置一旁，相反，他们每个人都认为，意识是不透明的，并且充满伪装和错谬。他们根本拒斥"我思"的哲学建制，拒绝在意识之内寻找思想之不可置疑的起点并据此确立一套真理体系，而认为，根据只能在意识之外，并且，并无什么不可置疑之物。就理论性质而言，他们对意识之研究不再属于认识论性质的研究，而是属于一种特殊的解释学研究。正是从这一根本处，马克思、尼采、弗洛伊德自觉或不自觉地同现象学哲学和一切我思哲学划清了界限。

总之，我们看到，在意识问题上，尼采、马克思、弗洛伊德之间存在基本的共识。他们都拒斥了观念论或我思哲学，绝不再意识内部寻找任何不可置疑之物，也对纯粹的意识形式没有理论兴趣；他们站在意识的外部来看意识，并都基于实用主义的理解方式来理解意识的起源和功能；更重要的是，他们都在某种对立关系结构中来理解意识，将意识内容和特定的内容被意识到视为有意义的症候，对这一症候的解析需要从意识内容开始；如此等等。这些共识的产生不是偶然的。它同三位思想家共有的对看似自明之物所怀有的质疑态度有关，其中就包括对意识和意识内容的怀疑；同三位思想家共有的对行动或实践的重视、同他们共有的"实践的思维方式"有关，对意识的实用主义理解根源于此；同他们共有的某种唯物主义或现实主义精神有关，他们不认为意识、思想、观念构成终极的现实，现实在意识、思想、观念之外并支配它们；同他们共有的现实作为斗争关系结构这一基本论断相关，意识的症候性根源于此。这些共识不是孤立而是相互关联的，同样，使得共识得以可能的那些更基本共识也不是孤立而是相互关联的。

7.2.2 消解本质主义的"人"的形象

马克思在《德意志意识形态》中明确地说，他是从人出发去考察意识，而不是相反："不是意识决定生活，而是生活决定意识。前一种观察方法从意识出发，把意识者看作有生命的个人，符合实际生活的第二种观察方法则是从现实的、有生命的个人出发，把意识仅仅看作他们的意识。"[①] 这句话充分显示了马克思思想与一切意识哲学的差别，较之意识哲学，马克思的考察方法构成一个基本的方向性的转变，从解释学的立场上，这意味着马克思将意识哲学作为解释根据的东西颠倒为解释对象，将在意识哲学中具有构成和创造力量的东西颠倒为产物与结果，它们需要在一个完全不同的基础上加以说明。

我们已经谈到，尼采明确地将对思想、观念、意识的解释归化为对创造和使用着思想、观念、意识的人的解释。如海德格尔所

---

① ［日］广松涉编注：《文献学语境中的〈德意志意识形态〉》，彭曦译，南京大学出版社2005年版，第31页。

言，尼采的思想方式属于"人化"的思想方式，他并认为"尼采则是其中最后一个深思这些思想和问题的人"①。如同在马克思那里，意识只是人的意识，因而只能从人出发去考察人的意识一样，在尼采那里，思想、观念和意识同样也是人的思想、观念、意识，并且只能从人出发，通过人对之加以说明。

对于弗洛伊德而言，从人出发去理解人的意识甚至是自明的，是根本没有必要加以强调的，只有在哲学领域，而且为了与意识哲学划清界限，这一点才需要加以说明。由于弗洛伊德的工作主要是在精神医学和心理学的领域中展开，他并没有将意识哲学作为一个明确的对手和批判对象，但是精神分析对意识哲学所产生的颠覆力一点不弱于历史唯物主义和尼采哲学。古典精神分析很少直接使用"人"这个概念，但这恰恰因为，它始终在不断深入人的内部世界中，它使用一整套其他的概念来解释人的现象，从而解释人，"人"的概念没有成为精神分析的一个概念，就如同谜底没有出现于谜面中一样。

那么，尼采、弗洛伊德、马克思，这三位深层解释学的代表性思想家如何理解人呢？他们对人的理解方式和各自获得的结论是否具有某种重要的相同和相通之处呢？如果有，这一点对于我们将思想、观念、意识理解为症候具有什么样的影响呢？这些都是我们在这一节所要涉及的问题。

我们首先看看这马克思是如何理解"人"的。他说："我们不是从人们所说，所想象，所设想的东西出发，也不是从只存在于口头上所说、思考出来、想象出来的、设想出来的人出发去理解真正的人。我们的出发点是从事实际活动的人……"②

他从"实际活动的人"出发，固然是为了理解"真正的人"，但这不是一种直接的折向自身的理解，而是一种借助于人的活动以及活动的条件和产物而做的迂回式理解，因为"个人怎样表现自

---

① [德]海德格尔：《尼采》，孙周兴译，商务印书馆2002年版，第352页。
② [日]广松涉编注：《文献学语境中的〈德意志意识形态〉》，彭曦译，南京大学出版社2005年版，第23页。

第七章　作为症候的思想、观念、意识 / 203

己的生活，他们自己也就怎样。因此，他们是什么样的，这同他们的生产是一致的——既同他们生产什么一致，又和他们怎样生产一致。因而个人是什么，这取决于他们进行生产的物质条件"①。

这个"物质条件"既是一种支撑，也是一种限定，而且这样的限定同时是对个人的规定，因为这种限定正是对"生产什么"和"怎样生产"的限定。而且，马克思看到，人的活动的不断扩大带来分工，分工产生这样一种结果：

"受分工制约的不同的个人的共同活动产生了一种社会力量，即扩大的生产力。因为共同活动本身不是自愿的，而是自然地形成的，所以这种社会力量在这些个人看来就不是他们自身的联合力量，而是某种异在的，在他们之外的强制力量。关于这种力量的起源与趋向，他们一点也不了解，因为他们不再能驾驭这种力量，相反地，这种力量现在却经历着一系列独特的不仅不依赖于人们的意志和行为，反而支配着人们的意志和行为的发展阶段。"②

而且，"单个的人随着自觉的活动扩大为世界历史性的活动，越来越受到对他们来说的异己力量的支配"③。

我们必须紧紧抓住马克思所说的这一点，即，这种力量不仅不依赖于人们的意志与行为，反而支配着人们的意志与行为，而人们对这一点是无意识的，或者人们以虚幻的形式在意识中表现这种异在的力量。正是因此，作为一种解释的历史唯物主义具有了存在的必要性，因为，倘若人们完全意识到了这种异在力量的起源与本质，那么作为"历史科学"的历史唯物主义就不再有存在的必要性。但是，也因此，这种"历史科学"也决不满足于在一种历史现象学层面将事实仅仅描述一番。当马克思说"历史并不是把人当作达到自己目的的工具来利用的某种抽象的人格。历史不过是追

---

① ［日］广松涉编注：《文献学语境中的〈德意志意识形态〉》，彭曦译，南京大学出版社2005年版，第25页。

② ［日］广松涉编注：《文献学语境中的〈德意志意识形态〉》，彭曦译，南京大学出版社2005年版，第37页。

③ ［日］广松涉编注：《文献学语境中的〈德意志意识形态〉》，彭曦译，南京大学出版社2005年版，第42页。

求着自己目的的人的活动而已"时，我们只能在消极的意义上将之理解为对新黑格尔主义的历史唯心主义的否定，而且，它确立的也无非只是一个历史现象学层面上的事实而已。这只是描述了历史，而不是解释了它，反倒正是在这种描述中，产生了解释的任务。所以，如果仅仅满足于此，就不仅错失了对"历史"的理解，而且错失了对"人"的理解。

历史的确是有目的的人的活动，但是这里的"目的"以及"活动"并不是由人自身支配着的，人所具有的任何支配自己的目的与活动的自我意识都是一种幻觉，但却是一种有意义的幻觉，这种幻觉是被异在于人的力量所构成并加之于人的，这种幻觉具有它的产生条件、功能以及产生的必然性。相反的情形，即认定自己的不自由，但却把支配自身的力量赋予"神""观念""国家"等等，同样是一种有意义的幻觉。历史唯物主义的一个重要方面即探究在历史现象学的层面被确认的人的目的与活动的真正支配力量，这种力量固然是个人活动的产物，但这个产物反过来构成并支配了人的目的与活动，从而构成和支配了人。并且，由于这一力量经历着"一系列独特的、不仅不依赖于人的意志和行为，反而支配着人们的意志和行为的发展阶段"，它所构成和支配的人也在变化之中，且这种变化不以人的意志为转移。正是因此，马克思说："普鲁东先生不知道，整个历史也无非是人类本性的不断改变而已。"[①]

马克思的这句话是否同前一句，即"历史不过是有目的地活动着的人的产物"，构成一种相互补充的说明，并由此产生一种人与历史，或人与其自身产物的辩证法呢？显然，存在着这样的辩证关系，但问题是，由此获得的"辩证法"有什么用处？它难道不是对在历史现象学层面所描述的两个相互关联的事实所做的另一种描述吗？它增加了什么？显而易见，什么都没有增加，它不过是对经过艰苦的解释而获得的结果做了一种综合性的描述，而且这种对

[①] 马克思、恩格斯：《马克思恩格斯选集》（第一卷），人民出版社2012年版，第252页。

结果的描述既不能取代，也不能指导对历史和人的具体研究，它不带来马克思所说的"真正的知识"。因此，我们也不能借助这样的辩证法来理解人、历史与社会。对于具体的研究，必须有一个出发点和相应的方法论。马克思的研究不是从人出发的，更加不是从个人出发的。在《德意志意识形态》中，他将"有生命的个人"作为历史的前提，但这个有生命的个人已经是一个被制约的存在，他被自己的需要以及与自然的关系所制约，被特定的生产条件所制约。在他的本能还不是"被意识到的本能"，在它的意识仍是"畜群意识"时，这个有生命的个体还不是人。

我们看不到人站立在历史的起点上。事实上，我们看不到严格意义上的历史的起点，也看不到在历史起点上的严格意义上的人。即便存在一个起点，存在着严格意义上的人，人也是作为一个被构成之物同他的构成条件一起作为历史的起点。因而，我们只能将关于"前提"或"起点"的说法理解为一个理论设定，这种设定的必要性和功能仅在于使"历史"得以被谈论。因而，不能将之视为一个方法论意义上的"前提"与"起点"，更不能在本体论的意义上理解它。在《德意志意识形态》具体语境中，这一设定也服务于对新黑格尔主义的历史唯心主义的批判，事实上，《德意志意识形态》中的许多类似论断，我们都只能理解为对相应的新黑格尔主义论断的否定或颠倒。

马克思拒斥个人主义的方法论，这不仅因为个人的意志与行为被异在于个人的力量所支配，因而无法作为一个理论的出发点，还因为，人类活动不仅是对自然的改造，同时还是对人的改造，而且"人们在肉体和精神上相互创造着"。人不仅生产着物质资料，同时还生产自身，生产人与人的差异与对立，而且这种差异与对立同样构成了"不依赖于人的意志和行为，反而支配着人们的意志和行为"的力量。这种力量被马克思理解为特定的生产关系和由它支配的特定的阶级关系，而且生产关系和由它层层决定、支配与构成的诸关系共同构成一个整体，这个整体实质上就是马克思所说的"社会"。历史也被马克思理解为生产关系和由它决定的诸关系不断发展和改变其形式与性质的过程，是社会形态不断演变的过程。

从这样的高度上，在历史现象学层面对历史所作的描述反而具有了隐蔽性，它没有揭开历史的实质，反倒掩盖了它。因此，对马克思而言，实质上只有一个考察对象，即作为整体的社会。但在马克思那里，整体主义同样不能作为一个方法论前提，因为在没有深入它的各种构成关系以及这些关系之关系中时，整体还是一个混沌的、无内容的整体，一个抽象的整体，而且，马克思不是在"具体整体"的水平上来谈论整体的。研究必须从整体的某个部分开始。对社会的考察也不是通过人和从人开始，无论这里的人是具体的个人，还是作为群体或类的人。对马克思而言，重要的是研究特定社会形态中支配性的生产关系的形式与性质，因为正是它构成和支配着这个整体。

也因此，马克思将他的几乎毕生精力投注到政治经济学的研究上去，将《资本论》视为他的主要著作。马克思将心血贯注在《资本论》的写作上，不仅因为对资本主义生产关系的研究构成理解资本主义社会形态的基础，它同时构成理解整个历史的基础，因为"人体解剖是猴体解剖的钥匙"，对较成熟的经济—社会形态的研究是理解不发达的经济—社会形态的钥匙。历史唯物主义能够成为一门"历史科学"的关键，正在于对资本主义生产关系的"科学"分析。

在《资本论》中，马克思将资本主义生产关系理解为一个结构，这一结构的基础是劳动与资本的对立关系，正是这种对立关系形成的张力内在地构成和支配着其他诸关系，这种支配与构成作用一直延伸到构成资本主义经济形态的细胞，即商品上去，内在于商品的使用价值和交换价值的矛盾正是劳动与资本之对立的产物与表现。

在《资本论》中，我们在马克思用以说明资本主义生产关系的概念群集中，看不到"人"的概念，相反，马克思说，这里提到的资本家只是人格化的资本，这里提到的工人只是人格化的劳动。

这一点当然可以通过马克思的研究方法来说明，他不是在"具体整体"的层面上进行分析的，而且，马克思旨在发现资本主义社会中"铁一般的规律"。但问题仍在:这难道不是对人的抽象化和贬抑吗?马克思在这里所做的同他在《1844年经济学—哲学手稿》中所批判的政治经济学的做法有什么区别?对这一可能责难的回答是:倘若人在理论上被抽象化和贬抑了,那么,这仅仅因为人在现实中已经被抽象化和贬抑了。但这种抽象化和贬抑并不是异化,因为,这里存在的不是对人的固有本性的扭曲,而是对人的构成。

人的产物具有了支配和奴役人的力量,那种力量越强大,我们就越无法通过人对其加以说明,而只能通过对那些力量的考察来理解人。因为,它越强大,它就越使人成为它的产物,它就越强有力地构成和支配着人的目的、动机、意图、思想、观念、价值和具体的活动。但是人不同时就是这些思想、观念、情感、活动吗?因此,这些力量在构成它们时,同时也在构成着人,而且由于这些支配力量的变化,被构成的人也在变化中。

形式上,我们在这里又看到了人与他的产物的辩证关系,一方面,那种异在的力量不过是人的产物,另一方面,它又不断地构成和改变着人。但从深层解释学的视角上,这两个方面并不构成一种辩证关系,它们实质上是不同的理论层面上的事实,而且这两个层面上的事实之间存在着构成与被构成、支配与被支配的关系。异在的力量是人们活动的产物,这是一个事实,但却是一个表层事实,它相对更深层的那一事实,即异在的力量构成和改变人,作为症候而存在,即一方面,它恰恰是深层事实的表现形式,另一方面,又是对这一事实的掩蔽或扭曲。个体认为自己具有自由意志,具有行动的愿望和能力,认为自己支配着自己的意志与活动,这恰恰是个体之外构成和支配他的力量表现和实现自身的一种方式。正是借助自主主体的幻觉,异在的力量和关系才得以再生产自身。

因而,在人与非人的东西之间不存在辩证关系,而只存在支配与被支配、构成与被构成的关系,表现与被表现的,结构与效应的关系。人不是抽象的人,不是作为"类"的人。在这里,就像在谈论意识问题时一样,需要关注"内容",尤其关注内容的差异,把这种差异视为一种产物,并从差异出发追溯构成这种差异的过程与力量。因而从深层解释学的立场上，有意义的事实不是在历史现象学层面所看到的人的活动以及他与历史、社会和他的产物的关系，也不是人在历史中的变化，而首先是在一个共时结构中存在的人与人的差异和对立，这个事实才构成一个有意义的线索。

必须从人的差异与对立出发"向上"理解人的思想、观念、意识。不是将思想、观念、意识理解为"人"的思想、观念、意识，而是将特定的思想、观念、意识理解为特定的人的思想、观念、意识，同时，必须基于人的差异与对立去理解不同思想之间的对立关系或表面上的互不相干，理解特定思想、观念、意识的产生和消亡，等等。

同时必须从人的差异与对立出发"向下"去理解构成和支配这种差异与对立的更深层的力量与关系，并借此深化对"向上"出发所看到的关乎思想、观念、意识的事实的理解。

从深层解释学的视角上，出发点不是一个像笛卡儿那里的"我"一样不可怀疑的起点，或者像黑格尔的"有"一样已经在自身包含了一切，也不像三段论推理的前提一样。对深层解释学而言，实际上不存在真正意义上的出发点，出发不是从一个点，而是从一个层面开始的，出发也不是在一个层面上的推进，而是向上或向下进入另外的解释层面。存在着不同的解释层面，每一个层面上都有着特定的事实、关系或力量，这些不同层面上的事实或关系之间存在着内在的构成与被构成关系，表现与被表现的关系。表层的事实或关系作为深层的事实或关系的症候而存在，即它一方面是深层的事实或关系的表现与转化形式，另一方面，又是它的伪装与扭曲，因而，深层解释学从表层的事实或关系出发向下进入一个深层时，它反倒是揭示了自己的症候性，显示它作为"事实"是有掩蔽性的。但当揭示这一点后，它就根本无法成为一个根据、基础、不可怀疑的起点，或类似黑格尔的"有"那样的东西。

从深层解释学的视角上，马克思对于人，以及对于思想、观念、意识的理解是以这样的方式来进行的。当马克思说，从人出发去理解人的意识时，他事实上是从人的差异和对立出发去理解意识以及思想、观念，这在他的意识形态理论中表现得尤为充分。显而易见，这一理由的确立是由马克思将特定的社会形态与生产关系形式理解为结构（而不仅仅是整体）这一点所决定的。人是被置于结构中来理解的，但因此，人首先被理解为处于对立关系中的人，而且，这种对立关系被更深层的关系所支配。实质上，不是"人"，而是人的关系才可以成为一个相对独立的考察对象，一个分析单元。必须从人出发去理解思想、观念、意识，这实质上并不是仅仅因为它们是人的思想、观念、意识，而是因为它们相对于"人的关系"那一分析层面构成一个表层。同样，人也不是解释的真正依据和解释的终点，因为人的关系也是一个症候，即它相对某一个深层同样构成一个表层。

尼采是从强力意志哲学和本能心理学两种相关的层面上来理解人的。他这样理解人的本能：本能的数量是不固定的，本能可能吞噬本能，可以合并本能，本能又可以派生本能，本能也可能因受压抑而萎缩死亡；根本没有主导性的本能存在，一种本能的地位受制于它与身体及它与其他本能的动力学关系，内部世界存在着一种贵族政体，而非寡头政治，即多种本能共同宰制心灵世界；诸本能间的动力学关系，绝非自在的、永恒的，而是生成和流变着的；诸本能可以最终被归结为权力意志。基于对人的本能的这一理解，尼采认为：人是尚未定型的动物，人的变化有着近乎无限的可能性，人的变化并无固定的方向；人是历史性的存在，但这种历史绝非某种本质自我展开的过程，或人趋向某个至高目标的过程，人的历史只是其可能性呈现的过程，而这种可能性既是无限的，又是难以推知的，可能性的现实化是依据生成中的偶然性，而非依据人的本质与外在条件的适宜性。在尼采看来，人的心理发展史呈现出因偶然性而来的杂驳性、非连续性、多向性。

也正因此，尼采说，种类与个体都是思想的虚构，种类和个体一样都只是没有确定边界的"流"。这样，人，无论作为种类的存在还是作为个体的存在都同样是没有确定边界的"流"。

在他看来，"人"不过是思想在与人相关的诸现象之间建立一种联系的方式，是为它们虚构的本质或核心，但尼采认为这些现象不能以一个原则、本质或核心整合起来，因为即便在人的内部存在的也是一种"寡头政治",是多种相互作用的力,每一种相互作用的方式都伴生出作为其症候的现象。由于不只存在一种力和一种力的关系,而是同时存在多种力和多种力与力的关系,以及这些关系的关系,用"人"这一概念和与之相应的原则聚合起来的诸现象是根本不同质的,因而这种聚合营构的不过只是一种表象、假象、幻象。

尼采观照到的本能世界被他视为人的真正"现实"。显而易见,在这样的"现实"基础上,不可能确立起任何思想主体与行为主体,甚至我们不可以谈论"人",除非仅仅将它作为一个集合名词,而不是指称某种"本质"的概念。如果不存在思想主体与行为主体,如果人在对他的分析中被消解了,那么就不能在严格的意义上谈论人与思想、观念、意识的关系问题,也不能通过这种关系来揭示思想、观念、意识的实质。真正的关系不是存在于思想、观念、意识与人之间,而是存在于它们与力、本能、欲望之间。

弗洛伊德揭示的潜意识世界同尼采揭示的本能世界并没有实质性的差别,同样,在这样的"现实"基础上,任何思想主体与行为主体也不可能确立起来,理性、自我的实质与功能需要在这样的基础上重新理解。古典精神分析不谈主体,而谈自我。它如何理解自我呢?弗洛伊德说:

"我们称呼出自知觉系统,并由前意识开始的统一体为'自我',并且按照格罗代克的方法称呼心理的另一个部分为'本我',统一体会延伸到这个部分中去……"①

"自我是通过知觉系统的中介而为外部世界的直接影响而改变的本我的一个部分,在某种意义上,它是表面分化的发展。"②

我们看到,弗洛伊德一样将自我的起源作为一个问题提出,他借助于自我与本我的关系来说明它的起源与性质。自我的核心是知觉系统,而在弗洛伊德关于意识之起源的分析中,我们已经知道,

---

① [奥]弗洛伊德:《弗洛伊德后期著作选》,林尘等译,上海译文出版社1986年版,第171页。
② [奥]弗洛伊德:《弗洛伊德后期著作选》,林尘等译,上海译文出版社1986年版,第173页。

知觉系统是生命体与外部世界相接触而形成的无机化了的表面，从而自我也正是这样一个表面，它是本我的一个部分，而不是本我的对立面。同样，自我的功能也是借助于它与本我的关系来说明的，弗洛伊德把这种功能关系比作骑手与马的关系：

"在它与本我的关系中，它就像骑在马背上的人，它必须牵制着马的优势力量；所不同的是：骑手尽量用自己的力量努力去牵制，而自我则使用借来的力量。这个类比还可以进一步引申。假如骑手没有被马甩掉，他常常不得不引它走向它所要去的方向；同样，自我习惯于把本我的欲望转变成行动，好像这种欲望是他自己的欲望似的。"①

自我的功能在于它实践着现实原则，但现实原则不是对本我之快乐原则的否定，而是使其能被更现实地实现。自我贯彻现实原则力量是有限的，而且就是这有限的力量也不是来源于自身。自我不构成一种独立自主的存在，而只是本我的一部分，自我与本我的矛盾关系实质上只是本我的一部分与另一部分的关系。因此，自我的自主性只是一种幻象或错觉，当然这是一种有意义的、负载着特定功能的、能够加以解释的幻象与错觉。

弗洛伊德所揭示的自我不是一个相对独立的心理机构，它事实上并不与本我和超我构成并列的一元，它自身没有克服超我或本我的力量，更因为它不过只是一种功能，而且是一种无法充分实现的功能，当弗洛伊德发现了超我，而且发现了超我起源于作为种系遗传物的俄狄浦斯情结之后，他甚至不再谈论自我的功能了。

真正的对立也因此不是在自我与本我之间，而是在超我与本我之间，但是这种斗争常常以自我为战场，因为正是自我将本我的欲望转化为行动。自我就像一个弱小的国家，由两个强大的国家在其领土上交战，它必须时而依附于这个强国，时而依附于那个强国，而它本身却没有任何协调这种斗争的力量，也无法将交战的双方从其领土上逐出。

---

① ［奥］弗洛伊德：《弗洛伊德后期著作选》，林尘等译，上海译文出版社1986年版，第173页。

7.2.3 基于斗争关系理解思想、观念、意识的本性

我们在尼采、弗洛伊德和马克思那里都看到了对人的本质主义规定和主体性的消解，从而我们无法仅仅从抽象的人的概念或理念出发来考察思想、观念、意识的本质。人作为思想、观念、意识的生产者、拥有者、使用者，这一看似自明的事实在对人的分析中反倒成为一个具有掩蔽性的假象。

尼采和弗洛伊德在人的内部发现了一个诸本能相互斗争的世界，而马克思则在人的外部发现了这样一个斗争世界。严格说来，使用"内"与"外"这样的词来表述人与构成他的力量与关系是不恰当的。对马克思来说，个人内在于社会整体中，他是社会关系的承载者；对于弗洛伊德和尼采来说，那个本能世界正是人的终极现实，而如果我们在狭义上将人理解为自主的思想主体与行为主体，那么人不过是这一内部世界的一个产物和征象，他的虚假的主体性，即他的自我误解，也是被构成的。

但是，我们一样不能抛开人来谈论思想、观念与意识，因为人是思想、观念、意识与支配和决定着它们的力量之间的中介与载体。对于尼采来说，能动力与反动力的对立，两种生命状态、两种生命类型的对立，正是以人为载体的。尼采思考的主要是人的现象，他主要解释人的现象，解释人曾对现象做出的解释，重估人的价值，为人立法和提升人，考察人的生命的兴衰条件与征象，生命首先和主要是指人的生命，颓废和虚无主义都只是人的颓废和虚无主义，超人也是人的理想，所有这些重大的论题归根结底都与人相关，甚至尼采的自然哲学都可以视为是尼采心理学向自然领域的投射。

对马克思来说，生产关系正是人与人在生产中结成的关系，人是生产关系的承载者，生产关系对于其他诸关系的支配作用也是以人为载体并通过人的活动实现的，在生产关系与其他物质的或精神的关系间所建立的解释关系，正是对人的现象的解释。阶级斗争也是一个人的集团与另一个集团的斗争，共产主义是人的理想，马克思对之发出革命呼吁的也是作为无产阶级的人。毫无疑问，人与人的现象同样也是马克思思想关注的重点。

这样，我们似乎看到一种矛盾，一方面，本质主义的人的形象被消解，另一方面，三位思想家又如此重视人和人的现象。但这只是一种表面的矛盾，甚至只是一种错觉。我们对此所做的说明是，他们的根本兴趣仍然是人、人的现象、人的事务（其中自然包括人的思想、观念、意识），但基于本质主义的人的理念无法充分说明人的现象。在对现象越来越深入的解释中，他们各自重构了一种新的人的形象。更准确地说，现象领域是有深度和分层的，人的现象只是在这个更深广现象世界的一个层次和部分，并且在人的现象中也有层次和深度之分，表层现象需要借助于深层现象来说明。表层和深层之区分源自深层现象中包含的力量对立关系，主要是这种内在张力使得深层现象以表层现象的形式表现并同时掩蔽自身。当从属人的表层现象进入属人的深层现象，进而从属人的深层现象领域进入不属人的更深层现象领域时，人的形象更加远离本质主义的人的理念，但人的现象也因此获得更加深刻和复杂的刻画与解释。这一切顺理成章，没有任何矛盾之处。

对于理解思想、观念、意识的本质而言，至关重要的是将意识之外的"现实"的内部关系理解为对立关系，而且这种对立关系以人为载体，它是人与人之间或人的一部分与另一部分的对立。我们看到，尼采不仅谈到诸本能之间的斗争关系，而且谈到了两种身体—本能状态或生命状态之间的对立，弗洛伊德谈到了本我与超我的冲突，这种冲突对心理生活具有决定性的支配作用；马克思也谈到了内在于生产关系的对立以及它所构成的阶级对立，这些对立使人与人对立起来，并使社会内在地分裂开来。正是这些对立关系在它们各自思想中的根本性与普遍性，使得现象普遍地具有症候的特征，使得他们各自对症候做出解释成为深层解释学的思想样例。

我们在下面将具体说明他们如何将思想、观念、意识解释为症候，尤其要说明这种对立关系，因为这是将思想、观念、意识解释为症候的关键。

在《作为认识的强力意志》中，尼采主要从一种人类中心主义和生物学的立场上透视认识，而且将其视为强力意志的一个形态，这完全契合着海德格尔所说的"人化"的思想方式。人化原则是指，凡出于人的，就只能在人那里才能获得一个解释。认识是人的认识，那么认识的本质就只有在对认知者的追问中才能获得；艺术是人的艺术，那么艺术的本质就只有在对艺术家的追问中才能获得，如此等等。认识、艺术、道德都只是人的认识，人的艺术，人的道德，在对认识、道德、艺术的分析和追问中人也会明了作为认知者的人要从认识中获得什么，作为道德承负者的人要从道德中获得什么，作为从事艺术的人要从艺术中获得什么，它们各自源于人性的哪些部分。

但是人与人之间的差异与对立，或更具体地说，弱者与强者，上升的生命与下降的生命的对立更加为尼采所关注，而这意味着，对认识的理解必须沿着人类中心主义的立场继续深化，深入到人的类型的差异与对立中，这样一来，最根本的问题则变成"谁"的问题：艺术是谁的艺术？道德是谁的道德？认识是谁的认识？"谁"的问题就是类型学问题，即要确定占有道德、艺术或认识的到底是什么性质的力？是反动的还是能动的？是肯定的还是否定的？那个作为占有者的人是强者还是弱者？是主人还是奴隶？是衰败的生命类型还是力量充盈的生命类型？人的作品、占有物的意义和价值取决于它的主人和占有者的类型。尼采心理学与尼采哲学中最关键的东西不是一般性地追问人，而是追问谁，尼采是从人的差异和等级出发去把握艺术、道德以及认识等的意义和价值的。

这样，我们看到尼采在两个不同的层面上理解认识，而我们认为后一种对认识的理解方式更具有尼采特色，更具批判性。比如，尼采对苏格拉底的批判就可以作为一个"案例"来说明这一点。

苏格拉底对于尼采而言，不仅仅是一个古希腊哲学家，他同时是理性的代言者和某种生命类型的代表者，在《悲剧的诞生》以及《偶像的黄昏》之"苏格拉底问题"中，尼采始终在这种意义上将苏格拉底理解为一种征象。在《悲剧的诞生》中，尼采对苏格拉底的批判是结合对"悲剧之死"的解释进行的，并随着解释的深化而不断深化。

尼采联系"悲剧之死"对苏格拉底所做的批判事实上构成一个相对完整的"案例"，而这样的"案例分析"在尼采那里是不多见的。从这一案例分析中我们可以看到以下有意义的两点，它们都同我们的论题紧密相关：第一，理性是非理性力量的表现。尼采首先注意到，在苏格拉底那里，理性成为一种激情，即理性具有了非理性的形式与实质。这样，理性就不是外在于非理性并构成它的对立面，而且作为非理性的理性与另一种非理性的力量相对抗。

尼采对理性的一个基本看法是，它没有自主的起源，它首先不是作为某种自我肯定的事物而出现，而是作为一种否定，被它所否定的事物反向地激发出来，并在与它所否定的事物的斗争中获得某种发展，发展的方向和程度受制于它所否定的事物的发展。苏格拉底身上过度发达的逻辑天性，事实上并不被尼采认为是天性，因为逻辑"因重孕而来的过度发达"，不是一种自主的、自我肯定的生长历程的结果，而是不断与内在的颓废作战的结果。

尼采一再谈到理性的非理性起源，道德的非道德起源，以及由之而来的理性的非理性，道德的反道德性。这是理性和道德都无法自我克服的，因为那正是它们的实质，它们正是为了服务于非理性和非道德的目的而被生产出和被使用着的。因而，求真意志，对知识的渴求，对理性能力的信仰，科学激情，对真理的信仰与热爱，以及对通达真理的"方法"的信赖，在尼采看来都是症候，都是以理性形式表现的非理性。

第二，理性＝美德＝幸福的公式是一种症候。对于尼采而言，苏格拉底的著名公式，即理性＝美德＝幸福是一个待分析的症候。对他而言，这个公式不仅是错误的和荒谬的，更是富有意义的。尼采问，这样的公式出自何种体质？在他看来，只有颓废者，即失掉对自身的支配力、内在倾向于分崩离析的虚弱的生命类型，才需要理性，并且使理性成为一种激情，一种疯狂。将理性同美德并同幸福关联起来，是伪装和升华了这一点，但也恰恰泄露了它。尼采追问：是什么类型的生命，处于何种困境和危险中的生命要将理性提升至这样的高度？一个如此依赖和信赖理性的生命要用理性来做什么？倘若理性等同于美德，那样的美德又是何种美德，这种美德所要否定的是什么？倘若理性等同于幸福，那种幸福是什么性质的幸福？这种幸福对什么类型的生命才能称为一种幸福？

同样，"理解然后美"的美学原则也是这样的症候。把一个事物或现象称为美的，同时意味着把另一些事物或现象称为丑的，而且很多时候，人们只是为了能把另一些事物和现象称为丑的，才去把一些称为美的。尼采倾向于将肯定首先理解为否定的伪装，理解为隐蔽或显在的斗争形式。他总要问，是谁在否定？否定谁？为什么否定？"谁"的问题常常使似乎自明的现象变得暧昧含混起来，使看似独立的现象被置于某种关系，尤其斗争关系中加以理解，使一些事物的自在性与自主性成为假象。

对尼采而言，他同样要追问：是谁为了什么把什么视为美的？同时，他将什么视为丑的？存在着不同的身体——本能状态，这些状态所要求的生命条件是不同的，因而即使同样的事物对处于不同生命状态的人而言也具有不同的意义与价值。存在着不同的人，强者与弱者，作为强者的生命条件，作为他提升自身的手段的事物，在弱者那里就可能毁灭他，让他中毒，因而是丑的东西。存在着激发、加剧虚弱者之虚弱的美，也存在着激发、增强强大者之强大的美。两种生命类型都会各自创造和享用着自己的美，或同一种美被以不同的方式感受着、解释着。因而，"理解然后美"的观念与人的类型相关，为要深刻理解这种观念，就必须深入这一原则的内容中去，因为正是这些内容指示出特定类型的生命借以提升自身的手段。

"理解然后美"的观念不仅是一种美学或艺术信条，更是一种理性主义信条。在尼采看来，这一信条包含着一种内在的冲突，即理性与美的冲突。尼采说，坚持这一原则的苏格拉底和欧里庇得斯实质上拒绝体验美，尤其不能忍受悲剧之美，借助于这一原则，他们实质上是用理性来规训美，使美理性化。这一原则内部包含的冲突在尼采看来是悲剧文化与亚历山大文化冲突的表征，而苏格拉底被尼采视为亚历山大文化的第一个缔造者、宣讲者和实践者。但尼采在更深入的分析中，又将两种文化的对立理解为两种生命类型，即上升的与下降的生命，强健的与颓废的生命之对立的征象。他将亚历山大文化视为颓废生命的症候，进而将"理解然后美"以及"理性＝美德＝幸福"的信条理解为颓废生命的症候。这种颓废的生命无力支配自身，面对内在分崩瓦解的危险，理性成为一种激情、以理性去规训美都只是应对这一危险的不成功的方式，是颓废的曲折表现。

在这里，值得注意的是，尼采基于生命类型的差异与对立来思考理性与观念，并将它们解释为症候。

在弗洛伊德看来，人类的认知活动是本能，尤其性本能的升华形式之一，而性本能的升华是被压抑的结果。在《性学三论》中，弗洛伊德谈到了童年期理智上的好奇心的起源，他认为这种好奇心起源于对性的好奇，而且理智探究始终具有性欲的某些形式特征，相应地，儿童理智上的好奇心的弱化以及一般性的愚钝，都被弗洛伊德解释为对性的压抑力过于强大，以至连这种升华形式都不被允许。在论及性欲发展的各阶段时，他特别指出了"口腔期"的固置与对知识的渴求有极大关系，后者同样是一种升华了的满足口腔欲望的形式。

对深层解释学而言，重要的不是精神分析类似论断的真理性，而是它思考认知能力和认知活动的方式。精神分析确认认知能力并没有相对自主的起源，而是作为派生物和附属性的功能产生于更基本的本能对抗之中。在这一点上，弗洛伊德和尼采是一致的，因为他们都从本能心理学的角度去理解人。从这一角度理解人，就意味着基本的本能构成、支配着整个心理生活，从而，作为心理生活之部分的认知活动也只能在这样的基础上被解释。我们已经看到，弗洛伊德如何在性欲的发展及其与抑制性力量的对抗中思考认识能力的起源的。

如此一来，认识能力、认识活动及其产物的性质都不是纯粹的。不存在纯粹地为认识而认识，认识总是被特定的力量推动着，而且服务于那种力量；认识的真正目的不是去获得真理而是服务于特定的力量与另外力量的斗争；认识的推进，而且沿着特定方向推进不是由自身来保障的，推动认知前进的根本力量不是理智的力量，而是欲望、动机或愿望等，这些力量内在于而不是外在于认知活动；同样，认识活动从哪里开始和在哪里终止，也不是认识自身可以决定的。

弗洛伊德拒斥普通心理学和抽象认识论关于认识能力、理性能力作为人类固有能力的假定。弗洛伊德从来不在这种意义上谈论与认识相关的感觉能力、认识能力、思维能力等；他不认为这些能力具有自己的本质和相对自主的发展历程；他不从这些假定出发去思考人类的认识活动与认识产物的性质；他也不将这些能力与欲望或动机置于一个层面之上，而这种并置是普通心理学与抽象认识论的经常做法。这种并置使得认识能力与欲望的关系成为彼此外在的关系，两个完全不同质的事物相互影响的关系，也因此，认识能力被认为有可能克服来自本能、欲望的负面影响。对于认识能力的这种信任是抽象认识论的基本信念之一，否则，真理问题就不可能被设定。但是弗洛伊德拒绝将认识能力与本能、欲望或动机的关系理解为外在关系，而是将之理解为内在关系，更准确地说，被支配与构成的认识能力、认识活动以及认识产物只是一种症候式的存在，它是本能、欲望的表现，它存在的意义正在于它是欲望得以存在起来的一种方式。

作为认识活动产物的思想、观念、意识是不纯粹的，它总是同特定的欲望、动机、情感结合在一起，后者就是它存在的真正根据，因为如果它不具有负载特定的欲望、动机、情感的功能，它根本无须被认识活动生产出来。思想、观念、意识的这种存在形式不是例外，而是常态，反倒是那种纯粹的仅仅作为思想、观念而存在的思想、观念才是一种例外，是在一种强大的抑制性力量压制下被迫与特定的动机或情感分离的结果，而且，被分离开的双方之间始终存在着固有的亲和力，一当那种抑制力减弱，它们又将再度合为一体。

抽象的、一般性的认识能力，比如感知能力、记忆能力、思维能力等，从来不是古典精神分析的思考对象。对于弗洛伊德来说，设定这样的能力本身就是无用的，甚至有误导性。设定这种能力与其说解释了具体的认识活动，不如说使认识活动逃避了解释。在这一点上，弗洛伊德与尼采是一致的。

我们已经提到过，不是纯粹的意识形式而是意识内容构成理解意识之本性的恰当的出发点，同样，不是一般性的抽象的感觉能力,而是特定的人在特定的情形下感受到什么,以及与之相应地,它没有感受到什么,才能帮助我们去理解感觉的本性;不是抽象的、一般性的记忆能力,而是特定的人在特定的情形下记住了什么或遗忘了什么,才是理解记忆之本性的出发点。对于普通心理学与抽象认识论所设定的任何理智能力都可以做这样的思考。

只有具体的认识活动。用认识能力去综合和解释的那些认识现象是不同质的,因为这些认识现象的本质不在于它们是认识现象,而在于它们各自被不同的欲望、动机、愿望所支配和构成。

也因此,特定的思想、观念、意识与内在于它们的欲望、动机或情感没有真正的冲突,它们只与其他的思想、观念、意识相冲突,并且这种冲突始终被精神分析理解为一个表层事件,理解为更深层的本能或欲望冲突的表征与产物;或者,特定的思想、观念、意识与特定的动机、情感相冲突,而这种冲突仍不过只是表层事件,是占据思想的力量借思想、观念来压制或抵拒与之冲突的力量。

思想、观念、意识没有属于自在的、自足的力量,它的力量之源不在自身,它具有力量只是因为它被特定力量支配。因而,单是思想、观念之间,甚至无法产生冲突,因为构成冲突的一个基本条件是冲突的双方都具有某种力量。

无力量的思想、观念,即不为某种力量所占据的思想、观念,是死的思想、观念,或者它是存在着的无,因为存在就是产生效应,就是介入斗争,而只有力量才能产生效应,只有力量才能与另外的力量相斗争。思想、观念的真正死亡在于曾经支配它的力量已经被消解掉了,在于这种力量被消解之后没有新的力占据和支配它。

更复杂的情形还在于:很少有一种单一的力量支配和构成某一特定的思想、观念、意识,事实上,这些特定的思想、观念、意识常常已经是某种折中的结果,或者相互冲突的力量彼此交替地占据特定的思想、观念与意识,或者这一思想、观念、意识本身就是矛盾的、模棱两可的、不单纯的。

如上所述,弗洛伊德始终在某种相互冲突的关系中思考认识活动,以及作为认识活动之产物的思想、观念、意识的起源、功能、性质等,他始终将思想、观念、意识理解为非理性力量的转化形式,理解为非理性力量相互作用的产物,这一点在弗洛伊德发现三元人格结构后变得更清楚。

我们已经提到过,自我事实上无法构成与本我和超我并列的一个人格单元,自我被本我、超我以及外部世界的基本要求所支配,但正是自我与思想、观念、意识紧密相关。

在精神分析理论发展的早期,弗洛伊德基于性本能与自我本能的二元对立,将意识等同于自我,并视之为压抑性力量的来源,意识与无意识的对立成为神经症产生的基础。但在《群体心理学与自我的分析》中,弗洛伊德已经发现了"自我典范"的存在,它作为自我的一个部分,而且是它的"高级"部分,却不在意识之中。这个"自我典范"在《自我与本我》中被称为"超我",并且获得了相对于"自我"的独立性,因为曾经被认为是自我的高级部分的超我,其来源,尤其是它的力量的来源根本不在自我之中,也不在意识之中。

只有自我关联着意识,因为作为一种心理功能的意识与作为一个人格组元的自我的核心都是知觉系统。但在弗洛伊德看来,即便是自我的大部分也是无意识的,它的低级部分,即与本我相连的部分,以及它的高级部分,即与超我相连的部分,都不在意识之中。对于精神分析而言,不在意识之中,就意味着它们参与对意识内容的构成与支配。

自我范围与意识领域的缩小意味着自我与意识内容被更多、更深层次上的力量所支配;意味着自我与意识的内容具有更强的伪装性;意味着自我的功能性更加弱化;进而意味着思想、观念、意识具有更强的症候性。

自我的核心是知觉系统,而且正是从这个核心生长出更复杂的思想、观念和意识形式。知觉系统的功能在于协调本我与外部力量的冲突,这同样也是自我的功能,而且在发现超我之后,自我所要协调的冲突不仅是本我与外部世界间的冲突,同时还有自我与超我的冲突。但是,它却没有整合这些冲突的力量,反倒被本我、超我以及外部世界的要求所支配。归属于自我的思想、观念与意识也因而不是作为一种协调性的力量,而是自我不断被不同的力量支配的征象。自我拥有的思想、观念与意识之间的冲突事实上只是支配自我的诸力量之冲突的表现,这些思想、观念、意识的生成流变的根本原因也不在自我之内,它们同样只是支配着自我的诸力量及力量关系不断生成变化的征象。

我们已经看到,在尼采和弗洛伊德那里,思想、观念、意识被理解为基本的力量斗争的产物和表现,即被理解为症候。对于尼采而言,基本的斗争关系发生在两种生命类型之间,对于弗洛伊德而言,这种斗争关系最初被认为发生于意识与无意识之间,后来被认为发生于本我与超我之间。从深层解释学的视角上,这是将思想、观念、意识解释为症候的关键,因为只有通过与思想对立的"现实"内部的对立关系才能说明思想与"现实"的关系,只能通过意识之外的存在内部的对立关系才能说明意识内容与意识之外的存在的关系,并进而说明思想、观念、意识的症候性。当然,尼采、弗洛伊德和马克思那里各自的"现实"所指是不同的。

我们在前文已有多处谈到马克思对"现实"之内部关系的理解,即将之理解为对立关系,而且将"现实"理解为层层支配和转化的对立关系结构。也正是这种关系决定了思想与现实的关系只是一种内在关系,而非外在关系。我们在这里不再重复这一点,而将注意力转向在弗洛伊德、尼采与马克思之间的一种有意义的比较上,不仅借以从另一个角度说明马克思如何理解思想与现实的关系,从而说明马克思是如何将思想理解为症候,而且,借以说明深层解释学为要将思想、观念、意识解释为症候必须重点关注的另一种关系。这种比较发生在弗洛伊德那里的显梦与隐梦之间的关系、尼采那里的解释与事实之间的关系,以及马克思那里的思想与现实关系这三者之间。

在我们看来,对于论证思想、观念、意识的症候性,对于理解意识内容与意识之外的存在的真正关系,或者理解思想与所谓现实的真正关系而言,弗洛伊德对梦的解析提供了一个典范式的样例。我们尝试对之进行一个简单的分析。

弗洛伊德对梦的阐释先行做了这样一个区分,即显梦与隐梦的区分，或梦的显在内容与潜在思想的区分。弗洛伊德说：

"梦的成分的概念如下：它本身并不是最重要及根本的'原有思想'，而是做梦者所不知道的某事物的代替……。梦就是由这些元素成分组合而成的。"①

显梦或梦的显在内容就是呈现于梦者意识中的内容，"我们所记得的梦并非原来真正的事物，而只是一个化装的替代物，这个替代物因唤起其他的代替观念，而使我们得知其原来的思想，遂将隐藏在梦背后的潜意识思想带入意识之中"②。显梦与隐梦的区分同时是一种有联系的区分，因为显梦正是被化装了的，作为替代的隐梦。被意识到的梦的内容不是原处的"文本"，而是一个已经被改变了面目的文本。由于最初呈现给意识的材料已经是被修改了的，对梦的回忆或复述中出现错漏或增删是对替代物再次加以伪装，它不会给释梦造成困难，反而可能作为一种指示线索显示梦的内容中具有关键意义的部分。

如何从呈现给意识的显梦出发去寻找不在意识中的隐梦，弗洛伊德使用了"自由联想"的技术，即从显梦的某个特定的内容出发尽可能随意地联想，而且向释梦者报告他所联想到的所有内容。选定的内容不是任意的，但是在释梦结束之前，它具有的指示意义也始终是可疑的，因为这个部分也可能正是阻抗性的力量用来使解释走向死胡同的伪装之一。并且在严格的意义上，不存在真正自由的联想，因为联想的过程中，阻抗性的力量始终在发挥作用，它使联想无法顺畅或异乎寻常地丰富，以至于难以把握。在这时，释梦者的不断诱导、试探性的询问、鼓励甚至强迫都能产生某些对抗、平衡或缓解阻抗力量的效果。

借助于自由联想技术，弗洛伊德发现了显梦与隐梦间的几种主要关联方式，即以部分代替整体、暗喻关系、意象化与象征关系。比如，所谓隐喻关系就是："梦的显意亦是其隐意一部分，不过只

---

① [奥] 弗洛伊德：《精神分析引论·新论》，罗生译，百花洲文艺出版社1997年版，第67页。

② [奥] 弗洛伊德：《精神分析引论·新论》，罗生译，百花洲文艺出版社1997年版，第67页。

第七章 作为症候的思想、观念、意识 / 223

是一个片段而已,梦的潜意识思想内巨大的、混合的心理结构之的一部分进入梦的显意内,成为片段或者暗喻,恰如电报秘密中的缩写字。而分析梦就必须保持片段或暗喻凑成全文。"[1] 更复杂的情形还在于,"显意与隐意的关系并不是简单的,它决不是由一个明显的元素永远代替潜在的元素,两者的关系之性质是不同群的关系,所以一个明显的成分可代表几个潜在的思想,而一个潜在的思想也可以为几个明显的成分代替"[2]。

这种伪装作用增加了释梦的难度。显梦与隐梦的关联方式也正是显梦的伪装方式,而且,发现了伪装作用,甚至发现了隐梦,并不是解释的终点,对于解释的深化而言,它恰恰构成一个出发点,因为,这样的问题随之而来:这种伪装的动因是什么?它的功能是什么?对这些问题的回答使弗洛伊德发现了梦的检查作用、梦的原始性质与幼稚性,以及梦作为愿望的满足等等。

我们看到,对梦的意义与形式的解释都必须借助于意识之外的存在来加以说明。梦的意义是被压抑的、未被满足的愿望,这种愿望有其童年根源;梦的形式是梦的运作的产物。显而易见,愿望与梦的运作都是无意识的。

弗洛伊德在显梦与隐梦之间做了区分,将前者视为对后者的修改,因此显梦不是"原本"。但是隐梦能够成为原本吗?在精神分析的立场上,隐梦也很难说是原本,因为显梦的内容借助于自由联想可以被无限地扩展,精神分析使之停留在某些特定的内容上,常常只是出于具体的实践需要;另一方面,是否存在梦的原本,这并不是一个至关重要的问题,正如两次复述一个梦所出现的差别不会对释梦带来困扰一样,是否存在梦原本也不会带来真正的困扰,因为所谓隐梦本质上只是显梦的构成材料,甚至隐梦中的思想与情感也只是构成材料,真正重要的是,什么性质的力量借助什么样的机制加工这些材料,加工的目的又是什么。

---

[1] [奥]弗洛伊德:《精神分析引论·新论》,罗生译,百花洲文艺出版社1997年版,第97页。

[2] [奥]弗洛伊德:《精神分析引论·新论》,罗生译,百花洲文艺出版社1997年版,第101页

我们看到尼采的"事实"与"解释"之间的关系与隐梦与显梦之间的关系存在着基本的同构性。不存在原本的事实，事实只是被解释为事实，解释是对它的对象的重构，而不是复现。在尼采看来，即便存在一个原初的事实，那也并不重要，重要的是解释对那个或许可能的原初事实的构建方式和构建过程及其产物，以及支配构建方式与构建过程的力量或关系。

同样，马克思那里的思想与现实的关系与弗洛伊德的显梦与隐梦的关系也具有同构性。思想的材料来自于现实，但思想对这些材料进行了加工，这种加工可以对应于梦的伪装，而且有两点值得注意：第一，如同梦者对显梦者的材料来源、它的伪装方式以及它与隐梦间的曲折关联完全无意识一样，思想也对它的材料来源、它加工材料的方式以及它与作为材料来源的现实的曲折关系同样无意识，或对之做了错误的理解；第二，由于作为扭曲、伪装的加工过程的复杂性，显梦与隐梦间的关系也变得复杂和曲折，这种复杂和曲折性使得显梦获得某种独立的外观，同样的复杂性和曲折性也使思想获得了某种独立的外观，而且正如在弗洛伊德那里，解梦的很大一部分活动是对显梦与隐梦之间的关联方式的艰苦发掘一样，意识形态分析的很大一部分也应是对思想与现实间的复杂、曲折关系的细致分析，它必须像解梦一样，详细分析思想的材料来源、典型的伪装和加工方式等等。这一点将使解释概念在它们各自的思想中获得更重要的地位和功能。

更加重要的是，在弗洛伊德那里借助自由联想重建的显梦与隐梦之间的关联不是解释的终结，某种意义上，它甚至只是一个起点。在显梦与隐梦间建立的一种关联在某种意义上仍是表层的关联，必须借助于某种深层关系来说明这种表层关联的存在以及这种关联的隐蔽性与曲折性。对于马克思而言，解释同样不止于在思想与它的现实材料之间重建某种被扭曲和掩蔽的关联，而是追问这种支配着扭曲和掩蔽的更深层的力量或力量关系是什么。

马克思那里的思想、观念、意识，尼采那里的"解释"，都具有弗洛伊德那里的"显梦"的特征，对它们各自作出的阐释在形式上也显现出一种同构性。

第七章 作为症候的思想、观念、意识 / 225

在这里，我们看到，尼采显然更加激进，因为他将事实视为解释的产物，而在弗洛伊德和马克思那里，"现实"与"隐梦"还被视为某种意义上的"原初文本"。但是从深层解释学的角度来看，这点是不重要的，重要的是"文本"之间的关系，以及对关系的扭曲与掩蔽方式，只有这一点才是有理论意义的。

马克思将"现实"视为某种意义上的"原初文本"，这一定程度上鼓励了对于马克思所理解的思想与现实之关系的误解，即将这种关系理解为反映与被反映的认识论性质的关系。但这样的理解顶多只能重建那种被扭曲了和被掩蔽了的关联，而不能对扭曲和掩蔽本身有所解释，然而恰恰正是从对掩蔽和扭曲的分析中才产生出真正重要的问题，重建思想与其材料之间的关联只是为这一问题的解决铺平了道路而已。更坏的情形是，这种理解方式只是基于已发现的扭曲和伪装而简单地贬低思想，并且是依据认识论的"真与假"的尺度来贬低它，而不是在这一立场之外对它作出解释。

我们应当在两种相关但又有差异的意义上来理解马克思的"现实"，一方面我们将现实理解为思想的材料来源地，另一方面将之理解为支配思想生产的诸力量与力量关系构成的整体。也因此，思想与现实的关系也应在两个相互关联又不断深化的层次上来谈，一方面，思想扭曲地加工来自现实的材料，另一方面，现实作为一种力量，支配着思想的加工。在马克思看来，思想对使之得以可能的这两个层次上的关联都无意识或只有错误的意识。

从深层解释学的立场上看，尼采的事实与解释的关系，弗洛伊德那里的显梦与隐梦的关系，以及马克思那里的思想与现实的关系，在形式上是大体同构的。这是一个征象，即它是三位思想家共有一种概念装置的征象。从这种共同的形式化的概念装置中，生产出的将是同一种提问方式与问题形式，以及大体相似的阐释方法与程序。

至此，我们已经看到与症候的产生有着重要关联的三种关系，即力与力的关系，力与症候的关系，症候的内容与被它扭曲、修改的内容的关系。这些关系之间又是一种层层构成与支配的内在关系。症候实质上正是这种关系结构的产物，这个关系结构一方面不能不通过症候来表现自身，但又不能直接通过症候来表现，症候恰恰也同时是它的掩蔽形式。因此，我们从症候中无法直接看到这个使它得以存在的关系结构，但我们又只能通过深入症候来探寻这个关系结构及其运作。症候分析只能从症候的内容开始，而且从症候的内容开始，首先所要建立的是症候的内容与被它扭曲的内容的关联。但是，在严格的意义上，这种关联无法相对独立地加以考察，对这一关系的分析同时已经是对更深层的关系的分析，否则，这种分析也难以进行下去。

正是在这里，我们又看到对"内容"做出分析的必要性与意义。对于弗洛伊德而言，在显梦与隐梦之间所建立的关联事实上是显梦的内容与隐梦的内容间的关联。显梦的内容正是被以移置、凝缩、二次装饰等机制扭曲、分解，又以另一种方式合并的隐梦内容。对于分析者来说只有显梦内容可作为分析的材料，但也正是显梦内容才是真正有意义的分析材料，因为这个内容作为产物，包含着隐梦材料以及对这一材料的扭曲形式，进而言之，还包含着支配这种扭曲的力量与力量关系，因而它包含着对解释而言一切有意义的东西。因此分析者必须进入显梦的内容并借助自由联想来扩充它，当然所有这些扩充也只是为更深入的分析建立一个前提。

从深层解释学的立场上，意识形态分析也首先应当深入特定的思想、观念、意识内容中去，但不是将内容视为一个自主、自足的存在，而是同样将之视为产物。这将构成意识形态分析的一个基本任务，一种使更重要的问题得以可能的前提性工作。

尼采同样关注内容，这同样是因为作为产物的内容内在地包含着它被构成的方式与构成力量。尼采不承认一个原初文本的存在，但这不意味着他不可以谈论伪装、扭曲、欺骗等，恰恰相反，他将伪装、扭曲普遍化和彻底化了。在尼采那里，伪装已经是对伪装的伪装，扭曲已经是对扭曲的扭曲。没有一个原始项并不取消解释，而是使解释成为对解释的解释，成为无限的解释。

三者对于内容的关注出自同一种理由，而这又是由他们的思想方式和"概念装置"的基本类同性所决定的。较之于"我思哲学"和一切信赖意识自明性的哲学，它们构成另一个思想阵营，我们在前面也已一再谈到了这一点。

第八章 深层解释学的理论效应

深层解释学将思想、观念、意识解释为症候，产生了多方面的理论效应，在这一章，我们主要从三个方面来探讨这些理论效应。第一，在我们看来，深层解释学构建起关于思想、观念、意识的新的提问方式与问题，相应地，它拒斥了基于认识论立场建构的提问方式与问题。第二，深层解释学消解了一系列的二元对立，比如思想与现实的对立，理论与实践的对立，事实与价值的对立，理性与非理性的对立等等。在深层解释学看来，正是在传统形而上学和认识论的语境中，这些对立才被构建起来，但也正是在这一语境中，这些对立成为难以消解的对立。深层解释学不仅不在认识论的层面上建构问题，反而将整个形而上学与抽象认识论视作一个思想症候，从而它也消解了这一系列只有在那种语境中才具有合法性的对立，并进而在一个新的解释学语境中重新思考这些看似对立之物的的真正关系。第三，破除了思想、观念、意识的自主性的假相。思想、观念、意识的非自主性源于它们的症候性，主要表现为思想、观念、意识没有自主与自足的力量，没有自己独立的历史。我们也主要是从这两个方面来深化对这种非自主性的理解。

对深层解释学理论效应的探讨，既是为了深化对深层解释学的理解，也是为了深化对思想、观念、意识之症候性的理解。

8.1 新的提问方式与问题

将思想、观念、意识视为症候，事实上就是确立起新的对思想、观念、意识的提问方式与问题。根本而言，这种提问方式与问题是解释学性质的问题，而不是形而上学和认识论性质的问题。

8.1.1　这些提问方式和问题区别于形而上学的提问方式和问题

我们首先在尼采那里看到这种新的提问方式与问题的典型形式，在此，我们主要参考德勒兹的观点。

在德勒兹看来，尼采首先否弃了形而上学的问题形式。形而上学的问题形式是："什么是……？"具体的问题则是"什么是美？""什么是正义？""什么是善？""什么是真？"等等。在柏拉图那里，这样的提问方式本身已经隐含了本质与表象、存在与生成的对立。对于尼采而言，真正的问题形式则是"哪一个？"，"而'哪一个'的问题则意味着：哪些力支配着给定的事物？哪种意志占有了它？哪一个被事物表现和彰显？哪一个被隐匿？只有'哪一个'的问题才能把我们领到本质的问题上。因为本质就是事物的意义与价值；本质被与事物密不可分的力和与力密不可分的意志确定"[①]。

当尼采对思想、观念、意识发问时，他的问题是：哪一个或哪一些特定的力支配着特定的思想、观念与意识？哪种意志占有了它？哪一个被特定的思想、观念或意识所表现与彰显，而哪一个又被隐匿？这种问题得以可能的前提是，尼采将思想、观念、意识的本质理解为它的意义，将意义理解为占据它们的力及其意志。

我们看到，"哪一个？"的问题形式同样也属于弗洛伊德与马克思，尤其当他们对思想、观念、意识进行追问时。对于弗洛伊德而言，对作为症候的特定观念、思想、意识的分析始终是揭示内在于它们的特定的欲望、动机、愿望等等，它们构成思想、观念与意识的本质和意义；对于马克思而言，对思想、观念、意识的解释要回到思想的生产者的特定的阶级立场、阶级利益和意志上去。

通过形而上学的问题形式，即"什么是……？"，所获得的本质是单一的、永恒的、超历史的本质，它事实上只是事物的概念化，是对于在深层解释学看来完全异质的事物和事实间所做的伪综合与伪解释。而"哪一个？"的问题形式则与一种多元主义的立场

[①]　[法]德勒兹：《尼采与哲学》，周颖、刘玉宇译，社会科学文献出版社2001年版，第111—112页。

相关。多元主义事实上并不否定本质，而只是否定本质的单一性与超历史性，"多元主义使得本质在每一种情况中都取决于现象与力的密切关系，取决于力与意志的默契配合"①。

同样，基于这种多元主义立场，对于思想、观念、意识的追问不是要获得它们的单一、永恒的本质，不是要获得纯粹的思想、观念与意识形式，并利用它来综合和解释具体的、特定的思想、观念与意识，而是深入它们的具体内容之中，去探究在特定的时刻支配与占有它们的力与意志，以及力与意志的流变。

尼采的问题形式得以存在的前提是，他将现象理解为症候。思想、观念、情感、价值、信仰都是对某一事物表现出的意志的症候，如果不具有特定的力与意志，人就甚至不可能言说什么，思考什么，信仰什么，体验什么。但是意志想要的是什么呢？是思考、信仰、体验本身吗？意志是为了那个被思考、信仰与体验之物才存在和如此存在的吗？不是。根本而言，意志只是欲求自身类型的增生，意志和力只是借着对特定事物的思考、信仰、体验来欲求自身的增长，"意志想要的不是目的，而是类型"②。

因此，对思想、观念、意识的阐释固然要深入它们的内容，但不应仅仅停留于这些内容之中，因为根本性的问题是，特定思想、观念与意识的特定时刻的生产者与拥有者要借这种内容来表达什么类型的意志？也因此，这些内容的正确或错误成为一个次要的问题，甚至在深层解释学的立场上，完全不必要成为一个问题。

弗洛伊德的"本能"概念与尼采的"力"具有某种类似的规定性，更为重要的是这两个概念在各自的理论体系中具有类似的理论地位与理论功能。对于弗洛伊德而言，本能欲求什么呢？本能欲求它的满足，而不是欲求某个特定的对象。如同尼采说，一定量的力就是一定量的欲念与情感，弗洛伊德也说，一定量的本能就是一定量的欲念与情感；意志内在于尼采的力，同样，它也内在于弗洛

---

① ［法］德勒兹：《尼采与哲学》，周颖、刘玉宇译，社会科学文献出版社2001年版，第112页。

② ［法］德勒兹：《尼采与哲学》，周颖、刘玉宇译，社会科学文献出版社2001年版，第115页。

伊德的本能。

对于弗洛伊德而言，对特定思想、观念、意识的解释一方面要深入它的内容，另一方面也始终追问何种性质的本能或它的心理表现物，即动机、愿望或情感，支配着和渗透在这些内容之中。这同尼采的追问形式是一致的。

"哪一个"的问题是马克思、尼采、弗洛伊德围绕思想、观念、意识所建构的主导性问题，但这个问题不是孤立的，而事实上是一个问题链上的主要一环。

德勒兹说："只有能动的科学才能发现能动力，才能认识到反动力作为力的本来面目；只有它才能阐释真正的行为和真正的力量关系。因此它以三种形式出现。首先它作为症候学出现，把现象当作症候进行阐释，并认为症候的意义必须在产生它们的力中才能找到。其次它作为类型学出现，把力分为能动力和反动力，从性质的角度来阐释力。最后它作为谱系学出现，从高贵或低贱的角度评价力的起源，在权力意志以及这种意志的性质中发现力的谱系。"①

在德勒兹看来，尼采哲学正是这种"能动的科学"，它作为对于人文科学的改造，拒绝从反动的和否定的方面去阐释现象；拒绝将"功利性""适应""规范""实用性""目的"等作为阐释所依凭的概念②。

在德勒兹看来，作为"能动的科学"的尼采哲学，依次以症候学、类型学和谱系学的形式存在。从解释学的视角，这意味着解释的不断深入，同时意味着问题形式的不断变化。我们已经提到的"哪一个"的问题，事实上也是借解释的深入而不断被深化的，相应地，对思想、观念、意识的阐释在不同的分析层面上对应着不同形式但又紧密相关的问题。

在弗洛伊德和马克思那里也是如此，我们甚至可以在三者之间发现一个大致相同的阐释程序，这意味着，从解释学的立场上看，

---

① ［法］德勒兹：《尼采与哲学》，周颖、刘玉宇译，社会科学文献出版社2001年版，第107页。

② ［法］德勒兹：《尼采与哲学》，周颖、刘玉宇译，社会科学文献出版社2001年版，第106页。

弗洛伊德和马克思在以思想、观念、意识为解释对象时，他们的解释同样相继于症候学、类型学与谱系学的形式出现：症候学将思想、观念、意识当作症候进行阐释，并认为症候的意义必须在产生它们的力与意志中才能找到；类型学区分占有、支配思想的力的类型上的差异；谱系学探究力与意志的起源。

当然不可能存在一种严格的对应，但大体的相似是显而易见的，根本原因在于三位思想家都基于对立关系思考现象并将之视为症候，尤其对于思想、观念和意识现象。而且，倘若我们将尼采使用的力加以形式化和抽象化，那么，我们用它来表述弗洛伊德和马克思思想的某些关键的形式特征，并无不妥。

支配着特定的思想、观念和意识的力的性质的确定，以及对这一特定力量的来源的探究在三位思想家那里是一致的，这构成他们共同的理论任务。从解释学的视角上看，这也构成对于思想、观念、意识之阐释的关键步骤，并使阐释几乎无限地深化下去，在弗洛伊德、马克思那里，这一点更加明显。

对尼采而言，探究力的起源的谱系学，同时是探究力与力在起源处的差异、对立与等级，谱系学同时意味着起源处的价值差异、对立与等级。对马克思而言，对起源的探究同样是对力与力在起源处的差异、对立与等级的探究，即对力与力在起源处的统治与被统治关系的探究。弗洛伊德同样如此。

对思想、观念和意识的阐释为自己设定的任务不仅是发掘支配和占有它们的力与意志的性质、起源和构成条件，并确立与之相应的问题，还在于它使"症候何以获得这样的形式"成为一个问题。前文已经谈及，这里不再赘述。

8.1.2 这些提问方式问题并非认识论性质的

显而易见，深层解释学针对思想、观念和意识所确立的问题不是认识论性质的问题，而是解释学性质的问题，它不是"真理"问题，而是"意义"问题。

对于尼采而言，没有事实，只有解释。他没有将"真理"问题以至任何认识论性质的问题作为自己有责任给予回答的问题接受下来，相反，他将这种问题本身作为审视的对象，而且依据自己的解释原则和方法使之消解。尼采拒绝承认这种问题的自明性与合法性。

弗洛伊德和马克思在这点上不如尼采激进。他们并不直接否定"真理"的存在，甚至"科学性"是他们对自己理论的自我期许和自我意识，弗洛伊德声称他要建立的是一门心理科学，而马克思建立的则是一门"历史科学"，即便这里的科学性并不能完全等同于自然科学意义上的科学性。但是，毫无疑问，更关键和引人注目的是，弗洛伊德和马克思也同尼采一样，在对思想、观念与意识作出阐释时，确立的是解释学性质的"意义"问题，而不是认识论性质的"真理"问题，思想观念和意识并不是依据某种认识论尺度被判定为"真的"或"假的"，而是被视为一个有待解释的、有意义的症候。他们所做的主要的和具有根本重要性的理论工作是对作为症候之现象的解释，而不是对之进行的真值确认。在三位思想家那里，我们当然也可以看到这种认识论的或看似认识论性质的真值确认，但总的来说，它被整合入解释活动之中，被编织的解释活动的理路之中，而不是一种独立、自主的理论活动。他们自诩为"科学"，对自己的思想有真理性的要求，但并不重视对解释对象的真值判定，这看似矛盾，但其实两者是不同层次的事实，并不构成矛盾。

我们不妨以深层解释学对于"幻象"的解释为例，对这一点做一说明。"幻象"对于深层解释学而言是一个关键词，马克思、弗洛伊德、尼采这三位思想家都频繁地使用这个词去称呼体系化的思想、观念与意识。

幻象成为幻象，即一个虚假的东西被体验为真实的，这已经是一种效应，甚至是一个已经实现了的目的，它是一种被幻想占据了头脑的人们对之无意识的复杂过程的产物，因此，要理解幻象何以具有真实性的假面和力量，那就必须深入产生它，并以它为效应和目的的那种进程之中，深入构成和推动这种进程的那些更基本的力量和力量关系中去，深入特定的构成方式中去。

对于深层解释学而言，重要的不是仅仅确证幻象的虚幻性，事情并非到此完结了，恰恰相反，它仅仅构成一个新的起点，由此，深层解释学开始追问这样的问题：幻象如何被体验为真实？支撑着幻象的力量或力量关系是什么？使得幻象具有迷惑性和力量的条件是什么？是谁从幻象带来的迷误中获得了什么？而又是谁从这种迷误中失去了什么？应当基于什么样的价值立场估定幻象的价值？如此等等。

这类问题都是深层解释学所确立的关乎幻象的问题，一言以蔽之，它不满足于论断，而且还要解释。错误和迷幻不仅是一个真值评判的对象，更是一个解释的对象，而且，在深层解释学那里，不是基于解释的评判在理论上是非法的，它不过是在评判对象之外非反思地确立起某种尺度或参照借以作出评判，它拒绝深入评判对象，寻找它得以存在和如此这般存在的根据。在尼采、马克思、弗洛伊德那里，对幻象的真值判断本身是不重要的，重要的只是当被整合入一种解释的理路中时，它使得追问关乎幻象的"意义"问题和"形式"问题变得顺理成章，而这些问题才是更关键的，因为正是对这些问题的解答才真正深化了我们对幻象之理解。此外，回答了这些问题，我们对幻象之作为幻象这一点的理解将会更加深刻，而在开始，我们通常仅仅通过与被认为"真实之物"的对照中来确认其为幻象。

总之，对思想、观念、意识之真理性的追问不构成关乎它们的最重要问题，深层解释学甚至不把它作为一个独立自主问题提出，这一问题即便被提出，也主要不是基于认识论立场而是基于解释学立场被提出的，真假问题和真值判断通常不是独立的，而是被整合入解释的理路之中，服务于解释学问题的提出和解答。对思想、观念、意识的自相矛盾、伪误、模棱两可、内在的混乱或者不可消解的矛盾的揭示只是一个新的理论起点，而不是终点，并且，对于深层解释学而言，这并不是一个必需的起点，因为它们不过只是借以识别思想、观念、意识之症候性的一种方式而已。

8.2　对各种抽象二元对立的新的理解

8.2.1　思想与现实

在上一章，我们对深层解释学如何理解思想与现实之关系已做了详细阐述，不再赘述，在此仅强调它根本不同于一般认识论立场上的理解。

　　思想能否切中现实？倘若能，它又何以能够和如何切中现实，这是抽象认识论的一个核心问题。这一问题得以成立的一个前提是思想与现实的二元对立，在笛卡儿那里，这种对立以主—客体对立的形式表现出来，在康德那里，则是以先验自我与物自体的对立表现出来。思想与现实在认识论语境中的对立本质上是彼此外在的对立关系。主观唯心主义使思想吞噬了现实，但是那个被吞噬了的现实却在思想的胃里无法真正被消化，因而主观唯心主义不意味着对这一二元对立的真正消解，甚至，它致力于消解这种二元论恰恰表明它是以之为前提的。同样，机械唯物主义也不是对这一对立的真正消解，它同主观唯心主义一样，是潜在的基于这种对立来设定它的理论任务和目标的，而且，它们对对立的消解无非只是改变了对立的形式，或转移了对立的位置而已，从而是虚假和不成功的消解。

　　黑格尔的辩证法是尝试解决这一难题的更加精致的形式，但辩证法与其说解决了这一难题，不如说表现或反映了这一难题的难题性，从某种意义上，我们甚至可以说，辩证法得以展开的真正动力不是存在于范畴之中，而是在现实与思想之间的持久存在的张力中。

　　从思想与现实的二元对立中产生了"真理"问题。在笛卡儿主义的认识论语境中，思想与现实的关系主要被理解为反映与被反映的关系，思想的真理性在于它"切中"了现实。

　　深层解释学以完全不同的方式理解思想与现实的关系。首先需要指出的是，它是在完全不同的语境中来设定和说明这种关系的，这种语境不是认识论的，而是解释学的，用于构成这种语境的"概念装置"不同于借助"主体"和"客体"等范畴建构起来的"概念装置"。在深层解释学的立场上，思想与现实的关系不是彼此外在的二元对立关系，而是一种内在关系；思想与现实是否相符的问题不是一个关乎思想的根本性问题，甚至不必成为一个问题；思想不是非现实，而是另一种现实或现实的另一种表现形式；思想与现实之关系不是反映与被反映的关系，而是支配与被支配、构成与被构成的关系，是症候与力的关系。

深层解释学不仅否弃了形而上学和抽象认识论对于这一关系的理解，而且将这种理解视为症候，对它而言，重要的不只是指出这种理解的错误，还要解释这种错误。将思想与现实的关系理解为症候与力的关系，理解为解释对象与解释依据的关系，显示出马克思、尼采、弗洛伊德这三位思想家以某种反哲学家的身份出现在思想史上。我们不应将尼采哲学视为对柏拉图主义的颠倒，将历史唯物主义视为对黑格尔主义的颠倒，因为倘若只是这样的话，那就意味着他们根本就没有建构起一种新的提问方式与问题形式，而在我们看来，对三位思想家而言，意义问题取代了真理问题成为一个主导性的问题。

从深层解释学的视角上，至关重要的不是现实是什么，而是现实与思想的关系是什么，这个问题比前一个问题重要和根本得多。尼采、弗洛伊德和马克思对思想所作的阐释的重要意义不在于他们回答了"与思想对立的现实是什么"这样的问题，而在于他们以新的方式阐明了思想与现实之关系的性质。现实在尼采那里作为力，在弗洛伊德那里作为本能，在马克思那里作为物质生产关系，但这种差别从深层解释学的视角上看并不重要，重要的在于他们都将"现实"理解为"非思想"，而思想、观念与意识只能从这个"非思想性"的现实中获得存在的条件，后者支配和构成它们；其次重要的是对这个现实的内在关系的揭示，正是这种可以被形式化的关系，而不是关系中的具体内容决定了特定的内容获得思想、观念与意识的形式，决定了思想、观念与意识作为症候而存在。

我们看到，正统马克思主义对马克思的理解恰恰在这个根本处犯了错误。我们尝试把它作为一个"案例"来分析，并通过这种分析深化深层解释学对思想与现实关系的理解。

让我们先从"反映"这一概念开始。就这一概念而言，我们首先强调相互关联的两点：第一，这一概念依属于某种只能生产出认识论性质的问题的概念装置，这种装置甚至主要是为了使某种认识论问题能被生产出来才被创制的；第二，"反映"概念关乎认识的"镜像隐喻",关乎对"意识之外的存在"的先行设定。在反映概念提示的思想视域中,意识之内的存在和意识之外的存在的关系成为问题,而且是根本性的问题,但问题的性质首先是从认识论的方面加以规定,即将之视为"真理"问题,而且意识内容的真理性在于它同意识之外的存在的"符合"中。

正统马克思主义正是沿着这样的思路发展起一种"马克思主义认识论"的。它先行设定了本体论意义上的唯物主义作为这一认识论的本体论基础,并大大强化了"实践"概念的认识论意义,借以外在地消解由于这个唯物主义基础的非反思性和机械性而带来的困难,并被迫去解决由于在这个基础上将马克思思想理解为世界观而引发的一系列本不属于马克思的认识论难题。

反映概念尤其关联着自然科学以之为基础的那种认识论,而那种认识论的唯物主义基础即使在康德和胡塞尔之后也并没有失去其合法性,康德和胡塞尔毋宁说是对那一基础作了一种对自然科学实践毫无影响的哲学论证。至关重要的是,马克思是否为自己设立了一种唯物主义的本体论基础?即便是,它同自然科学的唯物主义基础是同一的吗?正统马克思主义武断地先行肯定了这一点,从而回避而不是解答了像自然科学和人文科学之间是否存在质的差异这样的难题,而这一难题困扰着包括狄尔泰和伽达默尔在内的众多西方思想家。正统马克思主义依据自然科学的说明模式去理解马克思的历史唯物主义的解释范式,它不知不觉将历史唯物主义变成某种派生物或某种"应用"。

把物质范畴规定为"不以人的意志为转移的客观实在性",本质上依然借助于意识而且是人的意识规定物质概念,而这种规定得以可能的前提是物质与意识的彼此外在的二元对立。这种规定的一个问题是,它忽视了具体内容的差异,忽视了比如原子的物质性存在与生产关系的物质性存在之间的差异,从而它把一切甚至互不相干的事物借助一种纯形式的规定弄在一起,而不理会它们之间的相互陌异甚至对立。根本问题在于,这种构建"唯物主义世界观"的尝试,没有将物质、事实、客观性、现实首先理解为思想范畴,而且,没有在一个特定的概念结构中理解这些范畴,事实上,每一个这样的结构只能生产出一个特定的世界，一种特定的现实，一种特定的客观性，而且它必然生产出这个特定的世界，这种现实和这种客观性。在这个结构之后，是位置与视角，在位置和视角之后又是使这些位置和视角得以可能的诸条件与关系，而这正是马克思，同时也是尼采和弗洛伊德的思考方式。正统马克思主义所谈论的世界，事实上已经是诸世界的集合，被认为处于一个世界中的事实与现实，实际上是被从不同的思想整体中生产出来的互不相干的事实与现实。给予物质概念一个形式化的规定，不是提供一个基础更宽广的原则，而是提供一个更虚弱、更无约束力、更无立场的原则。它自以为在一个基础、一个立场、基于一个原则来构建一种世界观时，事实上是不停地在诸立场、原则之间游走。生产关系的实在性除了在马克思的立场与理论基础上，如何能够从其他的立场上被看到？我们从马克思的立场上断言生产关系的现实性时，同时是在断言呈现给经验直观的存在物没有现实性。看到一个杯子的那种"看"与看到一种生产关系的那种"看"不是同一种"看"，但正统马克思主义者却把杯子的现实性等同于生产关系的现实性。

正统马克思主义不能站在历史科学的范围内来透视自然科学，反而隐蔽地站在自然科学的唯物主义和认识论基础上去看马克思的历史科学，或者毫不敏感地将两者并置，不理解为要做这样的并置所需要的复杂论证，以及为这种并置所要付出的理论代价，这个代价甚至大到使人无法真正理解马克思的问题及问题的性质。

正统马克思主义和后来盛行于苏联的"教科书哲学"在思想与现实的关系问题上根本性地误解了马克思，这种误解之所以是根本性的，是因为他们将这种关系理解为"反映—被反映"这种认识论性质的关系。正统马克思主义自觉不自觉地基于笛卡儿主义的认识论立场去透视马克思所设定的思想与现实之关系的问题，并为这一认识论立场构建一个唯物主义本体论基础。正是因此，正统马克思主义执着于"什么是现实"这一问题，而且在本体论的意义上设定和回答这一问题，但这种唯物主义本体论对于马克思而言其实是根本不需要的。

在深层解释学的立场上，至关重要的问题并不是"什么是现实?",而是"思想与现实的关系是什么?"深层解释学不在任何本体论与认识论意义上理解马克思所说的现实,它仅仅关注"关系",并基于解释学立场理解这种关系的实质。它认可这样的观点:

"社会存在与自然存在的关系是历史唯物主义讨论的中心问题。"①

"研究生产关系与其他关系(物质的与精神的)之间的必然联系是历史唯物主义的主要任务。"②

同样,在深层解释学的立场上,尼采的"力"以及在心理学层面上谈到的本能和欲望,弗洛伊德谈到的力、能量、本能都并不需要从本体论的意义上去理解,或强加给他们一个证实的理论义务,因为重要的不是这些概念的所指,而是这些概念与其他概念之间的关系,以及它所表征的一些事实与另一些事实的关系。正是基于这样的立场,作为我们所说的深层解释学的三个范例的尼采、弗洛伊德、马克思才能在一个语境中被谈论,三位思想家在阐释方式上的根本类同性才被揭示出来。

我们要看到,归根结底,尼采、马克思、弗洛伊德力图阐释的是现象之隐蔽的深层意义,并且意义在此被把握为意志或意图、动机。本质上,他们的理论活动的性质是解释学的,而非形而上学或认识论的。解释学性质的问题才是中心问题。其余的理论装置都是构造和围拱起这种问题的思想脚手架,从而仅具次要意义,并需要从解释学视角去把握其理论性质。对思想与现实之关系的新的理解方式正是基于此。对这一关系,三位思想家不是在形而上学和认识论的语境中来谈论的,而实质上是在解释学的层面来谈的。在这一层面,不是存在问题和真理问题,而是意义问题才是根本和中心性的问题,思想与现实之关系在对意义问题的解答中才获得这种全新的理解:思想作为现实之症候。

---

① [法]保罗·利科主编:《哲学主要趋向》,李幼蒸、徐奕春译,商务印书馆2004年版,第307页。

② [法]保罗·利科主编:《哲学主要趋向》,李幼蒸、徐奕春译,商务印书馆2004年版,第309页。

8.2.2 真理与谬误

从巴门尼德开始，哲学就在真理与意见之间作出区分，这种区分同时是在确立知识的等级制，近代认识论一样坚持这种区分和捍卫知识的等级制。在这样的哲学立场上，真或假构成对思想、观念和意识所能作出的最基本和最重要的判定。

一般来说，哲学家如何理解"谬误"呢？存在着作为谬误的思想、观念、意识。通常，谬误被认为起因于理性能力的衰弱，感官欲望的扰乱，或者认知者使用了错误的方法等等。总之，谬误是与认知有关的能力被削弱、干扰或没有得到充分发展的一个结果。此外，谬误被认为是一种纯粹消极之物。苏格拉底明确地讲，理性等同于美德和幸福；近代启蒙思想家认为理性带来解放、进步与自由。倘若理性与真理关乎道德与幸福，那么，它们的对立面即非理性和谬误就是一种纯粹的消极之物。

深层解释学明确地拒绝在真理与谬误之间做出严格的区分，拒绝这样或那样的知识等级制。比如，在尼采看来，真理只是对生活有用的迷误，真理与谬误之间的区分本质上只是一种谬误与另一种谬误之间的区分，等级制不是存在于知识之间，而是存在于同知识的生产和使用相关的人之间。而且，尼采倾向于将知识之间的等级视作人与人之间所构成的等级的颠倒了的投射，他甚至很多时候将真理的追求者归于衰弱的生命类型，而将不思考或"错误地"思考着的人归于更高级的生命类型。

深层解释学也根本不从认识能力的方面寻找谬误的根源，它甚至将认识能力的设定视作症候或症候的一部分。所谓认识能力无非是一种设定，是为诸认知现象寻找一个借以综合和解释它们的根据。但我们早已谈到，在深层解释学的立场上，这些认知现象之间是不同质的，它们各自的本质不是通过它们是认知现象这一点来确定，而是由占据它们的力和意志来确定。也因此，认识能力的设定在深层解释学看来不仅是不必要的，而且是有迷惑性的，它是"真理"的伪根据，同时也是"谬误"的伪根据。

事实上，形而上学和抽象认识论无法生产出对于谬误的解释，它视为谬误之原因的事件在深层解释学看来同样只是一个表层事件，一个有待解释的症候。从形而上学和抽象认识论的"概念装置"中，无法生产出对于谬误之功能、意义的追问，而在深层解释学看来，只有这样的追问才有助于理解谬误的实质。

深层解释学不仅将真理与谬误的对立弃置一旁，而且基于新的立场来理解这种二分法。

存在着许多种自以为的"真理"，而这些"真理"将另外的"真理"视为谬误，对抗的实质是一些人与另一些人的对抗，一类生命与另一类生命的对抗，或者是特定类型生命的自我对抗。如此一来，形而上学与抽象认识论本身成为一个征象，似乎最远离生活的思想领域中的斗争恰恰只是这一领域之外更基本的斗争的表现。尼采与马克思对形而上学和抽象认识论的批判所依循的正是这样的解释学理路，弗洛伊德也是如此，即便他并没有将形而上学和抽象认识论作为直接的批判对象。

正是深层解释学使得谬误成为一个有待解释的、有意义的现象，它恰恰在形而上学和抽象认识论认为解释终止了的地方开始了解释，它不仅先行废弃了标示出真理与谬误的认识论标尺，而且对这一标尺的设立与设立的根据进行阐释，因为它们同样是症候或症候的一部分。在深层解释学看来，真理和谬误都无非是对特定的思想、观念或意识的标定，不是这个标签，而是什么人为了什么做这样的标定才是一个有意义的问题。严格说来，不存在真理，亦不存在谬误，只有特定人将特定的事实依据某种方法、程序、尺度解释为真理或谬误，因此，必须联系那些特定的人，联系他们的需要、利益，他们所面临的任务、困难，他们所处的情境，他们与另一些人的关系来说明那些被标示为谬误或真理的思想、观念、意识，以及它们被标示为谬误或真理这一事件。

8.2.3 理论与实践

我们不准备涉及关于理论与实践关系的思想史，而是直接讨论深层解释学的观点。首先，深层解释学拒绝抽象地谈论理论与实践，拒绝由此而来对两者关系的同样抽象的理解。不存在理论一般，也不存在实践一般；理论不是纯粹的思想，实践也不是纯粹的活动；更重要的，对于深层解释学而言，构成真正的分析单元的既不是纯粹的理论，也不是纯粹的实践，而是特定的理论与特定的实践、特定的情感、特定的价值等等的交织体，这个交织体也并没有明确的界限。深层解释学始终在具体的、特定的关系中来考察理论与实践的关系，而且这里的理论与实践都不是抽象的，而是具体的。只有在特定情境中发生的事件才构成为一个单元，理论与实践的存在样式首先在于它们参与构成了事件。不存在自在的理论与自在的实践，自在的思想与自在的活动，我们只能像谈论一幅画中各种色块之间的具体搭配关系一样来谈论理论与实践的关系，而且就像谈论色块的关系始终服从和服务于对这幅画之美学意义的阐发一样，谈论理论与实践的关系也服从和服务于揭示特定事件的意义。就像孤立地谈论色块之间的关系是无意义的一样，抽象地谈论理论与实践的关系也是无意义的，甚至在理论上是非法的。

其次，深层解释学将思想与行动、理论与实践一样视为症候，这样，相对于构成它们的条件或关系，相对于占有和支配它们的力与力的关系，理论与实践以及两者之间的关系就成为一个表层的、需要加以解释的现象。重要的已经不再是确定它们之间的具体关系，而是确定它们与居于深层的支配性的力量关系的关系，而且只有在这样的关系被厘清之后，处于表层的理论与实践的具体关系才真正被澄清。比如，在马克思那里，我们事实上并不能看到实践相对理论而言的某种优先性，无论是本体论意义上的还是认识论意义上的优先性。理论作为特定的理论，实践作为特定的实践都是被决定的，实践者不能选择自己的实践方式，理论家也不能随意生成理论。一些共同的条件和关系既制约着实践也制约着理论的生产，并制约着实践与理论的具体关系。在《德意志意识形态》中，我们可以看到，只是基于特定的社会条件，体力劳动与脑力劳动的分工才得以产生，从而理论与实践的关系也是被历史地构成的，而且始终必须具体地分析两者之间的关系，因为，比如统治阶级的实践与统治阶级的思想之间的关系是根本不同于这一阶级的思想与被统治阶级的实践之间的关系的。

在尼采和弗洛伊德那里也是如此。理论与实践，思想与行动都同样以症候的形式存在，它们之间的具体关系必须在具体的情境中加以分析，而且必须联系它们与更深层的力量关系的关系来加以分析。

只有在特定的分析单元中（对于马克思、尼采、弗洛伊德而言，这里的分析单元当然是不同的），才可以具体地谈论理论与实践的关系，两者之间的对立也只是在极其有限的范围内才能成立，而且这种对立关系必须作为症候来加以分析，而不能仅仅对对立做一描述。

这种思考理论与实践的关系问题的方式，使深层解释学与其他理论区分开来，不仅如此，其他思想家对于这一问题的设定方式和解答方式还成为深层解释学的解释对象。在这种意义上，它们不在一个层级上。对于深层解释学而言，它要追问：是谁为了什么要设定理论与实践的对立关系或消解这种关系，理论的具体内容与实践的具体内容各是什么，思想家设定或消解这一对立的非思想性的条件是什么，这里所设定的理论与实践的对立是否只是另外一些对立关系的表现与产物，等等。

思想与实践的关系被抽象为一个理论问题本身，在深层解释学那里成为一个问题，它既是马克思的问题，也是弗洛伊德与尼采的问题，这一点是由他们将思想、观念和意识视为症候来决定的，因而也是由他们解释学性质的思想方式和概念装置决定着的。在马克思的立场上，不仅要重建使得这一问题得以成为一个问题的社会条件，而且要始终具体分析在具体的历史情境中卷入这一问题之争论的人所代表的利益和潜在的立场。尼采和弗洛伊德也以同样的方式来思考作为一个理论问题的理论与实践的关系。

8.2.4 事实与价值

深层解释学认为不存在自在的价值，价值是一种症候，它与同样作为症候的事实之间不存在真正的对立。这一点在尼采那里表现得尤为充分，他说，没有事实，只有解释。他又说，事实总是在某种价值光圈中的事实。在尼采那里，解释、事实与价值之间存在着一种紧密的内在关联，实质上，借助于解释这一中介，事实与价值间的对立被消解了。

解释是从特定视角出发的解释，而视角关乎构成它的特定的力与力的关系，关乎另外的视角。解释、价值与事实间的内在关系基于同一个视角，或更根本地，基于同一种力量和力与力的关系，正是这一点保障了它们的一体化，但也因此，这种一体化是相对的。在这种意义上，价值并不比解释和事实处于更深的层面上并支配着它们，它们事实上共同被支配，价值同样是一个症候。

事实倘若总是呈现于某种价值光圈中的事实，那么价值与在这种光圈中被照亮的事实就不存在真正的对立与矛盾。对立只是存在于价值 A 所照亮的事实 A 与价值 B 之间，价值 A 与价值 B 所照亮的事实 B 之间，或存在于价值 A 与价值 B 之间。但所有这些对立仍是一种更基本对立的症候。由于价值也只是症候，价值之间的对立并不是上述对立的根源，虽然它常常被误认为是。它同样被认为只是一个产物、征象和一个表层事件。

对于价值的症候分析意味着重构价值的起源，分析价值得以被构成的诸条件与构成过程。在尼采那里，这意味着：重建价值的谱系学，重建在开端处的对立与等级；解析支配价值的力的性质，以及这种力在与其他力的斗争中构建价值的立场；辨析被这种力所支配的特定价值如何成为武器、面具、毒药、麻醉剂等等，或者相反，使之成为激发生命之强力的兴奋剂，生命之自我肯定的形式，生命借以将自身维持在更高等级上的方式；最后，基于这一切，尼采对价值做出价值判定。

这样的思考方式所提出的是完全不同的问题。它不会将事实与价值一般性地对立起来，再以某种方式调和这种对立。不存在事实与价值的一般性对立，这种对立是一种纯然的理论设定，为要设定它，必须有一些更基本的预设作为前提，而基于这些特定前提设定这一对立的方式已经决定了对立以何种方式被消解或不可消解。尼采，还包括弗洛伊德与马克思，他们的概念装置本身已经使得这种一般性的、抽象的对立以及与之相关的提问方式与问题无法被生产出来。

从深层解释学的视角上看，没有自在的价值，只有将某些特定的事物、品质或事实解释为具有某种价值，而且这种解释始终是特定的人在特定情境下的解释。价值根本不能就它自身去理解，因为不存在价值自身，价值甚至不是一个严格意义上可以被追问与探究的对象，作为对象的是设定价值的活动和评价活动。同样，深层解释学不承认对价值做内部分析的合法性，除非这种分析服从和服务于对价值设立的更基本条件的分析，服务于对支配价值的特定的力的类型的分析。而且，对价值的症候分析不仅不信任价值为确立自身所作的论证，它还将这种论证本身理解为症候，理解为支配它的力迫于他力的压迫所做的变形，理解为防卫或进攻的一种方式，并从这些论证的历史性的变化中捕捉斗争关系的细微变化。正是这样的症候分析使尼采在基督教道德与康德的道德哲学之间看见了本质上的共通之处，并因此将康德称为一个基督徒。

对一些事物或事实的道德解释同时意味着对另一些事物或事实的非道德解释，同样，将某些事物或事实解释为有价值的，同时是在将另一些事物或事实解释为无价值甚至反价值的，它们不是在价值体系之外，而是处于价值等级的低端或反面。价值同时是价值等级，这个等级不是指这个价值与另外的价值间所构成的等级，而是自身内部的等级。它依据于不同事物的亲和性将这些事物沿着从低到高的等级排布，而且在它的对立面同时确立一个反价值的等级，或者，为了防卫、羞辱和压迫后者而将它置于自己的底部。

价值的肯定同时是一种否定，而且价值常常只是为了否定才去肯定，这种肯定因而不是纯粹的自我表现，而是与它所要否定的力量的斗争形式。肯定是斗争的形式，用力地去肯定，就是用力地去否定它的异在。在尼采看来，这正是奴隶道德与奴隶价值的本质。

而且，在尼采看来，奴隶的自我肯定仍然是伴装的肯定。奴隶并没有自我，因为他不被承认，在他不被他的对手和主人承认时，他事实上也无法承认自己。奴隶的真正愿望是逃离和否弃，他没有坚守自我的勇气、信心和力量，奴隶事实上暗暗羡慕主人的价值，他自我憎恨着，这种自我憎恨正是怨恨的另一面，怨恨者在怨恨自己的敌人时自我怨恨。在这里，作为伴装的、自我误解的肯定只是纯粹的否定而已，但也因此那种否定是无力的否定，无意志的否定。只有在奴隶获得某种能动的力量之后，肯定才成为一种坚守的意志，即便它同时仍是弃绝和否定的意志。尼采在禁欲主义理想中看到了这一点。

这种深刻的辩证法属于黑格尔，也属于尼采，虽然在尼采看来，黑格尔那里的"主人"也仍然不过只是一个奴隶。这样的辩证法同样也属于弗洛伊德和马克思，只是在弗洛伊德那里，这种冷峻的评判意味被他自以为的科学分析冲淡了，而马克思保留了这种结构，但颠倒了价值评判。

8.2.5 解释与批判

首先需要加以强调的是，存在着无解释的批判，也存在着基于解释的批判。

无解释的批判在形式上表现为比较，比较发生在事实与价值、现实与理想、真理与谬误、真正的道德与虚假的道德、真正的世界与虚假的世界、真相与假象等等之间。这种批判的根据、尺度、参照都不是从对批判对象的解释中获得的，而是完全外在于它的批判对象。它们甚至被无原则地在批判对象之外设定，其目的只是谴责、贬低这个对象。批判基础的构建也是外在于批判对象，这种构建同时是在制造标尺，而且为标尺制造标尺，为批判的根据设定根据，为基础奠定更深的基础。而正是由于这些建构活动是在批判对象之外进行的，批判的合法性和效力始终都是可疑的。

这种批判只是比较，而且止于由比较而来的某种判决，这样的批判恰恰是无深度的批判。在这里，批判基础的深度不意味着批判自身的深度，批判基础的坚稳性也不意味着批判具有真正的力量。批判本质上只是浮皮潦草的事情，是一种理论副产品，或在理论建构之初就预先进行的某种扫除工作。我们从这种批判中获得的不是关于批判对象的知识而是关于批判尺度的知识。

深层解释学的批判基于解释。可以很清楚地看到，在马克思、弗洛伊德、尼采那里，批判实质上都是基于解释的，批判对象不是在对对象的阐释之前就被确定的，而是在解释中或解释后才明确起来。

深层解释学基于解释去批判，这与无解释的批判构成原则性的差别，落实在理论实践上，则产生一种方向性的转变，即批判的重心从批判的依据转向批判对象，批判活动不再是努力构建和加强某种尺度、规范、根据、价值，巩固外在于批判对象的某种参照物，而是面向对象和深入对象，而且只是在深入对象之后，才能确定它是否同时是一个批判对象，以及对它的批判将是何种意义上的批判。只有沿着这样的方向，才能真正建构起关乎对象的恰当问题，而这些问题完全不可能落入无解释的批判的理论视野中。

深层解释学正是由于理解批判的对象或现象才知道在什么条件下可以克服它，或者知道它是否可以被真正克服。而无解释的批判由于不理解它所谴责、贬低的现象或对象，由于不理解它存在的条件、支配它的关系与力量、它的功能与意义，就无法真正地克服它，而且在这一点上，无法提供真正有价值的意见。

深层解释学对"意识形态幻象"所做的批判可以作为一个例证。被幻象占据头脑的人们在意识和行为上都无法摆脱这一幻象，这首先是一个需要加以解释而不是加以评判的现象，而且在这个现象没有被解释之前，甚至不能确定应该批判什么。在更多的时候，无解释的批判恰恰将受害者视作批判对象。深层解释学则认为，人们没有看穿幻象，不是因为理智方面，不是因为"没有眼光"，愚钝，思想懒惰，或没有相应的知识，是因为所谓理智本身也受支配着这一幻象的那一力量或关系所支配，理智活动常常不是对幻象的否定，而是一个合谋者，即所谓理智，所谓认知能力，恰恰可能是幻象被体验为真的一个条件，而且正是那种制造了幻象的力量为使幻象成为幻象，即为使它被接纳并被体验为真，制造了这个条件。

同样，意识是意识形态的合谋者，是它的条件与工具，是它在头脑中的座架。而作为意识形态之座架的意识，不是可以简单地用另外的意识加以消解和移除的，因为很多时候，这样的座架本身就正是为了安放意识形态而被意识之外的某种力量制造的，它也因此与它所承载的意识形态一体化了。

无解释的批判无法理解这种合谋关系，无法理解支配着合谋的力量或关系，因此它常常错误地希望通过加强它所批判的对象的合谋者来克服它的批判对象，显而易见，这是错误的和不可能成功的。

在深层解释学那里，解释的过程正是批判对象被确定的过程，后者完全依属于前者，但也正因如此，存在着这样的情形，即随着解释活动的深化，即解释从一个层次深入另一个层次，批判对象也在变化，甚至在某一解释深度上，批判对象消失了，或者对它的批判不知不觉变成了对它的辩护，而且解释越深入我们就越有可能看到这一点。最深刻的揭露未必带来批判，恰恰可能带来一种更深刻的辩护；看似最激进的思想反倒更有可能通向某种保守主义。

我们无论在尼采还是弗洛伊德、马克思那里，都能看到这样的情形。尼采谴责环绕着人的各种幻象、欺骗吗？谴责人的伪装吗？恰恰相反，他认为那是人提升自身的手段，是生命之强力的表现，是生活得以可能的必要条件。弗洛伊德批判文明吗？不是，他一再强调对本能的压抑是必需的，人类从这种压抑中获得的文明成果是珍贵的，既是不用抛弃也是根本不能抛弃的，因为对本能的压抑性力量也是人类所固有的。弗洛伊德仅仅抱怨人类为获得文明所付出的代价有时显得太大了，要求在条件适宜的情况下压抑可以适当地减弱一点，或者用新的压抑形式来代替已经明显无效而且代价高昂的方式而已。而马克思又批判什么呢？我们几乎总是可以运用马克思自己的解释原则为批判对象做出辩护。他批判古典政治经济学吗？但古典政治经济学的各式"错误""疏漏"都是同产生它的时代息息相关的，这种"错误"甚至是那个时代所要求的错误；马克思批判资本主义制度吗？但那个制度却是以马克思所谓"以铁的必然性发生作用而且贯彻下去的趋势"的产物；马克思批判资本主义剥削制度和资本家吗？但在《资本论》中，他明确地说："不管个人在主观上怎样超脱各种关系，他在社会意义上总是这些关系的产物。同其他任何观点比起来，我的观点是更不能要个人对这些关系负责的。"① 意识形态理论是一种批判吗？在我们看来，它首先是一种解释，即对思想、观念、意识诸形式的解释，而不是一种批判。

不仅在马克思那里，个人不需要为关系负责，在尼采和弗洛伊德那里一样如此，因为个人同样是关系的产物。当这三位思想家共

---

① ［德］马克思：《资本论》（第一卷），人民出版社2018年版，第10页。

同消解了人的主体性不是贬抑了人而是为人做了某种辩护,尼采说,思想主体和行为主体的设定是为了给对人的惩罚提供一个理由,那么,消解主体性在某种意义上就是拯救了人。

深层解释学的批判作为基于解释的批判不同于无解释的批判,而且它将后者作为解释的对象和批判的对象。比如,尼采从"真正"的世界与"虚假"的世界的区分中读出虚弱生命类型的颓废性,从奴隶对于主人道德的批判中读出怨恨。批判在尼采那里不可避免地同特定的价值立场相关,而价值同时就是价值之等级,批判本质上就是将批判对象推至那一价值等级的低端。但尼采始终追问,支配着这种估价的力与意志是何种性质的力与意志?更多时候,他发现那不过是反动的力和否定的意志,从而批判不过是这种力与意志自卫和进攻的手段,或者是对自身存在的伪饰与自我辩护。

深层解释学不迷信批判,批判首先是一个症候,批判得以可能的条件未曾明确的情况下,批判的力量和效能也是无法估定的。没有抽象的一般性的批判,只有具体的关系支配下的具体的人对特定对象所作的具体批判。所以,深层解释学对批判的分析也是具体的,它必须通过具体的分析才能明确某种批判的条件、性质、力量、效能等等。

深层解释学甚至不能迷信内在于自身的批判,我们以马克思为例说明这一点。

从马克思的理论前提出发,批判的效力甚至取决于批判对象。正是资本主义自身产生出对它的批判,而且在特定的阶段上使批判呈现为特定的形态。在资本主义发展的成熟阶段,它内在地生产出它的掘墓人,生产出作为掘墓人之意识形态的马克思主义。因而,马克思对资本主义的批判的存在和效力正是资本主义发展到一定阶段的征象。在这里,批判首先具有症候的特征。批判不是外在和超越它的对象,它恰恰是那个对象自身运动的产物,正是后者使得批判得以产生和具有如此这般的形态,而且,批判的现实效力的大小和实现的方式也仍然是由这个运动来决定的,它甚至决定了批判的自我理解或自我误解。批判似乎在终结它的对象时,仍只是那个对象借批判终结自身。批判构成批判对象之运动的内在逻辑的一部分,一个环节,而不是它的中断。

在马克思那里,任何社会形态的终结都不是他杀,而是自杀,不是突然的死亡,而是寿终正寝,作为"武器的批判"的革命,只不过是它临终一阵或许剧烈的抽搐而已,革命只是抽搐,否则,它就甚至连革命都不是,而只是那个被宣布为将要死去的事物借以重生的方式,而且是在更高的水平上重生的方式,在这种意义上,谁能断然否定马克思主义的思想批判与现实革命不是资本主义得以在更高的水平上重生的一种方式呢?沿着马克思思想的内在理路并不必然无法通向这样的结论。在这种意义上,那个真正的革命尚未到来。不是批判和革命造就终结,而是终结自我表现为批判与革命,因此,革命永远是被动的等待,否则它就连革命都不是。

8.3　对思想、观念、意识之自主性幻象的破除

如何理解"观念"(Idea)的本性,这是贯穿于整个西方哲学史的一个具有根本性的重大问题。在哲学史上,长期以来,占据统治地位的是一种"观念主义"(Idealism,国内普遍译为"唯心主义")的理论传统,这一传统的核心特征就是把"观念""思想"视为独立自主的实体性存在,认为它具有解释世界、规范世界的逻辑上的绝对优先地位。从苏格拉底的"知识即美德"到笛卡儿(René Descartes)的"我思故我在",从柏拉图的"理念是世界的本质"到黑格尔的"理性统治世界",都是这一传统的典型的体现。马克思在其大量文献中对于这种"观念主义"的传统进行了多方面的深入批判,并明确地提出了要消除把思想、观念视为某种独立的特殊王国的幻觉,提出了让思想世界回到现实生活世界的任务。他说:"对哲学家们说来,从思想世界降到现实世界是最困难的任务之一。语言是思想的直接现实。正像哲学家们把思维变成一种独立的力量那样,他们也一定要把语言变成某种独立的特殊的王

国。这就是哲学语言的秘密,在哲学语言里,思想通过词的形式具有自己本身的内容。从思想世界降到现实世界的问题,变成了从语言降到生活中的问题。"[①]

马克思、尼采、弗洛伊德这三位思想家,虽然各自具体的思想主张、理论倾向、社会历史观等迥异其趣,但他们共同开创了对于思想、观念、意识阐释上的一次重大变革,为消除"思想世界"的"独立王国"、克服"观念主义"做出了实质性的贡献,在哲学史上具有重要的意义。对于他们所实现的这一变革,本文用"深层解释学"来予以表述,对于这一变革的核心内容,本文用"作为症候的思想、观念、意识"来予以概括。

8.3.1 思想、观念、意识之非自主性的含义

深层解释学消解思想、观念与意识之自主性的方式不是仅仅确定它们得以存在的非思想性的条件,绝不是简单地将它们还原为非思想性的存在,无论这种存在是"现实",还是"无意识",还是"力"。如果仅仅是这样,那就根本无法真正打破思想、观念、意识之自主性的假面。

探寻知识构成的社会学条件的知识社会学,探寻认知活动的普通心理学基础的认知心理学,探寻意识发生的生理学条件的神经心理学都声称破除了思想、观念、意识的自主性的幻觉,但在深层解释学看来,它们不仅没有消解,反而强化了思想、观念、意识的自主性。

深层解释学不空泛地谈论"条件"以及所谓"基础"。基础始终是基于特定的理论立场被设定的基础,比如知识社会学和神经心理学各自为思想所设定的条件和基础就是不同的。但是,从深层解释学的视角上,它们在一个关键点上是相同的,即它们各自设定的基础与条件和"基于其上的"思想、观念、意识之间的关系是彼此外在的关系,这些条件决定的是思想与意识的形式而非内容,这种形式是借助于与非思想性的活动及其产物的差异来设定的,而这

[①] 马克思、恩格斯:《马克思恩格斯全集》(第三卷),人民出版社 1960 年版,第 525 页。

些非思想性的活动及其产物是无原则地被设定在思想、观念、意识的外部，因而这种形式甚至不构成与内容的对立。

借助于思想与非思想、意识与非意识的无原则地被设定起来的差异来规定思想、意识，将思想视为思想一般或抽象的思想活动形式，事实上是比如认知心理学得以可能的前提。这种考察方式仍然潜在地将思想领域视为一个相对独立的领域，并且与它得以产生的条件和基础构成外在的关系。对思想和意识的这种考察根本不进入具体的思想内容之中，也不理会具体的思想内容的差异，这样，它反倒不知不觉地强化了思想具有自己的"内部"这样一种错觉，从而它也强化了，而不是击破了思想之自主性的假面。

甚至这种对思想、观念、意识的考察方式先行设定思想领域的相对独立性，设定思想的"内部"，它使所要探寻的条件和基础仅仅作为"外部"影响因素而存在。这样设定思想、意识与其条件的关系决定性地规划了它所能建构的问题及其性质，进而决定了它所能给出的答案的性质，决定了这样的答案在何种意义上动摇了思想、意识的自主性。

深层解释学显然与这种论证、思想、观念、意识之非自主性的方式仅仅有表面上的相似性。它们事实上具有完全不同的前提，所构建起的也是不同性质的问题，从而它们也是在完全不同的意义上论证思想、观念、意识的非自主性。

概而言之，这种非自主性意味着：思想、观念、意识没有自己的"内部"，不能在其内部获得它存在和如此存在的根据；它不是自在、自足的力量；它没有自在的本质；它没有独立的历史；还有反思的不可能。

8.3.2 思想、观念、意识不是自在的、自足的力量

作为症候的思想、观念、意识不是一种自在的、自足的力量，它的力量之源不在自身，它具有力量并能够产生某种效应只是因为它被特定的力量所支配。

新黑格尔主义者相信思想具有解放人的力量，因为他们相信思想有力量奴役人，而且认为对人的奴役实质上是思想奴役；黑格尔和费希特相信真理可以带来自由；苏格拉底相信"理性＝美德＝

幸福"；启蒙思想家相信理性能够带来进步和解放。这一切在深层解释学看来都根本性地误解了思想的力量，这一误解甚至构成其他一切误解的前提，从而它也成为深层解释学在对之做批判分析时的一个主要关注点。尼采、弗洛伊德与马克思同他们的根本区别首先在于不信任思想的力量。

思想不是自在的、自足的力量，这样，当看到思想作用的效应时，深层解释学就将之作为一个有意义的现象，而且决不满足于通过思想本身来说明这种效应；相反，它对思想何以具有这种效应进行追问：它努力发掘支配思想的力量以及这种力量的性质，它与其他力的关系；它仔细分析这种效应的性质、大小，思想力量的受动者与思想的具体关系，分析这种关系同支配思想的力量关系的关系。在深层解释学看来，思想显现出某种效应是一个需要解释的表层事件。同样，具有某种效应的思想不再产生效应同样是一个需要解释的表层事件，而这种事件对迷信思想具有自主力量的思想家是一个难题。

思想不是自在的力量，同时意味着仅仅思想之间不能产生真正的冲突。深层解释学在看见思想之间的冲突时，总是将这种冲突视为一个表层事件，一个更深层冲突的表现或同一种力的不同伪装形式。同时，思想之间自以为的亲缘关系在深层解释学看来也可能是一个假象和表层事件，它自以为的"深刻关联"可能只是表面的和脆弱的关联，或者它意识不到这种"深刻关联"得以可能的条件和支配的这种亲和性的力量，因而，仅仅在思想范围之内说明这种关联的性质。

思想不是自在的力量，同时也意味着，不可能仅仅通过某个思想来移除、瓦解另一个思想。在这里，所谓"真理性"、论证的严密性和系统性都并不能保障优胜。比如，系统化的、论证严密的思想一点都保障不了自己能够取代充满错乱、模棱两可、无反思的日常观念而影响人们的行为，这是一个显而易见的事实。思想本身没有自主的力量，只有在某种力量支配它时，它才是有力的，而且它是否能够战胜另一种思想，是由支配它的力与支配另一种思想的力之间的力量对比关系，以及决定这种关系的更基本的条件、情势或关系所决定的，而不是由论证的严密性所决定。

对思想的批判不能仅仅止于思想批判，当然在深层解释学看来，任何思想批判都显然不只是思想批判，即不仅仅是在一个假想的、纯粹的思想领域中展开的批判。思想批判得以构成的条件和目标都不在所谓思想范围之内，思想批判的出现已经是一个产物与征象。

尼采一再说意识的问题不过是身体问题的一种征象，因此，比如说要消解一个人身上的宗教观念，给它灌输科学思想是无用的。或者，取代了那种宗教信念的科学思想同样以非理性的方式被用来满足特定的心理需求，因而这种取代未曾改变任何已存在的力量关系，而只是改变了它的表现形式。而且，它与被排除掉的宗教观念没有任何实质上的差异，而恰恰同样是一种宗教性的信念。那么尼采认为什么才可能真正消解这种宗教观念呢？尼采建议说，去锻炼身体，增加营养，改变接受环境等等，即根本地改变支配着这种思想的力和力量关系。

马克思在《〈黑格尔法哲学批判〉导言》中，提出"批判的武器"不能代替"武器的批判"，认为对宗教的批判应当深化为对政治与法的批判。马克思同样将思想、观念、意识理解为症候，仅仅凭借思想去消除思想是无用的，也是不可能的。但是这也不意味着行动就能改变一切，不意味着武器的批判就能实现批判的目的，因为，活动和武器的批判同思想一样都是有条件的，这种条件同时制约着它的效力，而后者是活动和批判自身所无法保障的。

在弗洛伊德那里，精神分析的所有解释技术和治疗实践都基于这样一种认识，即不能仅仅通过劝导和指出真实之物而治愈病人。对症候的阐释与解除始终是解释者与病人潜意识中的阻抗力量的斗争。解释必须一个个地攻破阻抗力量的堡垒，识破它的各式各样的狡计，揭开它一个又一个的假面，逐渐地解除那种阻抗力量。这是一个艰难的但又必须经历的过程，即便分析家和病人都完全明了那种症候的真相，也没有用处，因为这种无力的意识并不能消除支配症候的力量。

没有被特定力量支配的思想是无力的思想和死的思想，虽然它最初就是作为力的表现和存在方式产生出来的。比如，对于弗洛伊德而言，曾经形成的思想、观念，也包括愿望、动机都没有消失，而只是因为失去了能量而不再活跃，一旦有新的能量涌入，它们就能够重新活跃起来，在心理生活中产生某种效应。思想的效能始终同进入它的心理能量的量的大小有关系。

思想的死亡有两种方式：一种是支配着它的力被消解但又没有新的力占据它；另一种情形是，曾经支配它的力改变了自己的存在形式，即用一种新的形式取代了它。由于力是活跃的和流动的，力的关系是动态的、不断变化的斗争关系，作为症候的思想也在不断地死去，不断有新的思想取代它；另外，已经死掉的思想因为被新的力占据而获得重生，但是思想因这种重生而获得的是一种新的质、新的意义与价值，因为它是由新的力量所支配的。这种重生不构成它的历史的一部分，因为它没有自己的历史。

在三位思想家看来，这是人类生活的一个基本事实。

8.3.3　思想、观念、意识没有独立的历史

思想、观念、意识没有独立的历史，这是因为，作为症候，它们的意义是由支配它们的力量所决定的。它们的意义可能呈现出共时的和历时的多样性，因此，它们在时间中的生成、持续、变化不是某个单一本质的展开，从而，这种生成不构成一种历史。

尼采在《论道德的谱系》中说道："有机世界中发生的一切事情，都是征服和主宰，所有的征服和主宰都是重新解释和更正，这方面的'意义'和'目的'迄今为止必然都是模糊不清的，或者被完全抹掉了。……但是，一切目的和一切可用性不过是一个趋向强权的意志战胜弱小力量的标志，而这个意志从其自身中显现了这一功能的意义；因此，一个'物'、一个机构、一种风俗的全部历史，可能是不断地重新诠释和更正的持续连绵的链条，但这些诠释和更正本身更不需要内在的原因上的联系，它们是在一定情况下偶然形成的相互连接和相互更替。一个物、一种风俗、一个机构的'发展'，并不逊色于向着一个目标前进的过程，但却不是一个逻辑的、最快捷的、花费最少的人力和物力就可以达到目标的前进过程，而是或深或浅、或相互依赖、或相互独立的、自发演绎着的征

服过程,其中包括连续不断的反抗,以自卫和逆动为目的的改变形式的企图,以及业已获得成功的逆动行为。形式是多变的,而'意义'的可变性更大。……甚至在一切组织的内部也无例外:伴随着总体的本质增长,各个单个机构的意义也在变化。"①

这段话集中表达了尼采的思考方式:他将斗争视为基本的事实;将解释以及对意义的设定视为征服和主宰的表现;将目的、功能、可用性理解为强力意志的标志;将事物、机构、风俗的历史理解为一系列阐释的链条,这些阐释各自被不同的力所支配,因而这个阐释链条并不是同一种意义或本质的持存,而是不同的意义沿着时间维度的排布,并且,由于支配阐释的不同的力之间没有必然的关联,诸阐释、诸意义也没有内在必然的关联。因此,就像德勒兹所说的:"意义是一个复合的概念,永远存在意义的多样性,它是'群星',即各种交替的复合体,也是各种并存的复合体,这使对它的阐释成为一门艺术。"②

尼采由此表达了一种与形而上学完全不同的历史感。事物的历史在尼采看来是意义的变更,而在形而上学家看来则是单一永恒的本质的自我实现或这一本质从某个完美的起源处的下降和蜕变。因而,形而上学本质上拒斥历史与生成的观念,像尼采所说的那样,形而上学家仇视生成,并使到手的一切都成为木乃伊③。

福柯将尼采理解的"历史"同形而上学家理解的"历史"区分开来,并用"谱系学"来称呼尼采那里的历史学,并且如他所说:

"如果谱系学家去倾听历史,而不是信奉形而上学,他就会发现事物背后有一个完全不同的东西:那并非一种无时间的、本质的秘密,而是这样的一个秘密,即这些事物都没有本质,或者说,它

---

① [德]尼采:《论道德的谱系》,谢地坤译,漓江出版社2000年版,第55页。
② [法]德勒兹:《尼采与哲学》,周颖、刘玉宇译,社会科学文献出版社2001年版,第53页。
③ [德]尼采:《偶像的黄昏》,周国平译,光明日报出版社1996年版,第20页。

们的本质都是一点点从已知的形式中建构起来的。"①

倘若历史像形而上学家所理解的那样，只是本质的自我展开，那么思想、观念与意识就没有属于自己的历史，相应地，就只能谈论它们的谱系学。

谱系学拒绝在具体思想的发展中建立某种历史的企图，更拒绝在不同思想之间建立某种历史的企图。因为每一个思想的发生、存在都是独特的事件，支配着它的力与力量关系的当下性已经决定了这个事件的独特性。这些事件不能通过某个目的、某种意图、某种必然性而被纳入一个连续体中，不能由一种意义和一个本质去支配。但是，神学的或理性主义的思想传统倾向于这样看待思想并构建在谱系学看来虚假的历史。

在马克思那里，也如同在尼采那里一样，不能谈论思想、观念、意识的历史，这是因为他们都将之理解为症候，而症候作为一种表现并非自主性的存在。

在《德意志意识形态》中，马克思明确地说，意识形态没有自己的历史。这意味着不可能确立宗教、道德、艺术、法律思想等的相对独立的历史。被认为是构成历史的各个环节的思想、观念是不同质的，因为它的本质与意义不是通过作为某种类型的思想，比如宗教的或者法律的思想来确立的，而是由支配它的力所决定的。在马克思那里，支配症候的力处于关系之中，但关系又处于同其他关系的关系之中，从而，作为症候的思想观念、意识最终只能通过作为关系之关系的结构来说明。

正是在这里，我们看到了马克思思想方法与辩证法的距离。我们接受阿尔都塞的看法，认为马克思的主导性的分析方法是结构分析法，而不是辩证法。在我们看来，马克思使结构原则优先于历史原则，而黑格尔使历史原则优先于结构原则；马克思那里的结构在黑格尔那里只能被理解为环节；马克思那里不同结构间的质的差异和相互外在的关系在黑格尔那里只能被理解为不同环节间的内在

---

① 汪民安、陈礼国编：《尼采的幽灵》，社会科学文献出版社2001年版，第117页。

关系。

在《德意志意识形态》中，马克思对新黑格尔主义的一个重要批评在于：它在马克思认为没有历史的意识形态领域构建历史，而且这一历史不过是一个本质的辩证运动。在马克思看来，在意识形态领域运用辩证法来建立诸意识形式的历史是非法的，因为真正的关系存在于居于表层的意识形态与深层的物质生产关系之间，而不是存在于不同社会结构中的意识形态之间。

只有先行通过结构分析才能确定一个辩证法不能应用其中的领域，而辩证法自身却做不到这一点。在我们看来，这恰恰表明了在马克思那里结构方法的优先性。

在《德意志意识形态》中，我们还看到马克思拒绝谈论，比如享乐主义思想的历史、惩罚的历史、犯罪的历史等等。在《哲学的贫困》中，它甚至不承认在严格的意义上存在分工的历史、竞争的历史和所有制的历史，因为在他看来，首先和主要地，应在一个特定的生产关系结构中谈论这些经济学范畴的性质、地位、功能等等。

这种理解思想、观念、意识的方式也同样意味着必须具体分析具体的思想、观念、意识，借助某个目的或必然性而将它们纳入一个连续体中，恰恰错失了对它们的理解，是将一个不属于它的本质强加给它，又未曾把握它真正的意义。

8.3.4 "反思"的不可能

在哲学（尤其是理性主义哲学）和日常意识中，反思的意义和有效性都得到了普遍的承认。反思的能力及其运用彰显了思想者之能动性和自主性，它还是保障真之可能的根本重要的条件之一。深层解释学如何理解"反思"呢？简而言之，它认为，反思同样只能是一种视角性的解释，"真正意义上的反思"是不可能的。保障思想和思想者之自主性的这块基石同样被深层解释学粉碎了。

依据深层解释学的解释原则，反思不是一种返视，而是一种新的解释，而且是对解释的解释。在深层解释学看来，任何解释在更进一步的反思中都成为被解释的对象，成为一个症候；原则上，反思同解释一样没有终点，永远可以从反思处向后再跳一步，对反思进行反思。反思停留在哪里始终是权宜性的。

　　思想的自我反思意味着思想使自身成为一个对象，但在深层解释学看来，它不是一个被静观的对象，而是一个被解释和估价的对象。思想对作为对象的自身的静观只是一个表象、假象或幻象。作为透视的思想关联着特定的视角，进而关联着构成特定视角的特定的条件与特定的力。思想是被视角进而是被特定的力所支配着的，而且思想对使之得以可能的根据常常既是无意识的，也是无力对抗的，为了使这一点成为有意识的，那就需要跳出这一视角。但思想如何能从它的根据上跳出，如何能摆脱支配和构成着它的力量？思想甚至不能获得意识到这一点的愿望，因为即便这样的愿望的产生也要借助于支配着它的力量以及那种力量与其他力量的关系，并且，思想为什么要意识到自己的根据和改变自身？

　　看似以自身为对象的思想与它的对象事实上并不是同一个思想，而恰恰已经是两种思想。即便是返视的思想，也与被返视的思想有着不同的根据，处于不同的视角之上，正因如此，那种返视才是可能的，但也正因如此，那种返视作为自我反思的返视才是虚假的。眼睛不能凝视自身，只有在另外的位置上的另外的眼睛才能看到它。而且我们已经说过，依据尼采的解释原则，决不存在作为纯粹静观的反思。"看"具有力量，"看"甚至已经先行改变了那个要被看到的东西，决定了它将以什么样的面目呈现或隐匿。而且，"看"不能从被看者那里获得使它得以可能的位置、视角，它尤其不能从被看者那里获得力量。"看"，无论是思想的自我返视，还是阐释与批判，都是需要力量的。思想观念之间的彼此对视，恰恰是更深层的力的关系，尤其是对立关系的征象，也因此，这种彼此的对视也是有条件的，这个条件在思想观念之外。

　　无论是以系统的方式生产思想的思想家，还是被淹没于日常的思想观念的人们，都同样是不反思的，或者反思绝不是随意的，任由我们的意志支配的。人们既不是想反思就反思，也不是想不反思就不反思。反思，作为一个意识事件，一个思想事件，它本质上不是一个思想与自身之间的关系，而是一种思想与另一种思想间的关系，并且这种关系在深层解释学看来同样只是一个表层关系，只是

第八章 深层解释学的理论效应 / 259

一个症候，是更深的非思想性的力之相互作用的一个表现，是一个产物，一个被决定了的事件。不仅思想的反思是一个被决定了的、不由思想者来控制的事件，思想的不反思也是同样性质的事件。

没有客观的凝视，只有冷漠的凝视；没有自在的距离，只有被刻意制造的虚假的、与被视之物的距离，以及距离之内的虚假的空无，正是这种空无被认为保障了客观性与真理。但是冷漠同样也是一种情绪而不是无情绪，或者无情绪也仍同任何情绪一样是某种生命状态的征象，而不可能不是这样的征象。尼采因此将实证主义者的客观的凝视解读为一种冷漠的凝视，将自然科学家的理论实践解读为禁欲主义的新形式，将科学家等同于教士。倘若我们像尼采那样，将存在者的基本特征规定为强力意志，倘若力与意志的原则成为最高的哲学原则，那么一切无意志只能首先被理解为特定意志的伪装。

在弗洛伊德那里，也如同在尼采那里，反思意味着站到自身的根据之外。不是仅仅从思想中站出，而且是当要从思想中站出时，我们必须已经有一个新的根据了。倘若没有这样的根据，思想甚至没有从自身站出的愿望与力量。在严格的意义上，不存在思想从自身的站出与返视，而只存在基于另一根据从那一根据获得其力量的思想纯然外在的、以伪装凝视的方式作用于被它凝视的另一种思想。我们必须把这种凝视理解为对视，将对视理解为两种力的关系，尤其斗争关系的表征，如同我们将我们对自己的思想与行为的反思理解为本我与超我间的一种斗争形式一样。

在弗洛伊德所发现的强迫症结构中，作为反思的思想与被反思的思想一样作为症候而存在，而且是相互关联的症候。在这里，症候固然仍是一种妥协，但力量关系呈现出更大的不稳定性，一种力被另外一种力突然压倒，而后者又迅速地反扑过来，而且压倒它的对手。在强迫症中，强迫性的反思所具有的严酷的道德惩罚的意味以及它的迅速瓦解，都正是潜意识力量和力量关系大幅度波动的征象。由于在精神分析中，神经症与"正常"间的界限在理论上是不存在的，那么强迫症中的反思结构并不是不可能作为理解一般性思想反思的一个原型。

在马克思那里，我们同样看到认识和解释的视角性（在这里，视角奠定在阶级立场进而奠定在特定社会历史形态中），看到（相应水平上）反思的不可能，看到对思想之自我反思、自我理解的不信任，看到所谓反思能力并未彰显思想者和思想之能动性，而实质上受制于未被思想者意识到的那些力量关系和条件，看到反思没有保障真之可能，甚至参与了对伪装、欺骗、掩蔽的修饰，造就了双倍的伪装、欺骗和自我掩蔽。

这样一来，就不存在"真正意义上的"反思，它是逻辑上的自相悖反，人们不可能实现那种所谓真正的反思。反思同样只是一种视角性的解释，无法通过反思把握思想、观念、意识之真；它甚至受制于这种力量与条件，从而无力彰显或支撑思想和思想者的自主性、能动性。

结语　深层解释学的自反性问题

通过最后几章，我们对深层解释学进行了初步的探讨。我们不难看到，深层解释学有着很多特征。它支持一种特殊的动机怀疑论，后者表现为对塑造、引导、规范着我们的日常意识和日常生活的诸种规范、制度、观念的不信任，同时也表现为对那些远离这一生活的观念、思想（比如形而上学）的不信任；它不甘于成为思想世界中的一个平等公民，而是使其他思想成为它的解释对象，并在这种意义上超越和征服它们；它将斗争视为存在本身，同时鼓励斗争；它的解释同时是一种武器、面具、兴奋剂，它在解释中鼓动、破坏、创造和自我伪装；它怀疑和嘲弄在认识和行动上的种种合理性、客观性、规范性诉求，它始终站在这种哲学和日常的语言游戏之外，并不断破坏这种游戏的规则；本质上，它是反常识和日常性的，它无比深刻地搅扰起我们的常识和日常世界；如此等等。所有这些都是深具创造性和破坏性的，它的立场和态度很难兼容于其他的理论立场和态度，因而，不难理解基于其他立场对它的可能指责；由于它同样深刻地搅扰起常识和日常世界，我们也能基于常识立场和日常态度来抨击它。但是，这已不是本书为自己设定的任务了，我们仅仅是要初步展现这种解释学而不想基于其他立场评判它，尤其是基于某种具实质内容的理论观点来评判它。某种意义上，对深层解释学和三位思想家而言，这样才是公正的。

在结语部分，我们仅仅考虑深层解释学的自反性问题，即基于深层解释学的理论立场如何解释自身这一问题，并且，我们也不准备系统这一问题，而只是谈及其中一部分内容。这个问题是合法和正当的，并且是公正的，作为理性的认知者，我们有权从深层解释学的自我解释这一方面来检视之，并且这不是基于任何其他立场或观点而是基于它自身的考察。之所以提出并讨论这一问题,是要借以追问作为解释和批判的深层解释学如何理解自身,这种自我理解的合理性与效力是否能够得到保障,这种自我理解是否真的是"深层解释学式"的。总的来说,我们的结论是消极的,即我们不认为深层解释学可以实现一种令人信服的自我解释,在合理性的意义上,深层解释学的自我解释可能存在种种逻辑悖反并同样作为伪装而存在;我们几乎总能基于深层解释学的原则和解释方式做另外一种理解,并且后者或许更合乎深层解释学的怀疑主义精神。但假如不是在合理性意义上讨论问题,这一点,即深层解释学自我解释同样作为一个伪装和自我掩蔽,作为一种武器或面具,不恰恰符合它的实践精神吗?我们同样会以三位思想家为例来说明上述复杂曲折的事实。

尼采如何理解他自己的哲学活动以及这种活动与自身生命的关系呢?这是一个大的问题,我们仅谈其中一点。让我们再次引述尼采在其自传中的叙述,他说:

"从病弱者的立场去看比较健全的概念和价值,反之,从丰富生命的旺盛和自信去看衰颓本能的潜伏活动——这是我的主要经验,是长时期训练而成的。如果说我在某方面有所长的话,我可以说,在这方面确具特长。现在,我的手是很熟练的;它具有一种颠倒乾坤的本领;也许这就是只有我才能对一切价值重新估价的最重要理由吧!"[①]

"这种双重经验,这种接近两个似乎完全不同世界的方法,在我的本性中明确地反映出来——我具有一个'他我':我具有一个'第二'视觉甚至我还具有一个第三视觉。"[②]

在《尼采反对瓦格纳》中,他还说道,他与瓦格纳一样是时代的孩子,即同样是一个颓废者,但他同时又说,不同于瓦格纳,他克服了自己的颓废,他在精神上复原了、康健了。

显然,在尼采的自我解释中,他是一个病人,但同时又是一个

---

① [德]尼采:《尼采文集》,刘崎等译,改革出版社1995年版,第9—10页。
② [德]尼采:《尼采文集》,刘崎等译,改革出版社1995年版,第11页。

克服了自身病症的强者；他是一个颓废者，但他又克服了自己的颓废；他既理解病弱者的价值，也理解强者的价值；他既理解虚弱生命的征象，也理解强健生命的征象。他更理解上升的生命类型与下降的生命类型的斗争，因为他正深陷在这种斗争之中。尼采声称，他是站在强者的立场上观看和呼吁的，他不是要传达真理，而是以思想来介入，旨在造成某种现实的变化，旨在改造人和提升人。尼采直接设定价值和批判的尺度，而不是将之隐藏在求真意志的假面之下。尼采声称他对自己是坦率的，他的哲学本质性地关联着他的生存，并表现这种生存，而且尼采也正是用他的哲学来解释他的生存。

但是尼采的这种反思，这种明确的自我意识是否也可能是一个伪装，一种自欺欺人，一个看似清醒的幻觉？我们可以尝试发问：一种如此严厉、如此强调强与弱的对立与斗争关系的哲学是否只是一个时刻体验到威胁的弱者的面具和武器？是弱者克服自身虚弱的无效的尝试？是颓废、内在混乱、无力支配自身的征象？尼采从瓦格纳和苏格拉底那里辨认出的颓废完全从自己的哲学和生存中被清除掉了吗？尼采使心理学成为强力意志的形态与发展学说，但是这一心理学是否仅仅适合于解释他自己和像他那样的人？尼采声称，他之前的心理学只是怨恨和复仇的表现形式，但他如何保证自己的心理学不是如此？他如何保证自己没有被怨恨和复仇的冲动所支配？他如何证明自己对女人的轻视不过是一种恐惧的伪装？他对基督教道德的攻击不是因为他曾是或始终是一个虚弱的基督徒？他如何保证他同外在于他的事物的战争不是一种灵魂的内战？而且至关重要的是，到底灵魂中哪一种力量成为胜者？尼采在苏格拉底狂热的理性后面发现了颓废和内在分崩离析的危险，那么他从自己的强力意志学说中是否可能发现同样的一种危险？它是否也可能是尼采之颓废的更曲折的表现形式？

这些问题是尼采未曾明确提出，但我们基于尼采的解释原则和价值立场可以提出的完全合法的问题。依据尼采本人的解释原则和方法，我们不可能无保留地接受尼采的自我理解。我们更应该认为，它同样只是一个需要解释的症候。

尼采面临的这个难题，就形式而言，也是弗洛伊德的难题。整个精神分析都面临着这样的根本性的责难，这种责难一样基于精神分析的理论前提，并且弗洛伊德对之具有充分的意识，并将应付这样的难题作为不容推卸的理论义务。

古典精神分析的自我反思也必须回到解释者，回到解释者的心理学，古典精神分析的创始人长久地陷入这种无休止的自我分析中。这种内省和自我分析对理论的建构具有重大意义，但弗洛伊德的自我分析同时还意味着一种提防和审查，即提防自身潜意识未曾被透视到的部分以未被察觉的方式影响以至决定理论的构建，而这将可能根本性的损害精神分析作为一门心理科学的客观性。在弗洛伊德那里，始终存在着这种真理性的诉求，它始终致力于将精神分析建成一门科学，而不是一种相对的阐释。

但精神分析作为一门探索潜意识的深层心理学本身，已经使得完全明了与克服潜意识的各种力量对理论建构的影响原则上是不可能的。精神分析永远不能断言它已经完全理解了潜意识，从而它也永远无法保障业已克服了潜意识力量对理论建构的消极影响。某种意义上，精神分析同样面临的困难类似于黑格尔指出的康德式难题，即用认识工具去反思认识活动本身，反思认识得以可能的根据。此外，古典精神分析的"潜意识"与康德哲学的"物自体"具有某种类似的理论地位与功能，从而也引发了相似的理论困难。如同康德的一些后继者，比如费希特和一些新康德主义者抛弃了"物自体"概念一样，弗洛伊德的后继者，比如拉康，事实上也抛弃了"潜意识"这一概念。但这种抛弃却又可能被弗洛伊德理解为拒绝深入潜意识的思想懒惰，或依据精神分析的解释范式，被理解为潜意识阻抗的结果。

尼采面临同等性质的困难，这种困难恰恰源自尼采和弗洛伊德的基本的理论前提和解释原则，因而是一个原则上不可克服的难题。在尼采与弗洛伊德那里，作为一种自我心理分析的反思与自我理解只能原则上是无限的，但又是原则上不可能的，正因为是不可能的，才是无限的。这是一种类似强迫症的结构。

马克思在对新黑格尔主义的批判中指出，它始终只是基于黑格尔的基地设定问题，并始终停留在马克思所说的意识形态范围内，而没有将德国的思想与德国的现实之间的关系问题设定为自己的问题。而马克思恰恰将这种问题视为一个根本性的问题。同时他也反思自己的思想与当下现实的关系，并把它视为自己所考察的资本主义社会形态发展到成熟阶段的表现与产物。在这一成熟阶段，资本主义生产关系的性质获得充分的表现，正是因此，《资本论》才能以对商品的分析开始；同时，内在于资本主义社会的对抗关系也充分地表现出来，作为资本主义社会掘墓人的无产阶级壮大起来，成为历史真理的实现者。

在马克思看来，一种社会形态的本质在其成熟阶段才充分展现出来，这构成从思想上充分把握这一本质的社会历史前提和条件，而把握着本质的思想本身以及它对本质之把握同样也是社会历史进程的一个必然结果。在马克思那里，思想关乎位置，正如在尼采那里，思想关乎视角，不存在一个普遍的、绝对中立或客观的立场，而只存在特定的位置与视角，以及与这一位置和视角相对的另外的位置与视角。但马克思认为，历史真理和对这一真理的把握仍是可能的，甚至是必然的，在一个社会形态发展的成熟阶段，基于代表新的生产力的那一阶级的立场就可能把握将逝去的那一时代的真理。具体到马克思本人，他恰好处于资本主义社会的成熟时期，并自觉基于代表先进生产力的无产阶级立场，他能够把握资本主义社会的本质，并且，由于资本主义社会是人类最后一个阶级社会，其后产生的社会就代表全部人类历史之真理的实现，资产阶级与无产阶级的对抗是阶级对抗的最后一种形式，因而，马克思的思想同时构成对全部人类历史之真理的完整把握。

在这里，马克思的思考方式是黑格尔式的，因此他同样面临黑格尔所面临的困境。黑格尔将自己站立的位置规定为终点，认为他把握了历史的真理，或历史完成了自己的真理并借他来表现这一点。马克思同样认为自己站立在一个这样的位置，并承当其这样的人类历史使命。显然，马克思证明自身理论之真理性的方式，是黑格尔式的，甚至这里的"真理"也仍是黑格尔式的。这里有一种不可证伪的东西，甚至存在着一种循环论证的危险。这样的理论的每一个环节都是一个薄弱点,同时也是对薄弱点的掩盖。我们当然可以对之存疑,但在此,我们无法详述。

我们并没有系统展开每位思想家对自己思想的自我解释,只是部分地展现了深层解释学的自我理解所可能面临的自相悖反。从认识论的角度看,造就这种悖反的根源在于深层解释学在认识问题上的相对主义和视角主义主张,任何此类主张都面临同样的问题。但这还不足以使我们完整理解此种悖反。

造就这种悖反的原因还包括,深层解释学在其理论实践中内在整合起认识与批判、解释与评价、思想与行动,它的理论活动同时就是行动,或被编织入现实行动的网络中,但代价是,它将实质性地背离使"真"得以可能的那一态度、立场、视角。或者说,当它在选择进行这种游戏时,它不能不实质上放弃了另一种思想游戏,在那种游戏中,真和真理依据游戏规则得以可能。但问题在于,它总是意欲同时进行这两种游戏,或者更准确地说,它想将两种游戏合二为一。悖论部分源自这种合二为一中。

这种合二为一本就充满张力,而深层解释学对斗争关系和伪装的强调则大大加剧了张力,并赋予它另一种性质,我们不妨称之为政治性,它区别于认识论性质的理论冲突或张力。由于深层解释学采取了一种决绝的态度,坚持对立和斗争关系的根本性,拒绝承认合作、团结的可能性与效力,拒绝承认某种中立或普遍性立场的可能性与效力,它本身就不可能置身事外。它将卷入斗争甚至制造斗争,它必然持有一种政治性的立场,而这样一来,"真"更加难以保障,因为"真"正是基于那种深层解释学拒斥的超越的、中立的、普遍的立场才得以可能的。这里的"真"不仅是认识论意义上,也是伦理学意义上的,它是关乎认识的真,也是关乎行动的真。我们无法不怀疑,当它以思想的方式介入斗争中时,思想不会也是一种伪装和自我掩蔽吗?不会也是一种武器、面具、麻醉剂吗?认识和行动意义上的真不恰恰消解在这种怀疑中了吗?

深层解释学看似悬隔了真理问题,但实际上,出于种种原因,它却不可能放弃对自身为真的承诺、期许或宣示。首先,这种承诺是任何语言交往的前提之一,当代语用学早已向我们揭示了这一点，我们无法相信尼采、马克思或弗洛伊德会在实践上背离这一点，他们终究是在向我们言说，并希望我们理解和接受。其次，从修辞学的方面看，真是必要的。之所以谈及这种视角，是因为，三位思想家都不仅仅要说出使人认知上信服的理论，更是要通过理论介入和改变人的现实，他们从不是冷漠超然的，而始终在引导、劝说、命令、鼓动，他们始终在意言语和思想的说服效应，而这样，真的要求就是必要的，无论真是否真的可能。出于说服的目的，对真的承诺和宣示是必需的，甚至更加强烈。

在合理性的意义上，所有这些都加剧了深层解释学的自我悖反。但倘若我们不在这种意义上审视深层解释学及其自我理解，悖反就不存在了，它是合乎逻辑的，但却是某种类似隐微书写的逻辑。对于懂了的人，一切都顺理成章，但唯独不可把这一切说出。

深层解释学说出在道德、宗教、哲学、艺术中本来不可说出的东西，通过这种方式破坏了那种语言游戏，但它真的就此解放了人和使之自由了吗？或许，它编织的只是另一个语言和思想的笼子。思想像手电筒一样，照见世界但不包括拿着它的人。我们精神自由的保障不是某种思想，而在思想之间，在它们的相互缠斗间。我们既不是凭靠深层解释学，也不是凭靠它所攻击的思想得到自由，而是在它们的缠斗中得到自由，在它们相互撕开不可说的隐蔽之物时得到自由。

参考文献

一 中文参考书目

（一）尼采、马克思、弗洛伊德著作

［德］尼采：《悲剧的诞生》，周国平译，生活·读书·新知三联书店1986年版。

［德］尼采：《希腊悲剧时代的哲学》，周国平译，商务印书馆1994年版。

［德］尼采：《不合时宜的沉思》，李秋零译，华东师范大学出版社2007年版。

［德］尼采：《历史的用途与滥用》，陈涛等译，上海人民出版社2000年版。

［德］尼采：《人性的，太人性的》，杨恒达译，中国人民大学出版社2005年版。

［德］尼采：《曙光》，田立年译，漓江出版社2000年版。

［德］尼采：《快乐的科学》，黄明嘉译，漓江出版社2000年版。

［德］尼采：《查拉图斯特拉如是说》，楚图南译，贵州人民出版社2004年版。

［德］尼采：《论道德的谱系》，谢地坤译，漓江出版社2000年版。

［德］尼采：《论道德的谱系》，周红译，生活·读书·新知三联书店1992年版。

［德］尼采：《善恶的彼岸》，赵千帆译，商务印书馆2015年版。

［德］尼采：《偶像的黄昏》，周国平译，光明日报出版社1996年版。

［德］尼采：《尼采反对瓦格纳》，陈燕茹、赵秀芬译，山东画报出版社2002年版。

［德］尼采：《权力意志》，张念东、凌素心译，商务印书馆1991年版。

［德］尼采：《权力意志》，孙周兴译，商务印书馆2008年版。

［德］尼采：《反基督》，陈君华译，河北教育出版社2003年版。

［德］尼采：《重估一切价值》，林笳译，华东师范大学出版社2013年版。

［德］尼采：《我妹妹与我——尼采佚失的最后告白》，陈苍多译，文化艺术出版社2003年版。

［德］尼采：《尼采文集》（收录《瞧，这个人》刘崎译、《查拉图斯特拉如是说》楚图南译、《偶像的黄昏》周国平译、《悲剧的诞生》周国平译），改革出版社1996年版。

［德］马克思、恩格斯：《马克思恩格斯选集》（第一、二、三、四卷），人民出版社2012年版。

［德］马克思：《资本论》，人民出版社2018年版。

［奥］弗洛伊德：《梦的解析》，赖其万等译，安徽教育出版社1996年版。

［奥］弗洛伊德：《精神分析引论·新论》，罗生译，百花洲文艺出版社1997年版。

［奥］弗洛伊德：《精神分析导论讲演新篇》，程小平译，国际文化出版公司2001年版。

［奥］弗洛伊德：《弗洛伊德后期著作选》，林尘译，上海译文出版社1986年版。

［奥］弗洛伊德：《弗洛伊德论创造力与无意识》，孙恺祥译，中国展望出版社1968年版。

（二）尼采、马克思、弗洛伊德研究著作

［法］阿尔都塞：《保卫马克思》，顾良译，商务印书馆2006年版。

［法］阿尔都塞：《读〈资本论〉》，李其庆、冯文光译，中央编译出版社2001年版。

［美］艾布拉姆森：《弗洛伊德的爱欲论——自由及其限度》，陆杰荣等译，辽宁大学出版社1987年版。

［美］安塞尔－皮尔逊：《尼采反卢梭——尼采的道德政治思想研

究》，宗成河等译，华夏出版社 2005 年版。

［英］奥兹本：《弗洛伊德与马克思》，董秋斯译，生活·读书·新知三联书店 1986 年版。

［法］保罗·利科：《弗洛伊德与哲学论解释》，汪堂家等译，浙江大学出版社 2017 年版。

［德］贝勒尔：《尼采、海德格尔与德里达》，李朝晖译，社会科学文献出版社 2000 年版。

［日］柄谷行人：《马克思，其可能性的中心》，［日］中田友美译，中央编译出版社 2006 年版。

车文博主编：《弗洛伊德文集》（1—8 卷），河北人民出版社 2004 年版。

［法］德勒兹：《解读尼采》，张唤民译，百花文艺出版社 2000 年版。

［法］德勒兹：《尼采与哲学》，周颖译，社会科学文献出版社 2000 年版。

［美］弗恩：《精神分析学的过去与现在》，傅铿译，上海译文出版社 1988 年版。

［美］弗洛姆：《精神分析的危机》，许俊达译，国际文化出版公司 1988 年版。

［日］广松涉编注：《文献学语境中的〈德意志意识形态〉》，彭曦译，南京大学出版社 2005 年版。

［丹麦］哈斯：《幻觉的哲学——尼采八十年代手稿研究》，京不特译，东方出版社 2011 年版。

［德］海德格尔：《尼采》，孙周兴译，商务印书馆 2002 年版。

［美］胡克：《对卡尔·马克思的理解》，徐崇温译，重庆出版社 1993 年版。

［法］雷蒙·阿隆：《想象的马克思主义——从一个神圣家族到另一个神圣家族》，姜志辉译，上海世纪出版集团 2007 年版。

鲁克俭：《国外马克思学研究的热点问题》，中央编译出版社 2006 年版。

［美］马尔库塞：《爱欲与文明——对弗洛伊德思想的哲学探讨》，

黄勇、薛民译，上海译文出版社1987年版。

［美］米切尔·布莱克：《弗洛伊德及其后继者》，陈祉妍、黄峥、沈东郁译，商务印书馆2007年版。

［德］萨弗兰斯基：《尼采思想传记》，卫茂平译，华东师范大学出版社2007年版。

［俄］舍斯托夫：《列·托尔斯泰伯爵与弗·尼采学说中的善——哲学与布道》，张冰译，华夏出版社1999年版。

［德］施特格迈尔：《尼采引论》，田立年译，华夏出版社2016年版。

汪民安：《尼采与身体》，北京大学出版社2008年版。

汪民安、陈永国编：《尼采的幽灵：西方后现代语境中的尼采》，社会科学文献出版社2001年版。

汪民安主编：《新尼采主义》，广西师范大学出版社2007年版。

［德］西美尔：《尼采与叔本华》，莫光华译，上海译文出版社2006年版。

［德］雅斯贝尔斯：《尼采其人其说》，鲁路译，社会科学文献出版社1999年版。

周国平：《尼采与形而上学》，译林出版社2012年版。

（三）其他著作

［美］阿伦特：《精神生活·意志》，姜志辉译，凤凰出版传媒集团江苏教育出版社2006年版。

［法］保罗·利科：《从文本到行动》，夏小燕译，华东师范大学出版社2015年版。

［法］保罗·利科：《活的隐喻》，汪堂家译，上海译文出版社2004年版。

［法］保罗·利科主编：《哲学主要趋向》，李幼蒸、徐奕春译，商务印书馆2004年版。

［比］布洛克曼：《结构主义》，李幼蒸译，中国人民大学出版社2003年版。

［法］布迪厄：《言语意味着什么——言语交换的经济》，褚思真、刘晖译，商务印书馆2005年版。

［法］德勒兹:《斯宾诺莎与表现问题》,龚重林译,商务印书馆2013年版。

［法］德勒兹、迦塔利:《什么是哲学?》,张祖建译,湖南文艺出版社2007年版。

［德］狄尔泰:《历史中的意义》,艾彦译,凤凰出版传媒集团译林出版社2011年版。

［英］冯·赖特:《解释与理解》,张留华译,浙江大学出版社2016年版。

［法］福柯:《福柯集》,杜小真编选,上海远东出版社2004年版。

［德］伽达默尔:《真理与方法》,洪汉鼎译,商务印书馆2007年版。

［加］格朗丹:《诠释学真理?——论伽达默尔的真理概念》,洪汉鼎译,商务印书馆2015年版。

［加］格朗丹:《哲学解释学导论》,何卫平译,商务印书馆2009年版。

［美］格雷西亚:《文本性理论:逻辑与认识论》,汪信砚、李志译,人民出版社2009年版。

［德］哈贝马斯:《认识与兴趣》,李黎、郭官义译,学林出版社2002年版。

［德］海德格尔:《存在论:实际性的解释学》,何卫平译,人民出版社2009年版。

［德］海德格尔:《存在与时间》,陈嘉映、王庆节译,生活·读书·新知三联书店2006年版。

洪汉鼎:《诠释学:它的历史与当代发展》,人民出版社2001年版。

洪汉鼎主编:《理解与解释:诠释学经典文选》,东方出版社2006年版。

［美］霍克斯:《结构主义与符号学》,瞿铁鹏译,上海译文出版社1997年版。

［美］卡弘:《哲学的终结》,冯克利译,江苏人民出版社2001年版。

［美］凯尔纳、贝斯特：《后现代理论》，张志斌译，中央编译出版社 2001 年版。

［美］罗宾斯：《探索文本的纹理——社会—修辞解释法导论》，霍成举译，华东师范大学出版社 2012 年版。

［美］罗斯诺：《后现代主义与社会科学》，张国清译，上海译文出版社 1998 年版。

［加］马丁内兹编：《激进诠释学精要》，汪海译，中国人民大学出版社 2011 年版。

［德］曼海姆：《意识形态与乌托邦》，黎鸣、李书崇译，商务印书馆 2005 年版。

［法］莫斯科维奇：《群氓的时代》，许列民等译，江苏人民出版社 2003 年版。

［美］帕尔默：《诠释学》，潘德荣译，商务印书馆 2012 年版。

潘德荣：《西方诠释学史》，北京大学出版社 2016 年版。

［斯洛文尼亚］齐泽克：《意识形态的崇高客体》，季广茂译，中央编译出版社 2002 年版。

［瑞士］索绪尔：《普通语言学教程》，高名凯译，商务印书馆 1980 年版。

［英］索珀：《人道主义与反人道主义》，廖申白、杨清荣译，华夏出版社 1995 年版。

［法］托多罗夫：《象征理论》，王国卿译，商务印书馆 2005 年版。

［美］沃恩克：《伽达默尔——诠释学、传统与理性》，洪汉鼎译，商务印书馆 2009 年版。

［瑞典］伊斯雷尔：《辩证法的语言和语言的辩证法》，王路、叶翔译，商务印书馆 1990 年版。

二 外文著作

Brian Leiter and Neil Sinhababu, *Nietzsche and Morality*, Oxford university Press, 2007.

Christopher Janaway, *Beyond Selflessness: Reading Nietzsche's Genealogy*, Oxford University Press, 2007.

Daniel W Conway, *Nietzsche&Political*, Taylor&Francis e-

Library, 2005.

James J. DiCenso, *The Other Fread: Religion, Culture and Psychoanalysis*, Taylor & Francis e – Library, 2005.

Luis A. Conde – Costas: The Marxist Theory of Ideology, UPPSALA, 1991.

Ormiston, Gayle L, *Transforming the Hermeneutic Context: Form Nietzsche*, State University of New York Press, 1990.

Robert W. Rieber, *Freud on Interpretation*, Springer New York Dordelberg London, 2012.

Ted Sadler, *Nietzsche: Truth and Redemption*, the Athlone Press, 1995.

Terrell Carver, *The Postmodern Marx*, Manchester University Press, 1998.

后 记

我很早就对尼采哲学产生了浓厚兴趣。大学阶段读的是历史学专业,但"不务正业",书读得很杂,其中就包括尼采的书。因为热爱心理学,尤其精神分析学,后来就考了心理学专业的研究生,硕士论文做的是尼采的心理学。硕士阶段又喜欢上了哲学,后来就考了哲学专业的博士研究生,博士论文做的是深层解释学,实际上是考察尼采、弗洛伊德、马克思这几个人物在解释学上的"家族相似",探讨他们共建共属的那一新的解释学。此后,还曾撰写过一部尼采论艺术的著作和几篇关于尼采的论文。这样算起来,尼采这个人物已经伴随了自己学习和工作的大部分时光。

很多重要的思想家,包括福柯、保罗·利科等在内,都认为尼采思想具有一个重要的解释学维度,尼采同时是一个重要的解释学家。还有一些学者也指出了尼采的解释学与哲学解释学的一些亲缘关系。我对此类观点深为认同。然而,我也看到,这些哲学家只是表达出这样的洞见,但都没有着手对尼采解释学进行系统深入的阐述。由于之前在尼采哲学和解释学研究方面已经有过一些积累,所以在2014年就以"尼采解释学思想研究"为题申请了吉林大学人文基础研究专项课题,并获得立项,本书的第一部分就是最终结项成果的主体部分。

本书第二部分是更早(2008年)的博士论文的主体部分。这部分本可独立成书,我也本打算修改后单独成书,但多年以来,自己的学术兴趣早已转向其他方面,没有时间更没有心情对之进行大的修改和扩充了,所以基本从旧,并放在本书中作为第二部分。虽然如此,这样的安排并不牵强,在前言部分,我已谈到了这样安排的理由。

就像很多尼采哲学爱好者一样，阅读尼采曾是自己人生中精神振奋和意义重大的体验，但坦率地说，由于种种原因，很久以前，这种体验就开始慢慢淡化以至消散了。就我个人来说，原因很多，其中一个原因是，自己有了更广泛的阅读经验，尤其是这几年一直从事西方伦理学的教学和科研工作，在这方面的阅读经验令我更深刻地体会到尼采思想中成问题的那些方面。另一个重要的原因则是个人心理上的，可以半开玩笑地说，作为一个心理健康的人，我不再具有理解尼采及其思想的某些优势了，也日渐丧失了对尼采哲学的兴趣。就像大家都认同的，尼采的思想与生命是交织在一起的，离开对这个生命的理解就难以完整深刻地把握他的哲学，但这是一个什么样的生命呢？我认为，在心理学的意义上，尼采始终是一个病人，是一个心理疾病患者，这是关于这个生命的基本事实，即便不是唯一基础的事实。尼采努力与自己的疾病抗争，他的哲学和心理学是这种抗争的工具、产物，但同时也是一种对疾病的伪装、一种兴奋剂或麻醉剂、一种毒药。他的哲学本身就是一种需要心理学解释的症候。如何理解性地切进这一生命和这一哲学呢？我的经验是，一个本身也像尼采那样患病并努力与疾病抗争的人在理解尼采上将具有特别的优势，如果这个人本身也具有心理学的素养或有着自我心理分析的经验就更好了。在个人生命的某个阶段，我也曾深受某些心理不适的折磨，并且，作为自我医治一部分，阅读了大量精神分析学派的著作。这些经历造就了某种心理上的感受和领会能力，使自己有时可以直觉式把握尼采很多文字之意义，知道是个什么样的人在说和为什么这样说。然而，这种小小的"优势"在我克服了自己的问题之后就逐渐消失了。我不再有兴趣去品味患病灵魂的内心斗争和那属于他们自己的悲剧，对那些在患病灵魂中发生的种种故事逐渐只有淡漠的印象。对于尼采及其文字，自己不再有以前那种直觉领会的能力，并逐渐丧失了兴趣，甚至感到深深的厌倦。这纯属个人心理上的态度转变，与尼采思想本身的价值无关。

本书第一部分是四年前写就，第二部分则是博士论文的主体部分，写在十多年前了。我习惯于突击式的写作方式，这两部分都是在一个月之内完成的，今天看来，有很多需要补充、完善之处，但如果依据现在的想法和表达方式来改，很多地方都要重写了，我最终还是决定基本保持原来的样子。就以这种方式与尼采和自己曾经的那段时光作一种心理上的告别吧！

感谢我的博士导师贺来教授和师母曾东老师，感谢他们在工作和生活方面对我的种种关照、帮助、支持、鞭策！从当年报考博士、毕业留校直到现在，自己学习、工作上的每一个较大进步都离不开他们的帮助、提携。只是我天性散漫，自由任性，辜负了他们的期望。贺老师对学术的真诚执着和对现实深沉的哲学与道德关切，在当今学界是不多见的，作为学生，我敬重老师身上的这些优秀品质，也心向往之！

感谢我的硕士导师葛鲁嘉教授和师母陈老师，感谢他们对我的教导和帮助！还记得当年，自己作为心理学系的学生但毕业论文选做尼采，葛老师对我充分宽容和理解，论文成稿后，他认真审阅，连标点错误都替我更正，这份认真负责让我感动！此后工作方面的很多事情上，葛老师也对我多有帮助。葛老师同样是一位真正的学者，一心为学，著作等身，令人敬重！

感谢马乐桐小朋友和她奶奶玉玲阿姨！四年前撰写第一部分时，阿姨经常帮我看护女儿，使我有时间写作。感谢韩丰宇小朋友和他姥姥罗阿姨、爸爸妈妈韩东方夫妇！感谢樊笑笑小朋友和她爸爸妈妈樊宝元、曹倩倩夫妇！由于疫情，前段时间孩子没法上学，是他们经常代我陪伴、看护孩子，让我有时间修改本书。没有他们，本书不可能顺利完成！孩子们有缘同窗，成为好朋友，我们也因孩子而结缘，真是一件美好的事！

感谢我的大学同学任金贵，本书的完成离不开他的支持和鼓励！愿我的这位好友健康、快乐！

本书还使用了曾发表在《社会科学研究》《河南社会科学》《贵州社会科学》等刊物上的部分文字，在此向上述刊物致谢！

谢谢我的父母、弟弟一家、妻子和女儿，还有已逝的爷爷奶奶、姥姥姥爷！他们都是我的亲人。母亲已老，但每年总有几个月来北京帮我们照看孩子，父亲也已年迈，但仍在家操劳。他们在农村，一字不识，但知道读书对于农村孩子和家庭的意义，所以无论生活如何艰苦，他们始终支持和鞭策我读书上进。有了自己的孩子后才开始慢慢体会到父母的苦心，体会到这份苦心，才感到自己长大成人。

我在长春工作，妻子张原在北京工作，这么多年，她的种种辛苦自不待言。我对妻子亏欠良多，妻子贤惠，包容我。我们在学校时相识，真正是一见钟情，随后经历种种艰难，终成眷属，相濡以沫。心爱的女儿苏雅，已有六岁。妻子女儿是我生命中的良药，使我康复的是她们而不是精神分析。她们让我体验到真正的生活和它的美好。

还有我的爷爷奶奶，姥姥姥爷，小时候备受他们关爱，尤其是奶奶姥姥，她们善良慈悲，对我的爱朴实深厚。他们都已过世，但我常常想起他们，尤其是爷爷奶奶，他们走的时候都经历了极大的痛苦。我总是想，要是他们现在还活着多好，我多少可以为他们做点什么了，但现在只有深深的遗憾和感慨。

之所以提到这些亲人，是因为他们给予我的生命体验告诉我：这里探讨的深层解释学存在深刻的缺陷，至少它无力完整地把握我们的生活。当然，话说回来，有哪种思想能够做到这一点呢？

2021 年 4 月于北京